民國詩文叢刊

漢藏之間：

倉央嘉措舊體譯述研究

陳煒舜　著

序一
藏地情僧和情歌

　　香港中文大學陳煒舜教授完成了他的專著《漢藏之間：倉央嘉措舊體譯述研究》，囑為之序。我不懂藏文，其實是沒有資格置一詞的。可是翻譯正好就能打破這隔閡，讓我通過倉央嘉措的漢譯，一窺藏地文化。這對我來說，是個學習過程，因此不揣淺陋欣然答允了。

　　煒舜是個著作甚豐的學者，處處可見他治學嚴謹的功夫：比勘版本、考訂翔實、言必有據。又研習過多種語文，包括：漢、英、義、德、法、西、俄、滿，亦畧懂藏文。而且工詩詞，才情橫溢，文思敏捷。這本專著主要研究六世達賴倉央嘉措（1683-1706？）情歌的漢譯舊體詩，即曾緘（1892-1968）的七絕譯詩和劉希武（1901-1956）的五絕譯詩，以及曾緘的〈布達拉宮詞〉和盧前（1905-1951）的〈倉央嘉措雪夜行〉套數，在民國時期舊體文壇的譯介及傳播與接受情況，其間牽涉到藏漢之間文化的輸入與歸化。最使人驚喜的是作者的〈普陀珞珈謠：六世達賴倉央情歌楚譯〉（附錄三），渾然天成，足見作者多才多藝。

　　影響翻譯的因素很多，主要一項是翻譯的目的。藏學家于道泉（1901-1992）首度把倉央嘉措的情歌譯成語體漢文及英文，並附藏文原文，在一九三一年出版。他的翻譯是以學術研究而非文學創作為目的，怪不得曾緘「病其不文」而據之改譯。至於文學翻譯，是個再創造的過程：讓譯品在另一個文化、另一種語言裏投生。那麼，倉央嘉措的情歌，在漢語舊體文學裏，要賦予它什麼樣的軀體呢？原文藏語短歌四句六音綴，即一共二十四個音節。我同意作者的分析，認為

文言精簡，二十字的五絕基本上足以承載原文內容，而二十八字的七絕可能有多餘訊息。這就是說劉希武的五絕比曾緘的七絕，在譯詩形式選擇上較為恰當，也因此在內容和風格上更能傳真，保存原作質樸的民歌特色。可是曾氏譯筆優雅，音韻動人，撇開翻譯忠於原文的標準、純粹作為文學作品來看，曾譯更為耐讀，很受漢地讀者歡迎。

　　這些情歌和曾緘、盧前的有關作品，成功塑造了倉央嘉措這位風流情僧的傳奇人物。倉央嘉措成為六世達賴時，才十四歲，圓寂時二十三歲。他賦性通脫，不為清規戒律所束縛，常微服冶遊，化名宕桑汪波，晚間從布達拉宮旁的便門外出，流連酒肆，鍾情當壚女，黎明始歸，如曾譯第五十首所描述：「龍鍾黃犬老多髭，鎮日司閽仗爾才，莫道夜深吾出去，莫言破曉我歸來。」後來，冶遊被發現，受到責備拷問，他反覺獲得解放：「今後將無復以達賴繩我，可為所欲為也。」足見他為人瀟灑，率性純真。

　　從倉央嘉措其人其詩，可以看到一個二十出頭的年輕人對愛情的熱切渴望和追求。儘管他身為達賴喇嘛，也像我們一樣，是個有喜怒哀樂的血肉之軀。拉薩的一首民歌說得最公允：

> 喇嘛倉央嘉措，
> 別怪他風流浪蕩，
> 他所追尋的，
> 和我們沒有兩樣。

讀者們：請好好讀、細意欣賞有關這個藏地情僧和他的情歌吧。

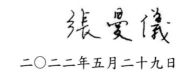

張曼儀

二○二二年五月二十九日

序二
出藏入漢、詳檢通滯

　　煒舜老師邀我為其專著《漢藏之間：倉央嘉措舊體譯述研究》作序，我想除了因為十餘年前我們曾在佛光大學任教的同事情誼外，主要也是因為他知道我的研究領域主要在藏學與佛學，蒙其盛情，十分榮幸。個人於二○一三年轉任臺北故宮後，身處博物院，與原本大學環境迥異，接觸的多為文本及文物，工作與研究亦漸偏此方向，近年除間歇的教學課程外，對文本內容或義理的研究較少。透過閱讀煒舜老師的著作，也勾起我不少過往的回憶。

　　本書探討主題是以「六世達賴情歌」為核心，「情歌」是漢譯本的譯詞，部份英譯本也譯為 love songs，藏文原文雖無此意，但以詩歌內容而言，確實與男女情愛相關，故此譯法未嘗不可。加上作者六世達賴的宗教身分及戲劇性人生，其作品不僅流傳廣大藏區，透過近代多種語言的譯本，影響實廣（書中對「六世達賴情歌」各語言譯本的蒐集及分析，相當完整且細膩，實具高度學術價值）。煒舜老師的專業並非藏文文獻，因此書中所探討不是在於藏文原作的分析考證，而是著重於民國以來有關六世達賴情歌的數種漢譯本評析，個人一方面覺得其視角獨闢蹊徑且觀察入微；另一方面，亦頗具時代性意義，為何如此說？以我身居的臺灣而言，藏傳佛教在當代臺灣可說是蓬勃發展，但即使是對六世達賴稍加知曉的格魯派臺灣信徒，對所謂的「六世達賴情歌」多半未存興趣，認為此非佛學作品，甚或有損達賴名號，因此六世達賴情歌譯作在臺灣流傳不廣。但個人作為常與大陸藏學界來往的研究者，約十年前就偶然注意到那裡對「六世達賴情

歌」的一股奇特熱潮，我不明其原因，但從書店中水準參差不齊的書籍出版數量可見其影響，這些書中的論述或創作多半植基於曾緘古體詩譯本或其餘白話譯本，我想煒舜老師或許也是注意到此當代文化現象，成為其探討此主題的動機。且因其在古典詩詞的專業學術素養，書中對不同譯作的細膩對比與分析，我在閱讀過程中實有不少收穫；書末的新創「楚譯」，更讓人驚艷其文思敏捷。

個人也頗喜好曾緘的古體譯本，記得一九八〇年代高中時因為對佛學的興趣，頗喜閱讀南懷瑾的著作，當時是從其《金粟軒詩話》一書中初識曾緘譯作，記得有好幾首，如「入定修觀法眼開，祈求三寶降靈臺。觀中諸聖何曾見，不請情人卻自來。」大概因喜其言簡意深，閱畢即牢記心中。爾後進入政治大學就讀後，大三開始學習藏文，偶然從老古出版社購得于道泉先生一九三〇年譯作出版的翻印本《達賴六世情歌集》，翻閱數次，當作學習閱讀藏文詩歌的教材。記得大約是一九九五年左右，王堯教授（1928-2015）受指導教授范德康先生（Leonard W.J. van de Kuijp）之邀至哈佛訪問，有緣蒙其向我敘述其師于道泉先生的生平大要與學術貢獻，他在民初的艱困條件下仍孜孜不倦的勤習藏文、蒐集文獻，我因此對此位前輩尤具敬意。《倉央嘉措及其情歌研究資料》一書的編者黃顥教授（1933-2004），個人也是一九九七年初次到北京參加藏學會議時有幸得識，當時蒙其熱心為我引介，認識不少位藏學界老學者。透過閱讀煒舜老師的著作，對多位前輩學者的回憶一一浮現，頓覺時光飛逝之速。

十餘年前於佛光大學佛教學系任教時，曾於某學期藏文閱讀課程挑選數首六世達賴情歌作為教材，不過大概因為不是佛學作品，同學興趣不大；現在回想起來，或許另外介紹曾緘的古體譯作，應能引發同學更多的學習樂趣。

曾緘與劉希武等人的譯作，雖非完全忠實藏文原作，但典雅古體

的創譯反具更大影響；張澄基先生一九七〇年代由藏譯漢的《密勒日
巴尊者歌集》是另一案例，雖未完全忠實原文，但其以達意為主的漢
譯風格反具更大影響。浮現心頭的另一似例是十一世紀波斯詩人奧瑪
珈音（Omar Khayyám 1050-1122）的《魯拜集》（Rubáiyát），十九世
紀由英國詩人費茲傑羅（Edward Fitzgerald, 1809-1883）譯為英文，麻
省理工學院黃克孫教授於一九五二年依英譯本譯為七言古體，與其餘
漢譯本相比（如郭沫若、錢鍾書、于貞志、黃杲炘等），其譯作影響最
大、傳誦最廣。這方面煒舜老師比我更有資格討論，我僅舉例言之，
寫太多就成班門弄斧了。

　　藏文的「六世達賴情歌」，以其修辭與文體而言，並非高妙典雅
之作，其實至今也無確切證據能證明這些情歌真為六世達賴作品，但
藏人廣加傳誦，未有懷疑。有人視為真實情愛作品，史料稱六世達賴
不守輕規，從布達拉宮易裝與女子幽會，拉薩市中號稱年代最老的西
藏茶館「瑪吉阿米」，今日依然傳說此地即為其與藏女相會品茶處
所；有人從宗教角度解釋，認為情歌詞句背後隱藏宗教修行內涵；也
有人從政治角度解釋，認為其中影射當時複雜的蒙藏政治角力背景。
但六世達賴情歌的漢譯超乎這些如瞎子摸象般的不同詮釋角度，譯文
的古典詩體將藏文原作提升到不同意境。煒舜老師此部專著對這些民
初古體詩譯作的分析實具創見、論述通暢且脈絡清晰，我樂見其大作
即將付梓，於此至誠祝願隨喜。

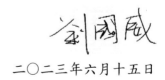

二〇二三年六月十五日

目次

綜論
化作佳人絕代容：
倉央嘉措情歌與「清末一代」舊體文學

一　研究旨趣

　　六世達賴名倉央嘉措（Tshangs-dbyangs Rgya-mtso, 1683-1706），[1]門巴族，康熙二十二年（藏曆水豬年，1683）生於藏南門隅納拉山下宇松地區烏堅林村，父紮西丹增，母才旦拉姆，其家世代信奉紅教（寧瑪派）。前此，五世達賴阿旺羅桑嘉措（Ngag-dbang Blobzang Rgya-mtsho, 1617-1682）為在西藏建立政教合一的政權，向蒙古固始汗借兵。其願雖遂，然蒙古勢力亦自此進入西藏。五世達賴圓寂，其親信第巴桑結嘉措（Sangs-rgyas Rgya-mtso, 1653-1705）成為攝政王，一直密不發喪，掌權達十五年之久。康熙三十五年（1696），聖祖皇帝平準噶爾之亂，得知五世達賴圓寂多年，致書怒責桑結。次年，桑結方確認倉央嘉措為六世達賴，以五世班禪羅桑益喜（Blo-bzang Ye-shes, 1663-1737）為師，剃髮受沙彌戒，法名羅桑仁欽倉央嘉措（Rig-hdsin Tshangs-dbyangs Rgya-mtso）。同年十月二十五日，於拉薩布達拉宮舉行坐床典禮。倉央嘉措少時雖博覽佛典，且有著述，然遲遲未曾坐床。兼以生性浪漫，其紅教背景於男女大防不甚措意，故好射術，喜流連拉薩酒肆，所作詩歌亦綺麗動人。康熙四十四年（1705），與

1　國民政府翻譯作「倉洋嘉錯」，于道泉、曾緘等人早期論述皆從之，而現代一般作倉央嘉措。為便論述，筆者一概作倉央嘉措，或簡稱倉央，不另加說明。

桑結久有矛盾的固始汗之孫拉藏汗（Lha-bzang Khan, ?-1717）入侵西藏，罷免桑結，次年復將之處死。其後，拉藏汗向聖祖皇帝奏稱桑結「謀反」、倉央嘉措不守清規，請予廢立。聖祖准奏，著將倉央嘉措押解北京。押解途中，倉央嘉措行至青海湖濱，染病圓寂。[2]

　　倉央嘉措是西藏著名詩人，以情歌創作著稱。而作為宗教領袖的歷代達賴喇嘛，在藏地也同時兼具文化代表的身分。就詩歌而言，如五世達賴對印度文學理論著作《詩鏡》（*Kāvyādarsa*）作註解，著成《詩鏡釋難妙音歡歌》，研究精詳，且如今人趙康所言：「為了助於理解原著的概念，作者寫了一大批詩例，合計有425首之多，表現了作者很深的藝術造詣，其中許多詩篇成為後人學習寫作古體詩的範例。」[3]不僅如此，羅桑還以詩歌形式寫成《金剛持帕旺卡巴傳》。[4]同樣是羅桑所撰寫的《西藏王臣記》，今人梁冬指出：「書中並沒有專門針對歷史做長篇議論，但從這部書首尾處書寫的部分詩歌中仍可以看出他對於歷史的一些看法。」[5]梁冬且提及，羅桑的作品中還「穿插了大量的詩歌，這使得傳記文辭高雅，詩意盎然」。[6]再觀倉央的繼任人七世達賴喇嘛格桑嘉措（Bskal-bzang Rgya-mtsho, 1708-1757），同樣有不少詩歌作品，其中以道歌最為大宗，學者指出這些道歌題材豐富，「其諸多思想涉及無常、他空見、密宗等領域，其意義涉及文學

2　一說拉藏汗遣人於途中將倉央謀害。見Tatz, Mark, 'Songs of the Sixth Dalai Lama', *The Tibet Journal*, Vol. 6, No. 4 (Winter 1981), p.17.

3　趙康：〈論五世達賴的詩學著作《詩鏡釋難妙音歡歌》〉，《西藏研究》1986年第3期，頁79。

4　五世達賴喇嘛阿旺洛桑嘉措著，陳慶英、馬連龍、馬林譯：《五世達賴喇嘛傳》（北京：中國藏學出版社，2006年）上冊，頁163。

5　梁冬：《《五世達賴喇嘛傳》文學研究》（西藏大學文學院中國古代文學專業博士論文，2021年），頁21。

6　同前註，頁118。

之外的人生哲學、文化修養、審美觀、倫理道德、價值體系等最高境界的精神文明領域」。[7]整體而言，五世達賴阿旺羅桑嘉措學識淵博，其繼任者不可能不受其文學思想的霑溉，如七世達賴的道歌內容與風格，就可讓我們窺見一隅。但是，作為羅桑轉世靈童的倉央，所醉心的詩歌體裁不論是情歌（雜魯）或道歌（古魯），皆為通俗易懂的民歌形式，而與展現湛深藝術造詣、文辭高雅的風格大不相同。由此益可發現倉央文學取向的特異之處。

　　一九三〇年，于道泉（1901-1992）將其詩作翻譯成語體漢文及英文，列為中央研究院歷史語言研究所單刊甲種之五，隨即引起漢地讀者的歡迎。一九八二年，西藏人民出版社出版由黃顥、吳碧雲編纂的《倉央嘉措及其情歌研究（資料彙編）》，藏文本方面，收錄于道泉拉薩木刻版一九三〇年整理本、青海人民出版社一九八〇年整理本、莊晶一九八一年整理本（共一百二十四首，藏漢對照，原由北京民族出版社出版），以及達斯（Sarat Chandra Das, 1849-1917）《西藏文法初步》一九一五年版所附輯本。漢譯本方面，收錄于道泉、劉家駒（藏名格桑群覺，1900-1977）、劉希武（1901-1956）、曾緘（1892-1968）、王沂暖（1907-1998）、周良沛（1933- ）、莊晶等人所譯及《西藏文藝》所載之多種本子，以及相關史料、研究文章若干，可謂大陸地區「改革開放」初期集大成之文獻。此書其後於二〇一一年由中國藏學出版社發行增訂版，改題《六世達賴喇嘛倉央嘉措詩意三百年》。就譯本而言，增加了陳慶英、張子凌漢譯本、龍冬漢譯本和泰霖英譯本。值得注意的是，由於這些新譯本所據之藏文原本因與于道泉不同，加上研究之逐漸深入，故能對于本的瑕疵有所修正。[8]由於

7　多傑才旦：《第七世達賴喇嘛格桑嘉措道歌研究》（青海民族大學中國少數民族語言文學專業碩士論文，2016年），頁5。

8　舉例而言，如于本第28首談及的藝桌拉茉和訥桑，于氏不詳，而莊晶、龍冬、泰霖

倉央身分特殊、遭際傳奇、情歌動人，此書的出版進一步推動了海內
外對倉央嘉措的興趣。隨著商業活動的日趨繁榮，倉央情歌的新譯本
不僅如雨後春筍，以其人其詩為主題之詩歌、散文、小說、戲劇更是
紛至沓來，各種舊著也不斷再版，至今不衰。

　　從研究角度而言，倉央嘉措的時代、宗教、習俗、語言、文學成
就、情歌之傳播接受乃至模擬偽託，以及隨之引發的各種社會現象，
都非常值得關注。可是由於語言文化的隔閡，相關論述雖然累積了一
定數量，但相關問題仍待追本溯源深入探討，以獲取更高學術價值。
一九八八年，理明發表〈近年倉央嘉措及其情歌研究綜述──兼談倉
央嘉措的族屬及其它〉一文。[9]二〇一〇年代，榮立宇先後發表〈十
七年間（1949-1966）倉央嘉措詩歌在漢語文化圈中的譯介〉、〈倉央
嘉措及其詩歌研究二十年（1990-2011）〉、〈國內倉央嘉措相關書籍出
版情況考察（2001-2016）〉、〈倉央嘉措詩歌在漢語文化圈中的傳播及
經典化〉、〈倉央嘉措詩歌在漢語文化圈中傳播的流俗化〉、〈倉央嘉措
詩歌漢譯的統計學特徵〉等文，可俾吾人宏觀大陸地區倉央嘉措的研
究情況。茲不贅言。

　　不過整體看來，倉央嘉措其人其詩在民國時期舊體文壇的傳播接

則稱其乃傳統藏戲故事中的人物。（莊晶譯：〈倉央嘉措情歌〉，載中國藏學出版社
編纂：《六世達賴喇嘛倉央嘉措詩意三百年》（北京：中國藏學出版社，2011年），頁
129、190、329。）按：此書係黃顥、吳碧雲編纂《倉央嘉措及其情歌研究（資料
彙編）》（拉薩：西藏人民出版社，1982年）之修訂再版，然編者改作「中國藏學出
版社」。故筆者在引用此書中按語等內容時，依然標示黃、吳二人之名。又如于本
第5首所提及之果實，于氏英譯為apple，而莊本則為桃子。（《六世達賴喇嘛倉央嘉
措詩意三百年》，頁124、325。）于本第11首題及「解錐」，莊本則為蛇。（《六世達
賴喇嘛倉央嘉措詩意三百年》，頁125。）于本第50B、50C首疑有錯文，而莊、龍二
本則無誤。（《六世達賴喇嘛倉央嘉措詩意三百年》，頁135、194。）

9　理明：〈近年倉央嘉措及其情歌研究綜述──兼談倉央嘉措的族屬及其它〉：《西藏
　　民族學院學報（社會科學版）》1988年第1、2期（總第33、34期），頁47-54。

受與研究狀況，相關討論仍乏人問津。榮立宇提及曾緘、劉希武之譯詩，以及曾緘〈布達拉宮辭〉、盧前〈倉央嘉措雪夜行〉——榮氏認為這兩首作品「是為漢語文化圈內以倉央嘉措本事及情歌為主題進行文學創作的濫觴」，又說：「可惜的是，20世紀40年代之後的60年間再無這樣的創作問世。直到21世紀初期，以倉央嘉措及其詩歌為主題的文學創作再度出現。」且謂當時對比二十世紀三〇、四〇年代的創作主體屬於當時的文化精英，創作形式局限於以舊體詩、詞、曲進行寫作；而二十一世紀初的創作者更加平民化，包括專職作家、文學愛好者和網路寫手、學者等，創作形式也更加多樣，涉及小說、散文、隨筆等。這種創作主體和創作形式的變化從另外一個方面反映了倉央嘉措詩歌已經進入了漢語文化圈的核心部位。[10]從于道泉一九三〇年發表譯本，到一九四九年大陸易幟，前後僅十八年而已。但這個烽火連天的時期，倉央情歌在漢地的傳播與接受情況卻有了長足的發展。尤其是劉希武、曾緘、盧前（1905-1951）等幾位前輩詩人、譯者，將倉央情歌與漢地舊體文學較好地結合起來，在倉央情歌的推廣方面起了不容忽視的作用。正如曾倩所說：「倉央嘉措成就了曾緘，曾緘成就了倉央嘉措；有人講，曾緘使倉央嘉措美好的愛情更加唯美……總之，知道倉央嘉措的人，就一定知道曾緘。只是，人們對於曾緘其人，卻知之甚少。」[11]曾緘如此，劉希武、盧前亦然。對於他們的相關研究，目前仍處於起步階段。

　　民國時期譯介、推廣倉央情歌者如于道泉、劉家駒、婁子匡、劉希武、曾緘、盧前等人，皆可歸入「清末一代」——亦即生於清末二

10 榮立宇：〈倉央嘉措詩歌在漢語文化圈中的傳播及經典化〉，《民族翻譯》2016年第1期（總第98期），頁13。
11 曾倩：〈前言〉，曾緘著、寸鐵孫（曾倩）編：《寸鐵堪詩稿》（北京：北京聯合出版公司，2015年），頁1。

十年（1890-1911）之社會世代。這一代人「生於王土」，接受新舊合璧的教育，在辛亥年間年齡最長的約二十一、二歲，大多對清亡無太深刻的感懷，知識結構也與年輩較晚者不同。民元以後，他們在就業方面之高度「結構分殊性」（structural differentiation）則是前所未有的。[12]以舊體詩而言，「清末一代」舊體詩人詩作為數頗多，流派不明顯，且至今不斷有新發現。他們詩中所展現的古典性／現代性等問題顯得非常有趣。劉希武、曾緘、盧前三人，便皆屬於「清末一代」舊體詩人。他們透過舊體文學來傳播倉央情歌，劉氏有〈第六世達賴倉央嘉措情歌六十首〉，曾氏有〈六世達賴倉央嘉措略傳〉、〈六世達賴情詩六十六首〉、〈布達拉宮辭〉，盧氏有套數〈倉央嘉措雪夜行〉，這幾種作品，涉及舊體文學的各種體裁，包括散文、七絕、歌行、五絕、詞曲等，也大抵涵蓋了倉央其人其詩在民國舊體文壇的整體接受情況。不過，在推廣倉央其人其詩的過程中，三位詩人也十分意識到其「新意」。如曾緘追憶〈布達拉宮辭〉之創作時說：「這是一首古典式的歌行，寫作方法當然是舊的，然而由於題材比較新鮮，因此寫作中也運用了一些新的手法，有些是未經前人道過的。」[13]這是從題材和手法上來談。盧前創作〈雪夜行〉，進一步將倉央與李後主、宋徽宗相提並論，稱為「三世聖哲」，一則出於藝術上的觸動外，二則有團結漢藏各族一致抗日禦侮的動機。可以說，這幾首舊體作品，除了典雅的風格，同時也具有一定時代性。正因如此，筆者嘗試以曾緘、劉希武、盧前三人之相關作品為核心。以探討倉央嘉措其人其詩在民國舊體文壇之傳播與接受的情況。

---

12 林小涵：〈陳煒舜教授演講「生於王土，走向共和：《「清末一代」舊體詩人的記憶、想像與認同》緒論」紀要〉，「中央研究院明清研究推動委員會」，http://mingching.sinica.edu.tw/cn/Academic_Detail/783。（2020年5月12日瀏覽）

13 曾緘：〈我寫〈布達拉宮辭〉〉，曾緘著、寸鐵孫（曾倩）編：《寸鐵堪詩稿》，頁292-293。

二　民國時期倉央嘉措情歌在漢地譯介情況概述

　　無可否認，于道泉對於倉央嘉措其人其詩在漢地的推廣有篳路藍縷之功。據其〈譯者序〉所言，于氏在一九二五年左右到北京學習梵文，後來轉致力於藏文。一九二七年前後，他在雍和宮找到倉央嘉措情歌的藏文「拉薩本」*Tshans dbyans rgya-mtsho'i mgul-glu snan-'grugs kyis bkod-pa*，這個版本是西藏友人從拉薩帶來的一個梵式小冊子，全書共有歌詞237句，于氏編為54節。又有八節為「拉薩本」所無，于氏自達斯本（Das edition，共242句）補入七節，又據藏族友人所言補入末節。[14] 于氏將之逐漸翻譯出來，一九三〇年發表於中央研究院歷史語言研究所單刊（甲種之五）。時至今日，漢地學者、作家言及倉央者，大率皆以于氏為依歸，婁子匡（1907-2005）、曾緘、劉希武、盧前等人莫不如此。于本地位如此重要，除了面世最早，還有其他因素：這個譯本不僅擇取了當時能見到的最佳底本，每首詩更有漢英逐字對譯和漢英串譯四種形式，於文義不清處附以註記，此外又有譯者小引、藏文校勘記，且請趙元任（1892-1982）為藏文原文記音，內容豐富翔實。改譯者、研究者即使不諳藏文，亦可由此窺其涯涘。正因于本乃是研究（而非創作）為目的，故為其後的學者探論、文人改譯開啟了廣大空間。于本出版後，一位題名「方」者在《國立北平圖書館館刊》發表新書介紹，略謂從十九世紀比較語言學和印度哲學的研究在西方興起後，藏文也逐漸為各國人士所注意。但以前的學者研究藏文並非為了藏文本身在文學上的地位，而是因為要透過《甘珠兒》、《丹珠兒》兩部藏文經藏去恢復已亡佚的梵文原典。二十世紀開始，研究藏文者開始注意到西藏豐富的文學傳說，而于本則是這種新潮流

---

14 于道泉：〈譯者小引〉，《第六代達賴喇嘛倉央嘉措情歌》（南京：中央研究院歷史語言研究所單刊甲種，1930年），頁20。

在中國的第一次出現。[15]學術評價可謂甚高。此外，《藝術與生活》雜誌於一九三九年分幾期選刊了于本中的若干首作品，其編者按語云稱倉央情歌「文字雖是平板得很，但含意卻纏綿動人，讀了後很能留給我們一段遼遠邊疆上愛的故事的影像」。又謂于本「由前景山書社出版，三千本在幾日內便完全賣淨了，一時是曾風行於世的」。[16]于本之受歡迎，及其因忠於原文而形成的「平板」風格，皆交代得很清晰。

一九三二年，青年學者丁迪豪（1910-1935）即以于本為基礎，撰寫了〈從倉央嘉措情歌中見到的藏人生活〉一文，發表在《進展月刊》。他論倉央情歌道：「這首情歌從傳說方面得來的資料，說是倉央嘉措的自作，同時，誰也不敢斷定這話是絕對，可是，我們不去注意或研究這些地方，如果說是倉央嘉措以後的人追詠這件事的作品，也未嘗不可。」他認為，從倉央詩歌中窺見了西藏人的現實生活，故而分成幾點來論述，包括：西藏人意識生活的印度思想、西藏男女的公開交際、西藏酒家的公開賣淫、西藏人宗教觀念與情感的矛盾、西藏社會情人的爭奪、西藏人對自然現象的觀察。其結語云：「我們之道西藏有這麼一首極好的抒情詩，又知西藏人的生活還是未脫野蠻的階段，同時，西藏人又是被宗教所征服的；西藏問題研究的同志們：我們要開發西藏，使他成為國家一塊純熟的領土，我們就要注意如何破除教宗的勢力！如何使他們走向文明的大道？如何使這種富有藝術天才的民族發揚光大？這些都得待我們實際去努力啊！」[17]丁氏年少氣盛，所論不乏真知灼見，但由於時代的局限，他把藏族視為野蠻民

---

15 方：〈新書介紹：國立中央研究院歷史語言研究所單刊甲種之五：第六代達賴喇嘛倉洋嘉錯情歌（于道泉編注趙元任記音）〉，《國立北平圖書館刊》第5卷第4期（1930年），頁114。

16 于道泉：〈倉洋嘉錯情歌〉（一），《藝術與生活》第1卷第2期（1939年），頁5。

17 丁迪豪：〈從倉洋嘉錯情歌中見到的藏人生活〉，《進展月刊》第1卷第7期（1932年），頁100-105。

族、把宗教視為迷信，而且期待以「先進文化」去同化西藏，這些論調固然與當時的民族主義思想乃至社會達爾文主義相契合，但在今天看來未免失之簡單草率。

　　同樣在一九三二年，漢藏混血的學者、班禪大師行轅秘書劉家駒在上海《亞細亞月刊》出版《西藏情歌》一百首，亦自藏文直譯。劉家駒採用新詩形式，頗有泰戈爾《漂鳥集》風味。今人劉波指出：「此書的100首歌謠，在邏輯上頗有聯繫，成為有機的整體。」又說：「劉家駒認為：詩歌中的原詞，婉曲微妙，細膩動人，不是尋常語言所能刻畫得出，的確詩歌是熱烈感情的奔流，心裡頭炙熱情緒自然吐露出來，就變作一種音節，所謂『情動於中而形於言，言之不足故嗟歎之，嗟歎之不足，故歌詠之』，這種天籟，愈不雕琢，愈有價值。」[18]據筆者統計，此書所錄至少有二十三首作品與于本內容大致相同，五首內容相關而可資參考。然而，正因其書以「西藏民歌」為題，故這一百首作品中雜糅了一些非倉央嘉措名下的民歌。此書雖不及于本受人囑目，還是引起了一些注意。如曾緘稍後從事改譯工作時，即參考過劉本。又一九四四年，有題名何仁者在《常識》第一期發表〈達賴六世豔史〉一文。他稱許劉家駒的譯筆「婉轉微妙，情感奔放，令人蕩氣迴腸，百讀不厭」。又從一百首中擇出「事出有因」的幾十首，集為追求、熱戀、失戀、懷念、流浪、歸宿六節，分別列出。[19]何仁之論較為簡單，對詩歌的擇取標準也不盡完善，但畢竟是針對普通讀者而寫，無可厚非。

　　與此同時，民國報刊上也偶有零星關於倉央的文字。如筆名「大刀王五」者，於一九三四年《社會新聞》雜誌上發表〈纏夾齋談薈〉

---

18 劉波：〈劉家駒的康藏民歌研究〉，《中國藏學》2013年第4期（總第111期），頁166-170。

19 何仁：〈達賴六世豔史〉。《常識》第1期（1944年），頁28-30。

若干則，其中一則即為〈達賴的情歌〉，其言云：「西藏達賴喇嘛為一風流和尚，其所作情歌，予屢有記載，茲又有友人迻譯其老年時回憶的情歌一首，爰錄之。」其詩如下：

> 歲月蹉跎，華髮蒼白，熱情冰冷，青春之花凋萎！
> 毀滅了吧，目前的殘影！我失掉了青春的故家；誰能給美麗的圖畫？
> 花謝了，祇遺下一枝枯桿，樂盡了，贏得一點酸淚。如今的我呀，鎮日價撫著白髮呻吟！[20]

此作充滿新文學之散文詩風味，其內容固然無法與于本內的作品相對應，體式也非四行短句。即使源於王五友人的藏文迻譯，也未必可靠。且王五自言於倉央情歌「屢有記載」，由此可見，託名倉央的詩作在一九三〇年代已在漢地陸續出現了。

一九三七年，民俗學家婁子匡（1907-2005）在《孟姜女》雜誌發表〈喇嘛之謠：凡六二曲〉，採用以七言白話民歌形式，略帶吳語氣息。[21]這是第一種以于本為基礎的改譯本。值得注意的是，婁本嚴格遵守原文的句數，如少數三、五、六句的詩作，曾緘、劉希武皆增刪為四句，但婁子匡則保持原貌。此外，婁氏又有〈談喇嘛之謠：序倉央底情歌〉一文，發表於同年的《歌謠週刊》。遺憾的是，婁本及序文長期以來流傳極罕，即使黃顥、吳碧雲的資料彙編也未有納入。

---

20 大刀王五：〈纏夾齋談薈·達賴的情歌〉，《社會新聞》第9卷第6期（1934年），頁226。

21 婁子匡：〈喇嘛之謠：凡六二曲〉，《孟姜女》第1卷第5期（1937年），頁107-111。婁氏為浙江紹興人，早年便蒐集結集《紹興民謠》，故其改譯的倉央情歌富於吳語氣息，可以推知。

婁氏在序文中提出：「有過這樣的事實，宗教的宣託，有時是靠著情歌作輔助。《舊約》自〈創世紀〉而降，多是頌敬上帝型人於教的古記載。其中夾雜著八章〈沙羅門之歌〉Song of Solomon（雅歌）是獨特綺麗的戀歌，宗教者和非宗教者對牠的批判，雖是各就各立場把牠下論斷，多半超然的評定，我以為與其以『雅歌』中的人物而喻之於教義，不如說宗教的宣託是靠著這輔助的。把問題牽到本身，我以為這倉央底六十二曲宗教的秀美的情歌，也是脫不了喇嘛宣教的輔力。情歌和教義，至少是前者容易得到大眾的感應。本書大部分的歌曲，並不能看出倉央是如何沉湎於醇酒婦人，就是作一般的情歌比較觀，也可說是『正當』的情歌，我覺得這祇是對教義的襯托，並不是真的在倉央整個的身心，完全沉醉在淫佚的境界所謳歌出來的。」他進而指出，因為倉央著作也有許多「正經」的書本，故而藏民相信他平時豪放是遊戲三昧，並未破了戒體。因此，即使拉藏汗要罷黜他，藏民都極端反對。為什麼倉央不守清規，卻並不妨礙眾人對他的崇敬？那是因為「一曲一曲的情歌，實在祇是輔助宣託教義的產物，把『天才』的倉央卻做成了歌謠的箭垛」。[22]如此頗能自圓其說。直到今天，仍有不少論者相信這組情歌實際上是道歌，為了傳教弘法、體道悟覺之用。婁氏此論，在漢地可謂導夫先路。二〇〇七年，身兼比丘尼及學者身分的 Karma Lekshe Tsomo 在一篇書評中提到，由於藏文化對怛特羅佛教（Tantric Buddhism）的偏好，以及倉央自身的地位，藏人無論以宗教或政治角度來解讀都可自圓其說、習以為常。情色意象是一種常見的宗教隱喻，代表了慧與法之結合。[23]但正如學者 Mark

---

22 婁子匡：〈談喇嘛之謠：序倉央底情歌〉，《歌謠週刊》第3卷第3期（1937年），頁5-6。

23 Karma Lekshe Tsomo, 'Songs of Love, Poems of Sadness: The Erotic Verse of the Sixth Dalai Lama (review)', *Journal of the History of Sexuality*, 2007, Vol.16(1), p.131.

Tatz 所言，將倉央自身的世俗欲望和當時流行的精神倫理加以調和折衷，以證明其生活之正當性，如此嘗試卻忽略了詩人本人所經歷的衝突正是由其宗教信仰所造成的。何況倉央許多詩歌的主題都在表達愛情與義務間的衝突，讓人們深入了解到藏族社會的特徵，這不僅在一般宗教文學作品找不到，在民間文學作品中也十分罕見。[24]以倉央情歌證道的方式，的確與神學家解《雅歌》乃至毛傳解《詩》如出一轍。但若從〈雅歌〉和〈國風〉觀之，往往情歌為本義，證道為引申義，兩義雖可並行不悖，但引申義之附會感，是不難察覺的。進而言之，倉央在創作這些情歌時，動機到底是出於愛情抑或佛法？這其實未必難於釐清。凡是本義，其理路當暢順。而同一首作品的本義和引申義，內容都不太可能完全契合，引申義總會帶有一些片面性或附會性。普通百姓對男歡女愛之了解必然多於高深佛法，這些情歌之所以能流播眾口，正因情歌中男歡女愛的內容無論奇正，都渾然天成，合乎人情世故。因此就創作動機來看，證道相比之下就落第二義——亦即引申義了。

　　曾緘、劉希武透過舊體文學來推廣倉央其人其詩，就是在這樣的脈絡下開展的。劉希武的改譯，肇端於他供職康定。據其自序所言：「二十八年（1939）一月五日，余始至康定之第四日，訪吾友黃靜淵於西康省政府之後樓。」他從黃靜淵處得閱于本，在黃氏鼓勵下，產生改譯的念頭。[25]不到兩週時間，劉希武完成了〈第六世達賴倉央嘉措情歌六十首〉，發表於《康導月刊》一九三九年第一卷第六期。劉本的後事較曾緘譯本早了一月有弱，發表也比曾本早了兩個月。但比

---

24 Tatz, Mark, 'Songs of the Sixth Dalai Lama', *The Tibet Journal*, Vol. 6, No. 4 (Winter 1981), pp.18-19.

25 劉希武：〈第六世達賴倉央嘉措情歌六十首〉，《康導月刊》第1卷第6期（1939年），頁100。

對之下，兩人的改譯工作，時間極為接近。且曾緘在一九三八年已到任，搜集整理資料之工作開展應略於劉希武。于本共六十二首，而曾本共六十六首，乃因于本第15、17首各分為 A、B，第50首分為 A、B、C，曾本不細分，統一排序，故多出四個編號。至於劉本僅六十首，乃因其並未翻譯于本第17B、37、41、43、45、54等六首。究其原因，當是這幾首大概皆與佛法有關，而與愛情關涉較少；加上劉希武身為中共黨員，信仰無神論，故而略去不譯。但以第17B 首為例，作為劉希武北京大學學長的曾緘，不僅將此詩譯成七絕，還檃栝成〈蝶戀花〉納入自註，足見兩人對宗教信仰之不同態度。

再看曾緘方面。一九三八年夏秋之際，由於日軍時常轟炸大後方，曾緘遂從成都前往西康省會康定，任職於蒙藏委員會。他在當地看到了于本和劉家駒譯本，既覺得倉央情歌「哀感頑艷」，又覺得于本「不文」，於是起了改譯的念頭。他首先以文言文撰寫〈六世達賴倉央嘉措略傳〉，釐清了倉央生平及時代概況，繼而開始改譯工作，完成〈六世達賴情詩六十六首〉。譯畢又撰寫七言歌行〈布達拉宮辭〉。[26]三部作品皆刊登於《康導月刊》一九三九年第一卷第八期。曾氏在〈宮辭〉後自跋云：「歲寅戊[戊寅]作傳，祀竈日譯情歌竟，明年己卯元日成〈布達拉宮辭〉，人日付鈔胥。」[27]戊寅祀竈日（臘月廿三）即一九三九年二月十一日，己卯元日為同月十九日。譯事開始的確切時間，並未詳細交代。但不難推斷，大致在一九三八年秋冬之際。

至一九四一年，曲學家盧前又創作了套數〈倉央嘉措雪夜行〉。根據盧氏自序，乃是緣於在重慶「復興關下，聽活佛喜饒嘉措大師言

---

26 曾緘於《康導月刊》及《斯文半月刊》發表的版本，皆作〈布達拉宮詞〉，至一九六〇年代方改作〈布達拉宮辭〉，蓋有判別之意。然為便敘述，本文若非直接引文，統一採用「辭」字。

27 曾緘：〈布達拉宮詞〉，《康導月刊》第1卷第8期（1939年），頁70。

六世達賴倉央嘉措，因情破戒，坐廢而死一事」，[28]有感而發而撰寫了
這組套數。喜饒嘉措（1884-1968）係藏地高僧，又是國民黨員、國民
參政會參議員。抗戰時期積極奔走，宣傳救國抗日。盧前亦為國民黨
籍的參政會參議員，故得親炙喜饒。不過，盧前的靈感雖來自喜饒，
動筆撰寫時至少卻也參考過曾緘的著作。盧前視散曲為正宗，又因倉
央史料零碎，遂無意以此題材撰構雜劇；加上曾緘等人珠玉在前，故
而他選用套數的方式，聚焦於倉央的「雪夜行」故事加以敘述、評
論。由於倉央是遭到罷黜的僧王，又擅長情詩，故曾緘、劉希武皆將
之與李後主相提並論。曾氏以為倉央「和中土詩人李義山、李後主比
起來，似無愧色」，[29]劉氏則云：「概其生平，酖醉於文藝而視尊位如
敝屣，其與南唐李煜何以異？」[30]相形之下，盧前更進一步聲稱：「南
唐後主，北宋道君，得倉央嘉措而三矣。」[31]他以倉央為主，後主、
徽宗為輔，抓住三人「酖醉於文藝」的共同特徵，將他們稱為「三生
聖哲」，極富感染力，且足以溝通漢藏異同，乃至把倉央納入華夏法
統，打破民族隔閡，一致對抗外敵，這固然是盧前的創作旨趣，卻也
點出了曾緘、劉希武未曾道出的心聲。從這個角度來看，曾、劉、盧
三者關於倉央的創作，未嘗不反映出抗戰文學的一個側面。

最後值得補充的是，當代伊朗裔學者 Bentolhoda Nakhaei 論及十九
世紀英國學者費茲傑羅翻譯中古波斯詩人奧瑪珈音《魯拜集》（*Rubáiyát
of Omar Khayyám*），指出十九世紀伊始，殖民國家的翻譯家——包括
費氏在內，開啟了一種潮流，那就是從所謂不文明或次等文明的國族

---

28 中國藏學出版社編纂：《六世達賴喇嘛倉央嘉措詩意三百年》，頁510。

29 曾緘：〈我寫〈布達拉宮辭〉〉，曾緘著、寸鐵孫（曾倩）編：《寸鐵堪詩稿》（北
   京：北京聯合出版公司，2015年），頁285。

30 劉希武：〈第六世達賴倉央嘉措情歌六十首〉，《康導月刊》第1卷第6期（1939年），
   頁100。

31 盧前原著、盧偓箋註：《飲虹樂府箋註》（揚州：廣陵書社，2011年），頁121。

處，擇其經典文本加以轉化，使其較能獲得譯者母國之接受。[32]這種說法，是就殖民主義而發。而藏地至遲從元代起便奉中原王朝惟宗主，Nakhaei 之說是否也可施於倉央情歌的漢譯之上？從丁迪豪所論似乎依稀看到一絲相近之處。但就漢文譯述者而言，撇開漢藏混血的劉家駒不論，于道泉、婁子匡、劉希武、曾緘和盧前諸人在民初「五族共和」、「世界大同」的理念下大抵仍能抱持一種平常、平等之心來對待倉央其人其詩。然如劉希武將倉央與李商隱相比，恐不無過譽之嫌。可見這些譯述者（除卻劉家駒）無論推崇或貶抑，或多或少站在他者的角度，畢竟是難以避免的。

三　西方學界對倉央嘉措其人其詩之研究概述

關於倉央嘉措其人其詩於一九四九年後在大陸地區的傳播接受與研究情況，學界已有專文論述，茲不贅。由於海外學界對倉央嘉措之相關研究情況較少為華人學界所了解，這些成果於筆者頗有啟發，故概述之。

如 Michael Richards 在一九八二年的書評中所寫，西方對於倉央嘉措的迷戀已超過一個半世紀。與其他西藏的大人物相比，他所顯現的人性弱點令他更富於人情味。[33]最早將倉央情歌作完整翻譯的，當是一

---

32 Nakhaei, Bentolhoda, 'How Khayyam Got Lost in Translation: Cultural Errors and the Translators of Rubaiyat', Edited by Ni Riordain, Clíona, & Schwerter, Stephanie: *Speaking like a Spanish Cow: Cultural Errors in Translation*, (New York, NY: Columbia University Press, 2019), p.117.

33 Richards, Michael, *Review*, The Tibet Journal, Vol. 7, No. 4 (Winter 1982), pp. 103. Reviewed Works: *Songs of the Sixth Dalai Lama* by K. Dhondup; 'Songs of the Sixth Dalai Lama' included in The Tibet Journal, Volume VI, No. 4 by Mark Tatz; *Wings of the White Crane: Poems of Tshangs dbyangs rgya mtsho (1638-1706)* by G.W. Houston and Helmut Hoffmann.

九六一年 Marion H. Duncan 發表的 *Love Song and Proverbs of Tibet*。[34] 此書雖有開創之功，也具獨見，然如 Mark Tatz 所言，Duncan 身為美國傳教士，其清教徒思想淵源使他的譯文相形見絀；加上 Duncan 嚴格保持每行十一音節的格式，也令他的譯筆受到損害。[35]也許這正是後來 Per K. Sørensen 作校註時並未將之列為主要底本的原因之一。一九七八年，L. S. Savitsky 發表論文 'Tibetan Literature of the Eighteenth Century'；[36]兩年後又發表 'Secular Lyrical Poetry in Tibet. Works of Tshang-jang jamtso (1683-1706)'。[37]一九八一至一九八二年間，相繼出現了三種英譯本。首先是頓珠（K. Dhondrup, 1952-1995）翻譯的 *Songs of the Sixth Dalai Lama*，[38]其次是 Mark Tatz 的譯本，[39]再次為 G. W. Houston 的 *Wings of the White Crane*。[40] Michael Richards 專門為這三種譯本撰寫書評。他舉例比對三種譯本，指出 Tatz 的譯文最具權威性，頓珠作為英語詩人，其譯筆雖然比較自由，但在內容和音韻上一般都頗為忠於原文；而 Houston 的譯本對於原文卻有不少錯誤的詮解。[41]稍後 Houston 撰文，對 Richards 的批評頗不以為然，並就相關

34 Duncan, Marion H.: *Love Song and Proverbs of Tibet*, London: Mitre Press, 1961.

35 Tatz, Mark, 'Songs of the Sixth Dalai Lama', *The Tibet Journal*, Vol. 6, No. 4 (Winter 1981), p.20.

36 Savitsky, L. S.: 'Tibetan Literature of the Eighteenth Century', *The Tibet Journal* I (1976), pp.43-46.

37 Savitsky, L. S.: 'Secular Lyrical Poetry in Tibet. Works of Tshang-jang jamtso (1683-1706)'; *Proceedings of the Csoma de Koros Memorial Symposium*, Budapest: Akadémiai Kiado, 1978, pp. 403-409.

38 Dhondrup, K., (tr.) *Songs of the Sixth Dalai Lama*, Dharamsala, 1981.

39 Tatz, Mark, 'Songs of the Sixth Dalai Lama', *The Tibet Journal*, Vol. 6, No. 4 (Winter 1981), pp.13-31.

40 Houston, G. W., *Wings of the White Crane*, Delhi: Motilal Banarsidass, 1982.

41 Richards, Michael, *Review*, The Tibet Journal, Vol. 7, No. 4 (Winter 1982), pp. 104. Reviewed Works: *Songs of the Sixth Dalai Lama* by K. Dhondup; 'Songs of the Sixth Dalai Lama' included in The Tibet Journal, Volume VI, No. 4 by Mark Tatz; *Wings of the*

問題有所回應。[42]同年，J. W. De Jong 就 Houston 之書又撰書評一篇，對於書中迻錄《甘珠爾》關於倉央的記載，以及清朝將領富寧安（？-1728）的奏章（其中記載了拉藏汗對倉央的負面看法，由 Eva Kraft 翻譯），De Jong 表示稱許。但是他指出此書始終未明言所據為何種底本，對於某些藏文也有理解錯誤。因此，Houston 譯本並不能令人滿意，學界仍要期待更好的譯本問世。[43]此後，Sørensen 對此本也有批評，但仍列為參考底本之一。一九八三年，L. S. Savitsky 在莫斯科推出俄譯本。[44]一九八四，Philippe van Heurck 出版法譯本 *Chants attribués à Tsang Yang Gyatso, sixième Dalaï Lama: Contribution à l'étude de la littérature tibétaine (Opuscula Tibetana)*，[45]學者李惠玲認為，Van Heurck 一書為當時對倉央情歌研究得最為全面的著作。[46]一九八六年，巴黎出版 *La raison de l'oiseau, Poèmes de Tsanyang Gyatsho, sixième Dalai Lama*，由 B. Vilgrain 翻譯。Sørensen 謂此係這是西方首度將莊晶整理本中一百二十四首詩歌全數譯介的本子。[47]對於單篇作品的研

White Crane: Poems of Tshangs dbyangs rgya mtsho (1638-1706) by G.W. Houston and Helmut Hoffmann.

42 Houston, G.W., 'A Response to Mr. Michael Richards' (The Tibet Journals Vol. 7, n. 4, Winter, 1982), *The Tibet Journal*, Vol. 9, No. 1 (Spring 1984), pp. 45-48.

43 De Jong, J. W., 'Review', Source: Indo-Iranian Journal, Vol. 27, No. 3 (July 1984), pp.231-232. Reviewed Work: *Wings of the White Crane. Poems of Tshangs dbyangs rgya mtsho (1683–1706)* by G. W. Houston.

44 Савицкий,Л. С., *Далай лама VI Цаньян Джамцо. Песни, приятные для слуха*. Перевод с. тибетского, исслед. и комм.,(Москва: ГРВЛ, 1983).

45 Van Heurck, Philippe, *Chants attribués à Tsang Yang Gyatso, sixième Dalaï Lama: Contribution à l'étude de la littérature tibétaine*, Opuscula Tibetana - Arbeiten aus dem Tibet-Institut Tiko-Zürich CH-8486 Rikon / Fasc. 16 - Februar 1984.

46 詳 見 https://www5.cuhk.edu.hk/oge/index.php/tc/2011-06-24-02-57-46/2011-08-01-08-30-39/event/63?fbclid=IwAR1o7suhR-qd80Sneo1wIPFKeErKxYBfiZlNn--nAMx83-z5JatcuZTinR0。(2020年5月12日瀏覽）

47 Vilgrain, B.: *La raison de l'oiseau, Poèmes de Tsanyang Gyatsho, sixième Dalai Lama*, Paris: Les Immémoriaux, Fata Morgana, 1986.

究，如一九八五年，Dieter M.Back 發表論文，以頓珠本為參照，專門
探析一首倉央情歌（于本第18首），補充了頓珠遺漏的不少資料，並加
以詮釋。[48]此後，Dan Martin 在 Back 的基礎上發表論文，就相關問題
作出更細緻的分析。[49]

　　一九八八年，丹麥籍藏學家 Per K. Sørensen 發表 'Tibetan love
lyrics: The love songs of the Sixth Dalai Lama' 一文，在各種藏文本及于
本的基礎上對倉央情歌進行了校勘註解。其所依據者包括八種本子：

　　A 本：達斯本，1914。

　　B 本：于道泉本，1930。

　　C 本：The edition published by L. Kalzang in *The Love Songs of
　　　　　the Sixth Dalai Lama*, Buddhist Temple, Varanasi 1969.

　　D 本：頓珠本，1981。

　　E 本：莊晶本，1981。

　　F 本：G. W. Houston 本，1982。

　　G 本：The edition published by Thopkung in *Khri-sron, khri-ral,
　　　　　bzo-ziri-'brog gsum bcas kyi gzas tshig-khag cha-tshan thog,
　　　　　tshans-dbyans gsun-mgur, tshigs-gzags 'du-min sna-tshogs
　　　　　bcas kyi gzas-deb phyogs-bsdus*. Printed at Imperial Printing
　　　　　Press, Dharamsala (H.P.) (n.d.).

　　H 本：B. Vilgrain 本。[50]

48　Back, Dieter M.: 1985, 'Zu einem Gedicht des VI. Dalai Lama', *Zeitschrift der Deutschen
　　Morgenländischen Gesellschaft* vol.135, no.2, 1985, pp.319-329.

49　Martin, Dan, 'For Love or Religion? Another Look at a "Love Song" by the Sixth Dalai
　　Lama', *Zeitschrift der Deutschen Morgenländischen Gesellschaft*, Vol. 138, No. 2, 1988,
　　pp.349-363.

50　Sørensen, Per K., 'Tibetan love lyrics: The love songs of the Sixth Dalai Lama', Indo-
　　Iranian Journal, 1988, Vol.31(4), pp.262-263.

此外，對於 Marion H. Duncan 的本子，校註也時有徵引。于道泉的首創之功，西方學界也頗為推崇，如 Mark Tatz 即自言參考過于氏的英譯。[51]不過 Helmut Hoffmann 為 Houston 本作導言時已指出，由於于道泉當時佔有的資料很少，翻譯質量因而受到影響。[52]對於于本的藏文部分，Sørensen 作出了簡單扼要的通盤評價。他指出："This edition is replete with orthographical errors and misspellings, due primarily to the fact that the love songs reflect an oral tradition only recently written down. Due to the fact that homophony is one of the most salient characteristics of the Lhasa dialect, this edition abounds in mistakes in the form of genitives being mistaken for instrumentals and vice versa, and variant forms of the past tense etc." 換言之，由於情歌長期口耳相傳，直至很後期才加以記錄，因此于本充斥著正字與拼寫錯誤。由於同音異義是拉薩方言最顯著的特徵之一，此本的大量錯誤來自於屬格與工具格的混淆，以及過去式變體的的混淆。[53]這自然影響到于氏對藏文原文的精確理解。

　　此外，還有不少藏族文化中的資訊，于本並未譯出。若持之與 Sørensen 校註相勘，不難發現其遺漏的訊息。如于本第26首：「情人邂逅相遇，被當壚的女子撮合。若出了是非或債務，你須擔負他們的生活費啊！」[54]藏文「債務」為 bu lon，Sørensen 指出，bu lon 暗藏一雙關語，因其也有產子之意。也就是說，因業報所還之債乃是情人幽會誕下的嬰兒。[55]吳語稱子女為「討債鬼」，其意正相呼應。然而幽會所

---

51 Tatz, Mark, 'Songs of the Sixth Dalai Lama', *The Tibet Journal*, Vol. 6, No. 4 (Winter 1981), p.20.

52 Houston, G. W., *Wings of the White Crane*. See also J. W. De Jong's review, p.231.

53 Sørensen, Per K., 'Tibetan love lyrics: The love songs of the Sixth Dalai Lama', *Indo-Iranian Journal*, 1988, Vol.31(4), p.262.

54 于道泉：《第六代達賴喇嘛倉央嘉措情歌》，頁98。

55 Sørensen, Per K., 'Tibetan love lyrics: The love songs of the Sixth Dalai Lama', *Indo-Iranian Journal*, 1988, Vol.31(4), p.277.

生為私生子，父母難以照顧，故而此詩末句請求酒家女店主負擔生活費，文義就十分通順了。由於于本沒有將如此訊息譯出，劉、曾改譯本自然無法觸及這一點。反而婁子匡譯本作：「要是出了債和孽，你該養著過時日。」[56]考《說文》釋「孽」：「庶子也。」婁氏透過于本而能領悟原文之意，除了獨具慧眼，蓋亦與其以吳語為母語有關。又如于本第28首：「情人藝桌拉茉，雖是被我獵人捉住的，卻被大力的長官，訥桑嘉魯奪去了。」[57]其自註云：「有一個故事藏在這一節裡邊，但是講這個故事的書在北平打不到，我所認識的藏族人士又都不知道這個故事，所以不能將故事中的情節告訴讀者。」[58]相關典故，莊晶本已經點出。而 Sørensen 詳細指出，此詩提到的人物出自印度佛教傳說《善財譬喻》（*Sudhana avadāna*），藏人將此故事發展成戲劇（王堯《藏劇故事集》謂達賴五世著作已有提及），名為《訥桑王子傳奇》（*Prince Nor-bzang's Romance*）。故事略謂訥桑王子以魔法長繩縛獲仙女藝桌拉茉，兩情相悅，幾經波折而終成眷屬的故事。此詩之中，倉央嘉措以勇敢無私的獵人自比，但「大力的長官訥桑」究竟是誰卻仍不清楚。劇中的藝桌拉茉本來就是獻給訥桑的禮物，但此詩之中，訥桑卻被敘述成奪取仙女的盜賊。故 Sørensen 猜測，現實生活中的訥桑當是此女的追求者之一，其權位之高，連倉央都無可比擬。[59]又如于本第50C 首：「在拉薩下面住時，是浪子宕桑汪波。」[60]但是「宕桑汪波」（Dvangs-bzang-dbang-po）之化名為何意，卻並無解說。

56 婁子匡：〈喇嘛之謠：凡六二曲〉，《孟姜女》第1卷第5期（1937年），頁109。

57 于道泉：《第六代達賴喇嘛倉央嘉措情歌》，頁102。

58 于道泉：《第六代達賴喇嘛倉央嘉措情歌》，頁178。

59 Sørensen, Per K., 'Tibetan love lyrics: The love songs of the Sixth Dalai Lama', *Indo-Iranian Journal*, 1988, Vol.31(4), pp.278-279.

60 于道泉：《第六代達賴喇嘛倉央嘉措情歌》，頁150。

Sørensen 則明言，此名乃是 the Handsome-and-Potent One 之意，[61]讀者至此方能豁然開朗。再者，由於 Sørensen 蒐羅的藏文版本甚多，故對於于本頗具校勘價值。如第45首，于道泉所據雍和宮藏「拉薩本」為三句，[62]然 Sørensen 所據 G 本，在此三句前有「skye 'gro mi rtag 'chi ba」一句，[63]可見「拉薩本」所錄此首有脫文。此外如前所言，前文謂于本第50B、50C 之錯文，Sørensen 校本指出這種錯文情況見諸多種版本（按：可見由來已久），唯 D 本及 E 本為正，故 Sørensen 從之。[64]

　　Sørensen 校註嚴謹精良，所蒐集之原本及相關研究資料也甚為齊全，故在西方學界頗具影響力。由其參考書目所見，西方學界此前的相關研究，包括倉央嘉措生平及背景、西藏音樂及歌謠、西藏美術、西藏宗教信仰、西藏歷史、漢藏關係等方面。[65]可惜的是，其全譯本至今尚未得見。二〇〇四年，Paul Williams 出版倉央情詩英譯本 *The Erotic Verse of the Sixth Dalai Lama*，據其自言，大量參考了 Sørensen 的研究成果。[66]二〇〇七年，Karma Lekshe Tsomo 發表書評'Songs of Love, Poems of Sadness: The Erotic Verse of the Sixth Dalai Lama (review)'，從藏傳佛教的角度對 Williams 的譯本兼有稱許與針砭。[67]

---

61 Sørensen, Per K., 'Tibetan love lyrics: The love songs of the Sixth Dalai Lama', *Indo-Iranian Journal*, 1988, Vol.31(4), p.291.

62 于道泉：《第六代達賴喇嘛倉央嘉措情歌》，頁136-137。

63 Sørensen, Per K., 'Tibetan love lyrics: The love songs of the Sixth Dalai Lama', *Indo-Iranian Journal*, 1988, Vol.31(4), p.287.

64 Sørensen, Per K., 'Tibetan love lyrics: The love songs of the Sixth Dalai Lama', *Indo-Iranian Journal*, 1988, Vol.31(4), p.290.

65 Ibid., pp.297-298.

66 Tshans-dbyans-rgya-mtsho, translated by Paul Williams, *The Erotic Verse of the Sixth Dalai Lama*, London; New York: IB Tauris, 2004.

67 Karma Lekshe Tsomo, 'Songs of Love, Poems of Sadness: The Erotic Verse of the Sixth Dalai Lama (review)', *Journal of the History of Sexuality*, 2007, Vol.16(1), pp.129-133.

此外，Coleman Barks 於一九九二年出版英譯本 *Stallion on a Frozen Lake: Love Songs of the Sixth Dalai Lama*。[68] Rick Fields 等人於一九九四年出版英譯本 *The Turquoise Bee: The Lovesongs of the Sixth Dalai Lama*，[69]然往往有節譯情況。一九九六年英法雙譯本出版，題為 *l'Abeille Turquoise:Chants D'Amour Du Vie Dala Lama*，不著譯者，然亦以「松石蜂」為書名。[70]二〇〇七年，Geoffrey R. Waters 出版英譯本 *White crane: love songs of the sixth Dalai Lama*。[71]二〇一六年，Caiyros Arlen Strang 與 Moulee de Salm Salm 出版英譯本 *Exactly Luminous: The erotic spiritual poems of the 6th Dalai Lama, Tsanyang Gyatso*，甚多發揮而未必忠於原文，內容要以宗教靈修為依歸。[72]工具書方面，牛津大學出版社於二〇〇四年出版 *A Dictionary of Buddhism*，[73]普林斯頓大學出版社於二〇一三年出版 *The Princeton Dictionary of Buddhism*，[74]其中皆有倉央嘉措其人其詩之條目。

　　整體而言，西方學者對倉央嘉措情歌之翻譯與研究，資料掌握頗

68　Barks, Coleman, (tr.) *Stallion on a Frozen Lake: Love Songs of the Sixth Dalai Lama*, Athens: Maypop Books, 1992.

69　Fields, Rick; Cutillo, Brian, Oda, Mayumi, *The Turquoise Bee: The Lovesongs of the Sixth Dalai Lama*, N. Y.: Harpercollins, 1994.

70　Tsangyang Gyatso, *l'Abeille Turquoise: Chants D'Amour Du Vie Dala Lama,* Paris: Seuil, 1996.

71　Waters, Geoffrey R., (tr.) *White crane: love songs of the sixth Dalai Lama*, Buffalo, N.Y. : White Pine Press, c2007.

72　Strang, Caiyros Arlen & de Salm Salm, Moulee, (tr.) *Exactly Luminous: The erotic spiritual poems of the 6th Dalai Lama, Tsanyang Gyatso*, Scotts Valley, SC.: Createspace Independent Pub, 2016.

73　Keown, Damien, 'Songs of the Sixth Dalai Lama', *A Dictionary of Buddhism*, Oxford University Press, 2004.

74　Buswell, Robert E.; Lopez, David S., 'Tshangs dbyangs rgya mtsho (1683-1706)', *The Princeton Dictionary of Buddhism*, Princeton, N.J.: Princeton University Press 2013.

為全面，且每能以藏文文獻為依據，沒有重譯之阻隔，對於作品之詮釋因而更為精準，Sørensen 乃是一標誌性人物。當然，筆者所關注的乃是劉希武、曾緘改譯本及曾緘、盧前之相關舊體創作，劉、曾、盧皆不諳藏文，幾乎全然以于本為依據，且鮮有參考其他本子，[75]其詮釋方向大抵也以于氏為源頭。然而，掌握西方學界的研究成果，不僅可令吾人了解于本之優劣，也可進一步觀照劉、曾、盧改譯與創作之瑕瑜。

四　相關資料的檢討

如前所言，本論題之研究仍處於起步階段，論文及專著極為罕見。然而可幸的是，由於近年資訊科技的日益發達，學術活動日益興盛，曾緘、劉希武、盧前的相關資料已逐漸受到重視。本節著眼於曾緘、劉希武、盧前相關研究之介紹，此為筆者關注之核心。

曾緘的〈六世達賴倉央嘉措略傳〉、〈六世達賴情詩六十六首〉和〈布達拉宮辭〉皆首發於一九三九年的《康導月刊》。此後，各書刊時有轉載。舉例而言，如一九四一年《斯文半月刊》轉錄〈布達拉宮辭〉，前增入長序，實則以〈六世達賴倉央嘉措略傳〉全文略作修訂而成。一九七八年，臺北老古出版社影印出版于道泉《達賴六世情歌集》，各詩之下皆附有相對應之曾緘譯本。[76]一九八二年，西藏人民出版社出版黃顥、吳碧雲所編纂《倉央嘉措及其情歌研究（資料彙編）》，曾緘三種著作皆已包羅。值得注意的是，此本的〈布達拉宮辭〉

---

75 曾緘參考過劉家駒本，然對於此本之成果吸收不多。

76 老古文化乃南懷瑾弟子古國治於一九七七年成立，以協助南懷瑾出版著作。南氏早年即熟讀倉央情歌及曾緘〈布達拉宮詞〉等，老古文化影印出版《第六代達賴喇嘛倉央嘉措情歌》，淵源蓋在於此。

經過曾緘之女曾令筠整理，應是怎曾緘最後的修訂本。此書後來有所增補，二〇一一年由北京中國藏學出版社出版，改名《六世達賴喇嘛倉央嘉措詩意三百年》。再者，西藏人民出版社於二〇〇三年編輯出版《六世達賴倉央嘉措情歌及秘史》，收錄于道泉、劉家駒、曾緘、劉希武等多家譯本，實則是黃、吳資料彙編之節錄本。二〇一五年，曾緘外孫女曾倩將整理後之曾緘《寸鐵堪詩稿》交北京聯合出版公司付梓，三種相關著作固已載錄，然〈布達拉宮辭〉與黃、吳之書所收版本相比，當非最後修訂本。值得注意的是，《寸鐵堪詩稿》書末附有曾緘〈我寫〈布達拉宮辭〉〉一文，俾讀者了解其創作之歷程，彌足珍貴。詩文輯佚方面，如熊飛宇先後發表了〈青山遮不住，畢竟東流去：曾緘先生的佚文逸事〉及〈曾緘詩文拾餘〉二文，值得參考。[77]此外，筆者於二〇一四年在《東方翻譯》上發表〈世間安得雙全法：曾緘譯〈六世達賴情歌六十六首〉探驪〉一文，從「創造性叛逆」（creative treason）的角度，以于道泉譯本為基礎，從句數之增減、句序之調整、句法之更易、排偶之解散、比喻意象之替換及典故之增加等方面，考察曾緘譯本之特色。此文認為，曾氏改譯本典雅綺麗，雖能迎合漢地讀者口味，卻與原文之間差異頗大，未必忠於原詩文意。但由於曾緘的改譯，令這組情詩在漢地廣傳，亦可謂倉央之功臣。[78]此後，周嘯天應《中華詩詞》之約而作〈以易傳之事為絕妙之詞──論曾緘歌行〉一文，就〈布達拉宮辭〉梳理出從〈西洲曲〉、〈長恨歌〉、〈連昌宮詞〉、〈秦婦〉、〈圓圓曲〉等的譜系。對於曾氏〈雙雷引〉、〈豐澤園歌為袁世凱作〉等歌行體作品，也有較精到的論

---

77 熊飛宇：〈青山遮不住，畢竟東流去：曾緘先生的佚文逸事〉，《重慶電子工程職業學院學報》第20卷第4期（2011年7月），頁73-77。又〈曾緘詩文拾餘〉，《呂梁教育學院學報》第32卷第1期（總第91期，2015年3月），頁107-109。

78 陳煒舜：〈世間安得雙全法：曾緘譯〈六世達賴情歌六十六首〉探驪〉，《東方翻譯》2014年第3期，頁17-27。

述。[79]補充一點，關於曾緘的生平，也偶見於網上資料。曾倩於《寸鐵堪詩稿》之〈前言〉寫道：「1968年10月24日，在四川大學文史樓（一說第二教學樓）蒙冤罹難，屍骨無存。」[80]然網上一位名為李秉鐸者之博客有〈詩人曾緘之死〉一文，引述道：「我……終於查到一條資料：『68年批鬥時，紅衛兵將曾緘拖往批鬥會場的途中遭踩而死。悲夫！』雖然未經最後查證，但這種說法很有道理，不然一個大活人怎麼就來去無蹤跡了呢？」[81]再如網上流傳著曾緘晚年修改〈布達拉宮辭〉的手抄本首頁，凡此資料，皆十分值得注意。

　　與曾緘相較，劉希武的著述及研究資料流傳更鮮。自其〈第六世達賴倉央嘉措情歌六十首〉在一九三九年《康導月刊》發表後，似乎轉載並不多。一九七八年臺灣老古出版社影印出版于本時，雖增錄了曾本，卻不及於劉本。直至一九八二年黃顥、吳碧雲的資料彙編出版，劉本才逐漸重新為世人所知。據記載，劉希武擅長舊詩寫作，作品先後結集為《遺瓠堂詩草》、《瞿塘詩集》、《希武詞集》。然而這三種集子今日皆極為罕見。目前《瞿塘詩集》已收入夏靜主編《近代詩文集匯編》，詩集中並未錄入倉央情詩之改譯本。[82]其詩作除倉央情詩譯本外，散見於各種選集。如薛新力、蒲健夫主編《巴蜀近代詩詞選》，收錄其詩作十一首。[83]袁行霈、趙仁珪主編《詩壯國魂：中國抗

---

79 周嘯天：〈以易傳之事為絕妙之詞——論曾緘歌行〉，「欣託居：周嘯天藝術網」，http://www.xintuoju.com/html/2017/shiwen_0309/250.html?fbclid=IwAR0YnrhSENW6GAtFEmS-ejh5NVF158HfAOcAI2uWTKQJL8tXZftBCFYuDAY。（2020年5月12日瀏覽）

80 曾倩：〈前言〉，曾緘著、寸鐵孫（曾倩）編：《寸鐵堪詩稿》，頁2。

81 李秉鐸：〈詩人曾緘之死〉，「新浪博客」，http://blog.sina.com.cn/s/blog_614a68e90102yaif.html。（2020年5月12日瀏覽）

82 劉希武：《瞿塘詩集》，收入夏靜主編：《近代詩文集匯編》（成都：巴蜀書社，2020年）第44冊。

83 薛新力、蒲健夫主編：《巴蜀近代詩詞選》（重慶：重慶出版社，2003年），頁66-68。

日戰爭詩鈔》，收錄其詩作三十七首。[84]書中標註《遺弧堂詩草》為稿本，尤可見其難得。此外據資料顯示，二〇〇〇年時劉衛軍有《詩人劉希武的《瞿塘詩集》及其生平》之作，出版地未詳。二〇一四年六月十九日，中華詩詞研究院、玉壘詩歌學會於都江堰市文廟主辦「劉希武、陳道謨先生詩歌研討會」，劉希武之女劉蔚槐也有出席。這些研究資料，亦可資筆者了解劉氏之生平與詩風。

　　至於盧前，近三十年頗受到學界關注。一九九四年，朱禧出版了《盧冀野評傳》，對其生平、學術做了通盤的考察。[85]二〇〇六年，北京中華書局整理出版了四卷本《冀野文鈔》，計有《盧前曲學四種》、《盧前文史雜稿》、《盧前筆記雜鈔》、《盧前詩詞曲選》。二〇〇九至二〇一一年間，盧前姪女盧偓先後在揚州廣陵書社出版《飲虹樂府箋註》之小令卷與套曲卷。二〇一二，臺北新銳文創整理出版《盧冀野論著兩種》，包括《近代中國文學講話》及《散曲史》。二〇一四年，北京商務印書館整理出版《盧前曲學論著三種》，包括《散曲史》、《中國戲曲概論》、《詞曲研究》。此外，研究盧前之單篇及學位論文，亦有若干數量。如左鵬軍〈盧前戲曲的本事主旨與情感寄托〉一文，指出盧前的雜劇傳奇產生於近現代社會動盪、文化變革之際，表現出深沉的時事感慨和情感寄托，反映了雜劇傳奇最后階段的處境與變化，具有獨特而重要的戲曲史意義。[86]王濤〈《中興鼓吹》的成書及盧前的詞學主張〉，考察了今存十種《中興鼓吹》的版本，提出盧前「以我口，寫余心」的創作觀念，以及內容上強調詞記錄抗戰時事、鼓吹民族中興的「詞史」功能，無論從理論上還是實踐上都受到時人

---

84 袁行霈主編、趙仁珪執行主編：《詩壯國魂：中國抗日戰爭詩鈔》（北京：中國青年出版社，2015年）下冊，頁501-510。

85 朱禧：《盧冀野評傳》（南京：江蘇古籍出版社，1994年）。

86 左鵬軍：〈盧前戲曲的本事主旨與情感寄托〉，《社會科學》2016年第3期，頁186-208。

大力推崇，令《中興鼓吹》這本舊體詩詞集廣為文壇關注，為舊體詞的創作打開了新局面，注入了新活力。[87]朱鈺成〈民國曲學家盧前研究綜述〉分別從盧前的散曲研究、劇作研究及曲學著述研究三個角度將相關的研究成果進行了分類和說明。[88]復如孫康宜、沙先一、苗懷明、馬大勇等學者皆有論述，茲不一一。筆者關注盧前，始於對其《論曲絕句》及《西域詞紀》的興趣，曾分別撰寫〈別開粉墨登場局，令套當然是正宗：盧前《論曲絕句》散曲觀試論〉[89]及〈大塊文章誰寫得，天然巨幅彩雲箋：梁寒操、盧前韻文中的新疆行旅〉。[90]盧前的散曲觀以及對邊陲地方的認知，筆者在撰寫了兩篇拙文後有了比較深刻的了解。至於〈倉央嘉措雪夜行〉一曲，最早收入盧前自編之《飲虹樂府》、《冀野散曲鈔》，其後又轉錄於今人凌景埏、謝伯陽主編之《全清散曲》。[91]另一方面黃顥、吳碧雲編纂倉央資料彙編時，四川學者彭靜中鈔錄了這組套數，並加以按語，納入彙編之中。盧偓箋註《飲虹樂府》，於套曲卷收錄此作，對其文字進行了校勘，並增入「題解」、「析義」，是當下最完備的本子。不過，對於這組套數，學界目前尚無進一步的論著。

再者，劉希武、曾緘之改譯皆主要參考于道泉譯本。于本自身的優點與缺憾，自然都會影響到劉、曾之作。如于本50B、50C兩首分別為：「薄暮出去尋找愛人，破曉下了雪了。住在布達拉時，是瑞晉

87　王濤：〈《中興鼓吹》的成書及盧前的詞學主張〉，載黃霖主編：《民國舊體文論與文學研究》（南京：鳳凰出版社，2017年），頁230-241。

88　朱鈺成：〈民國曲學家盧前研究綜述〉，《戲劇之家》2019年第15期，頁217-218。

89　陳煒舜：〈別開粉墨登場局，令套當然是正宗：盧前《論曲絕句》散曲觀試論〉，《文學論衡》2016年8月（總第28期），頁35-49。

90　陳煒舜：〈大塊文章誰寫得，天然巨幅彩雲箋：梁寒操、盧前韻文中的新疆行旅〉，載張雙慶、余濟美主編：《絲路之旅：第六屆世界華文旅遊文學國際學術研討會論文集》（香港：大山文化出版社，2018年），頁359-410。

91　凌景埏、謝伯陽主編：《全清散曲》（濟南：齊魯書社，1985年）。

倉央嘉措。」「在拉薩下面住時，是浪子宕桑汪波，秘密也無用了，
足跡已印在了雪上。」[92]尋繹文意，50B 前二句與50C 後二句方應為
一詩，50C 前二句與50B 後二句亦然。但劉、曾乃至婁本皆遵從于
本。查北京民族出版社於一九八一年出版另一種藏文本，共錄詩作一
百二十四首，所收兩首相對于本正好錯開。[93]Sørensen 校註時，便指
出只有莊晶本和頓珠本沒有錯文。可惜的是，莊晶本雖有漢譯，但在
華人學界之影響卻並不顯著。（進一步說，華人學界對於于本的關注
也一樣有待深入，茲不縷述滋蔓。）相對而言，海外漢學之研究成果
頗值得吾人注意。

此外，關於曾緘、劉希武舊體譯詩的時代文化背景，相關研究目
前尚處於肇始階段。最值得注意的是，潘建偉於二○一六年出版《中
國現代舊體譯詩研究》一書，對於新文化運動後的舊體譯詩、舊體譯
詩的存在原因、舊體譯詩的存在形態與藝術、舊體譯詩之於新體譯詩
的影響等方面皆有詳細探討，且以姚華、章士釗、吳宓、陳銓、郁達
夫、朱光潛、朱自清、錢鍾書八人為案例，探討文人的譯體觀念與譯
詩實踐。[94]對於此書的論點，拙著亦時有參酌。

五　民國舊體文學如何承載倉央其人其詩？

筆者主要觀照的舊體韻文文本可分兩類，第一類為改譯之作，包
括劉希武〈第六世達賴倉央嘉措情歌六十首〉與曾緘〈六世達賴情歌
六十六首〉，這一類以于道泉〈達賴六世情歌集〉為直接前文本（pre-

---

92 于道泉：《第六代達賴喇嘛倉央嘉措情歌》，頁148-151。
93 *Rig-'dzin Tshans-dbyans rgya-mtsho'i gsun-mgur dan gsari-ba'i rnam-thar*, 北京：民族
　　出版社，1981年。
94 潘建偉：《中國現代舊體譯詩研究》（上海：三聯書店，2016年）。

text），可能旁及劉家駒譯本。第二類為吟詠之作包括曾緘〈布達拉宮辭〉與盧前〈倉央嘉措雪夜行〉，這一類的前文本情況較為複雜。如曾緘創作〈布達拉宮辭〉前夕，已完成了〈略傳〉與改譯；而盧前除了從喜饒嘉措處獲得口頭資訊外，還參考過曾緘、乃至劉希武的著作。因此，運用互文研究，從「創造性叛逆」的角度考察這幾種舊體韻文作品，是研究的基調。至於接受美學（Reception aesthetics）理論，也是筆者切入的角度之一。蓋于道泉、婁子匡、劉希武、曾緘、盧前等人對於倉央生平之轉述、詩作之翻譯時，皆預先考慮到讀者之反應——如于氏之目標讀者為學術研究者，故譯文尚質直。婁氏之目標讀者為民歌愛好者，故譯文亦為民歌風格。劉希武、曾緘之目標讀者皆為古典詩歌愛好者，故譯文採用絕句形式，然五絕、七絕之選擇，又反映出譯者對讀者之期待視野（horizon of expectations）、以及倉央原詩風格乃至西藏文化的不同認知與理解。盧前的套數將倉央與李後主、宋徽宗並舉，更有團結各族民眾一致抗日的動機。

　　其次，舊體韻文格律的考察，令吾人進一步了解曾緘、劉希武兩種譯本的風格差異，以及隨之而來的接受異同。〈布達拉宮辭〉雖為古體，但其如學者所言「四句為節、節自為韻、韻有平仄、換韻處必用逗韻」，是典型的元白體歌行。〈倉央嘉措雪夜行〉的套數格律，活潑揮灑，給予作者更多發揮空間。這兩首作品的格律特徵也值得注意。

　　再者，章法研究也是筆者使用的重要方法。如曾譯七絕之綺麗、劉譯五絕之古樸，除了體裁，還有章法句式的原因。七絕大率為律體，為了配合格律，不得不在章法、句式相對于道泉譯本多作調整；而五絕可為古體，不必考慮格律，故往往能保留于本的章法與句式。至其詳情，又各各不一。至於〈宮辭〉和〈雪夜行〉雖為原創，但曾、盧兩位作者在謀篇上也頗費心思，這些情況都值得仔細考察。

　　復次，作為「清末一代」的舊體詩人，曾緘、劉希武、盧前在成

長過程中皆受過新舊合璧式的教育。他們的韻文雖選用舊體，但也承載了新思想。透過歷史研究，考察其生平，以見他們如何以舊體文學來表達新思想，是頗有必要的。潘建偉指出，民國時期學者對新體譯詩頗有質疑，大致可分為三類：其一是舊詩人激烈批評，認為新體譯詩使譯文割裂，不成句讀。其二是新文學家自我否定，如周作人不承認自己的《希臘譯詩》是「譯詩」，只是如塾師講《唐詩》之類的「解釋」。其三是普通讀者廣泛質疑新體譯詩，並仍然肯定以來採用古典體式並加以修飾而成的譯法。因此，無論以繼承傳統為旨的學衡派、甲寅派等文人，還是新文學作家與批評家，都以為舊體譯詩仍然可以作為一種譯體存在，並在各自的翻譯實踐中有所嘗試。[95]當然，對於曾緘、劉希武、盧前之創作背景考辨，以及相關文本之比勘，還採用了歷史研究法和文獻研究法，不復贅言。以上各種方法，往往交叉使用，為讓讀者明瞭，茲簡單介紹之。

　　縱然劉希武舊體改譯本有首創之功，然曾緘較早抵達康定從事相關資料之蒐集、乃至開始試譯，且曾本之影響力也大於劉本，故筆者在譯詩方面，先考察曾本，再探討劉本。曾緘譯筆雅潔，音韻優美，以意為主，於音韻、句式、文辭、情調等方面視于本每有不同。因此宜以于道泉譯本為基礎，輔以 Sørensen 校註本，從句數之增減、句序之調整、句法之更易、排偶之解散、比喻意象之替換及典故之增加等方面，考察曾本之特色。曾緘在改譯時或將敘述者改換為女性，具體而微地呈現出古典文學的傳統習套對「清末一代」仍然具有一定影響力：古代社會的事典，未必能支撐詩人以不帶道德判斷的口吻，平心靜氣來書寫女性的自由婚戀思想。如何讓舊體詩與時俱進地承載新的社會內容，仍然是一大難題。

---

95 潘建偉：《中國現代舊體譯詩研究》，頁54-58。

　　劉希武譯本特色之考察，宜以于本為基礎，曾本為參照，輔以
Sørensen 校註本及其他英譯本，從五絕體式之運用、相對於原文句式
之存與變，以及比喻、意象與典故之運用等方面入手。筆者認為，劉
希武選擇較為質樸的五言古絕體裁來進行改譯工作，是有意保持于本
乃至藏文原文的風格。然而與曾緘的七絕譯本相比，劉希武的五絕譯
本辭采或有不及，受到體裁的先天制約，同時也影響到在漢地讀者間
的受歡迎度。然而，作為最早的舊體譯本之一，劉本為讀者展示了另
一種面貌的倉央情歌，洵然不宜偏廢。

　　一九三〇年代，漢地文化界關注倉央嘉措的方式猶以研討、譯
詩、作傳為主，〈布達拉宮辭〉與譯詩一併發表、流傳，雖曾膾炙人
口，但因非倉央原作，且篇幅較長，當下受歡迎的程度視譯詩有所不
及。然而，此詩生動地形塑了倉央嘉措的藝術形象，在漢地文壇可謂
同類作品中時代最早者。考察〈布達拉宮辭〉的撰寫與修訂概況，梳
理出康本、鐵本、倉本的先後次序，進而探究〈宮辭〉與詩序、略傳
及譯詩的互文情況，可謂相關研究的進路。然後，〈宮辭〉對倉央嘉
措之人物形塑，筆者分為外觀與內心的描繪、寫作手法的運用兩方面
加以研析，這位僧王其人其詩在漢地所接受的情況方能進一步顯現。

　　于道泉、曾緘等人譯本的面世，對盧前創作〈倉央嘉措雪夜行〉
起到較大的影響。故筆者以〈雪夜行〉為對象，從體式、謀篇、互文
三方面入手，管窺盧氏之創作成就。在書寫策略上，盧前選用套數的
體式，又在主題上發展了曾緘「佛教罪人，詞壇功臣」的論點，將倉
央與李後主、宋徽宗並稱「三生聖哲」，強調他們對酖醉文藝而敝屣
尊榮的共性，不僅嘗試讓漢地讀者進一步對倉央產生認同感，也嘗試
讓藏族讀者對中國的概念加強歸屬感。在抗日戰爭擴大為太平洋戰爭
的時間點，盧前透過〈雪夜行〉，曲折地向自己所從屬的國族作出了
回應。

　　文學著作的傳播與接受過程中，譯者往往起了關鍵的作用。于道泉的筆路藍縷，令漢地乃至世界讀者認識到倉央嘉措情歌。劉希武的五絕譯本很大程度上保存了原文和于譯的古樸風貌。曾緘的七絕譯本為這組詩歌踵事增華，因而在漢地大受歡迎。至於曾緘歌行〈布達拉宮辭〉和盧前套數〈倉央嘉措雪夜行〉，則將自己心中所思所議，與時代環境相結合，進而更照顧到漢地讀者之閱讀口味與期待視野。若謂藏文原詩和于本是「粗服亂頭，不掩國色」（王國維《人間詞話》評李後主語），那麼劉希武、曾緘和盧前則以其認知想像和生花之筆，轉相描摹，其「心頭影事」亦各自憑藉倉央嘉措其人其詩，化作佳人絕代之容矣。

　　由於對藏文的認識有限，加上受到主題的限制，故筆者對於藏文原文的直接引用較少，一般皆以于道泉譯本及 Sørensen 校註本作為曾、劉改譯本的主要參照對象。加上曾緘、劉希武之相關資料難於取得，要深入了解兩位詩人的詳情，仍有待於來日。而其他舊體韻文集中，或有未發現之相關作品，亦須日後再行爬梳。筆者誠摯期待，透過此項研究，拋磚引玉，引起學界賢達對這個主題的進一步關注。

第一章
世間安得雙全法：
曾緘譯〈六世達賴情歌六十六首〉探驪

一　「病其不文」：曾緘改譯過程與策略綜論

　　曾緘（1892-1968），四川敘永人，字慎言，一字聖言，一九一七年畢業於北京大學中文系，受業於黃侃，工詩詞。畢業後任職蒙藏委員會，歷任四川參議會議員、四川國學專門學校教務長、四川大學文學院教授、西康省臨時參議會秘書長、雅安縣縣長、四川大學中文系系主任兼文科研究所主任。大陸易幟後，任四川大學中文系教授。後於文革中遭迫害致死。著有《磨兜室雜錄》、《玩芳館筆記》、《西康雜著》、《戒外吟》、《人外廬詩》、《寸鐵堪詩稿》、《諸宋龕詩草》、《玉德菴詩》、《人外廬集》、《西征集》、《寸鐵堪詞存》、《西征詞》、《宣華詞》等。任職蒙藏委員期間，曾緘以七言絕句形式譯成〈六世達賴情歌六十六首〉，刊於《康導月刊》一九三九年第一卷第八期。現當代以舊體詩翻譯六世達賴情歌的諸本中，曾本的文字流暢清麗，富於韻味，成就較高，故亦膾炙人口，客觀上推進了這組詩歌在漢地的傳播。

　　如今人黃顥（1933-2004）所言，倉央嘉措諸著述中，流傳最廣者厥為情歌。其情歌以手抄本和木刻本傳世，至今二百餘年。倉央嘉措情歌深受民歌影響，傳入民間後又反過來影響民歌，不少出色的民歌也往往被認為出於倉央嘉措之手。故此今日已較難統計其情歌的確

切數字，一般認為在六十首左右。[1]一九二〇年代，藏學家于道泉首
度編譯了《第六代達賴喇嘛倉央嘉措情歌》（*Love Songs of the Sixth
Dalailama Tshangs-dbyangs-rgya-mtsho*），列為《中央研究院歷史語言
研究所單刊》甲種之五，一九三〇年出版。此作收錄詩歌六十二節、
六十六首，包括藏文原文，以及漢文、英文逐字翻譯和串譯，考據翔
實，內容豐富，對於倉央嘉措情歌之研究可謂導夫先路。于道泉云，
西藏歌曲普通有排歌、環歌、字母歌與短歌四種，倉央嘉措的情歌即
係短歌。短歌一般每節四句，每句六個綴音。西藏人日常口頭隨便唱
的，及跳舞時普通所唱的歌曲，都是這一種。[2]觀倉央作品除個別為
三、五、六、八句外，基本上皆如于氏所言，每首四句，每句六音
節，兩音節一停頓，分為三拍。節奏響亮，琅琅上口。于道泉編譯
時，因其多涉情愛，故定名為「情歌」，其後曾緘諸人皆沿襲之。亦
有人稱其為「道歌」，以思念美人比擬觀想本尊、寄寓時事等等。這
系列詩歌比興靈活，直抒胸臆，自然通俗，若僅視為情歌，亦是上佳
之作。而據黃顥按語，曾緘譯本即「將于道泉譯本潤色並以七言絕句
迻譯而成」。[3]查曾本詩歌亦為六十六首，且時有按語提及于氏，足證
黃顥之言可信。于道泉云：「我在翻譯時乃只求達意，文詞的簡潔與
典雅，非我才力所能兼顧。」[4]固有謙遜之意，且其譯事本因研究而
為，力求信（逐字譯）、達（串譯），於雅則未必可以兼及。然其信、
達則為後來的重譯者提供了絕大的方便。

　　于本問世後，大陸易幟前的新譯至少有四種，一為藏人劉家駒

1　黃顥：〈彙編初衷〉，載中國藏學出版社編纂：《六世達賴喇嘛倉央嘉措詩意三百年》
　　（北京：中國藏學出版社，2011年），頁17。

2　于道泉：〈譯者小引〉，《第六代達賴喇嘛倉央嘉措情歌》（南京：中央研究院歷史語
　　言研究所單刊甲種，1930年），頁19。

3　中國藏學出版社編纂：《六世達賴喇嘛倉央嘉措詩意三百年》，頁51。

4　于道泉：〈譯者小引〉，《第六代達賴喇嘛倉央嘉措情歌》，頁21。

（1900-1977）《西藏情歌》一百首，為一九三二年上海新亞細亞月刊社單行本。二為婁子匡（1907-2005）的〈喇嘛之謠：凡六二曲〉，刊載於《孟姜女》一九三七年第一卷第五期。三為劉希武（1901-1956）〈倉央嘉措情歌〉六十首，刊於《康導月刊》一九三九年第一卷第六期。四即曾緘之七絕譯本。劉家駒兼善藏、漢二文，翻譯採用新詩形式，頗有泰戈爾《漂鳥集》風味，唯百首作品中雜糅了一般民歌。婁子匡為民俗學家，其作大抵以于道泉譯本為參考，皆為七言體的白話民歌形式，略帶吳語特色，生動活潑，惜流傳未廣。至於採用舊體詩形式者，則有劉希武（1901-1956）與曾緘，兩人亦皆參考了于本。黃顥指出，從劉希武所譯六十首情歌內容來看，去除減少的六首，排列順序與于本完全相同，其譯者序的內容也多與于道泉的〈譯者小引〉相類，可見劉希武譯本是深受于道泉譯本的影響的。[5]觀劉本採用五言絕句形式，由於字數有限，節拍較短，故或予人以古雅有餘，靈動未足之感。相比之下，曾本以七絕為之，多有潤色，文采飛揚，自然膾炙人口。難怪今人周嘯天評其譯詩：「直是落花流水，香草美人，情辭悱麗，興象高華，自然協律，餘韻欲流。深合風人之旨，足見天機清妙。」[6]與此同時，于本也引起了舊體文學創作者的興趣。曾緘除譯詩外，又撰寫了〈六世達賴倉央嘉措略傳〉及〈布達拉宮辭〉，三者同時始刊於《康導月刊》一九三九年第八期。影響所及，如曲學家盧前（1905-1951）於一九四一年創作套曲〈倉央嘉措雪夜行〉時，便參考過曾緘的創作成果。可以說，曾緘、劉希武、盧前三

5　見劉希武：〈倉央嘉措情歌〉，載中國藏學出版社編纂：《六世達賴喇嘛倉央嘉措詩意三百年》，頁72。

6　周嘯天：〈以易傳之事為絕妙之詞——論曾緘歌行〉，「欣託居：周嘯天藝術網」，http://www.xintuoju.com/html/2017/shiwen_0309/250.html?fbclid=IwAR0YnrhSENW6GAtFEmS-ejh5NVF158HfAOcAI2uWTKQJL8tXZftBCFYuDAY。（2020年5月12日瀏覽）

人的相關著作，體現了民國時期倉央嘉措其人其詩在舊體文壇之傳播的基本情況，其中又以曾緘最受人矚目。

對於倉央這組作品的內容義理，Paul Williams 有如此歸納：

Surely it must be tantric sexual yoga or radical political protest. Or both. But in this poetry we see the real heart of a young man thrust into the central political position of a theocracy that was not of his making and that he scarcely understood.[7]

換言之，這組作品被認為兼有對愛情、宗教與政治之詠嘆的多重結構。不僅如此，這組作品中還有與密宗關係極大的篇章，如于本第18首：

潔淨的水晶山上的雪水，
鈴蕩子上的露水，
加上甘露藥的酵「所釀成的美酒」，
智慧天女當壚。
若用聖潔的誓約去喝，
即可不遭災難。[8]

G. W. Houston 指出：

7　（這〔組詩作〕肯定是一種密宗瑜伽或激進的政治抗議，或兩種性質兼具。在這組詩作中，我們看到一個年輕人的真實內心被推到了神權政治的中心地位，而這種政治並非為他所設，也非為他所能了解。）See Introduction, Williams, Paul (tr.), *Songs of Love, Poems of Sadness: The Erotic Verse of the Sixth Dalai Lama* (London: I. B. Tauris, 2004), p.1.

8　于道泉：《第六代達賴喇嘛倉央嘉措情歌》，頁82。

The symbolism of this entire poem is Tantric: The drops are identical with the river. In turn, the river is identical with the male semen which becomes amṛta, the drink of immortality when mixed with female blood. The offerings of the barmaid is this wine (blood). This poem is concerned with the Tantric union of the male and female polarities - ritual intercourse - which must be undertaken with a vow of purity in order to become useful to the yogin.[9]

換言之，整首詩具有密宗的象徵意義：水滴與河流等同。反過來，河流與男性精液等同，後者變成阿彌利哆（甘露），與女性血液混合後的不朽飲料。酒娘的供品便是此酒（血）。這首詩關注的是男性和女性兩極的密宗結合——儀式性交媾——必須以純潔的誓言進行，如此才能對瑜伽行者有用。對於此說，Dieter M. Back 諸人亦表示贊同。[10]如此看來，此詩旨意乃是以密宗雙修、而非世俗愛情為主。可是，于本在註釋中僅對「鈴蕩子」（即黨蔘）與「空行女」有所解說。[11]蓋于氏從事翻譯時畢竟尚為藏學入門者，對密宗相關知識未必掌握充分。不過換個角度來看，對於並非處於密宗語境的譯者、讀者而言，自然不易理解此詩的真正涵義。如身為共產主義者的劉希武在改譯于本時，略去的六首都與佛法關係較大，卻仍納入了此首。由此可見，Paul Williams 所言這組作品的多重結構，既有原本在藏區創作、流播時所賦予者，也有傳入漢地後所增益者。

---

9 Houston, G. W., *Wings of the White Crane,*(Delhi: Motilal Banarsidass, 1982), p.19.

10 Back, Dieter M., Zu einem Gedicht des VI. Dalai Lama, *Zeitschrift der Deutschen Morgenländischen Gesellschaft*, 1985, Vol. 135, No. 2 (1985), p. 321.

11 于道泉：《第六代達賴喇嘛倉央嘉措情歌》，頁177。

　　無論如何，多重結構的看法與漢語文學自詩騷以降的美刺、寄興傳統可謂如合符節。不過，這個傳統在五四時代遭受很大衝擊。以《詩經・國風》為例，五四以來的學者多以探求本義為依歸，而僅將漢儒美刺說視為引申義。如此潮流，自然會影響到倉央情歌的譯者們。于道泉云：「倉央嘉措底情歌乃是西藏最流行的歌謠之一。我所遇見的西藏人大半都能將歌詞成誦。大概第一因為歌中的詞句，幾乎全係俗語，婦孺都能了解；第二因為歌詞多半是講愛情的，又寫得十分佳麗，人人都感生興趣，所以能傳得普遍。」[12]儘管藏族民眾所看重是情歌性質的「本義」，而修行者卻能從箇中領悟出求道的「引申義」。當然，婁子匡仍指出：

　　　　我以為這倉央底六十二曲宗教的秀美的情歌，也是脫不了作喇嘛宣教的輔力。情歌和教義，至少是前者容易得大眾的感應。本書大部份的歌曲，並不能看出倉央是如何沉湎於醇酒婦人，就是作一般的情歌比較觀，也可說是「正當」的情歌，我覺這衹是對教義的襯托，並不是真的在倉央整個的身心，完全沉醉在淫佚的境界所謳歌出來的。[13]

此論與 Paul Williams 之說頗有相呼應之處，十分強調倉央情歌的多重結構，嘗試從宏觀角度來掌握這組作品的整體特徵。然而倉央對於傳統之悖逆，婁氏似乎並不究心，其觀點在五四以後的漢地學界及讀者間未必能得到太多認同。甚至深好佛法、有〈白土坎聽經記〉等著述的曾緘也認為倉央情歌：「所言多男女之私，而頌揚佛法者時亦間

12　于道泉：〈譯者小引〉，《第六代達賴喇嘛倉央嘉措情歌》，頁19。

13　婁子匡：〈談喇嘛之謠：序倉央底情歌〉，《歌謠周刊》第3卷第3期（1937年），頁5-6。

出。」[14]將「男女之私」與「頌揚佛法」視為兩類主題，而並不以「香草美人」之隱喻為說，將兩類主題牽合一處。至於比曾緘年輕近十歲、身為共產主義者的劉希武，就更加看重詩作的情歌性質了。

曾緘生平曾兩度前往西康省會康定縣。第一度在一九二九年，與譯事關係不大。第二度在一九三八年抵達，即其〈文成公主頌・序〉所云：「民國二十七年，余以事至西康。」[15]其「事」乃是先後擔任西康省臨時參議會秘書長、蒙藏委員會委員，而與倉央相關的創作皆在這一度。曾緘晚年回憶道：

> 我過去研究西藏佛學，知道藏族人民擁有較高的文化。當抗日戰爭緊急，成都受到敵機襲擊，有朋友約我去康定工作，我從危險地區走向比較安全的邊疆，藉此可以探討西陸的文獻。

又云：

> 一到西康，我便有「陳詩觀樂」的念頭，訪求藏族的優秀詩歌，不遺餘力。不久果然發現六世達賴倉央嘉措遺留下來的情歌六十餘首，見它哀感頑艷，和中土詩人李義山、李後主比起來，似無愧色。我雖不通藏文，但從偽中央科學院于道泉零星譯本中（于氏止譯單字，未連綴成句），可以窺見它的大意。於是我便以意逆志，把它譯成七絕六十多首。[16]

14　曾緘：〈六世達賴倉央嘉措略傳〉，載中國藏學出版社編纂：《六世達賴喇嘛倉央嘉措詩意三百年》，頁52。

15　曾緘：〈文成公主頌〉，《斯文》第1卷第12期（1941年），頁18。

16　曾緘：〈我寫〈布達拉宮辭〉〉，曾緘著、寸鐵孫（曾情）編：《寸鐵堪詩稿》（北京：北京聯合出版公司，2015年），頁285。

由此可見，曾緘不諳藏文，基本上乃是依據于道泉譯本而進行改譯的。至於他說「于氏止譯單字，未連綴成句」，則與事實不符，蓋晚年一時誤記。若繩以今日的準則，曾緘與劉希武的工作一樣，與其說是翻譯，毋寧說是改譯乃至改寫。曾緘開始改譯工作之前，先撰寫了〈六世達賴倉央嘉措略傳〉。曾氏在此傳結尾處寫道：

> 中華民國二十八年，余重至西康，網羅康藏文獻，求所謂情歌者，久而未獲。頃始從友人借得于道泉譯本讀之，于本敷以平話，余深病其不文，輒廣為七言，施以潤色。移譯既竟，因剌取舊聞，略為此傳，冠諸篇首。[17]

既然于本非僅「止譯單字，未連綴成句」的形式，而曾緘依然要進行改譯，原因就在於「病其不文」。于道泉譯本以學術研究為主要目的，即使串譯也須忠於藏文原文，故其「不文」是不難想像的。不僅如此，與曾緘同時從事改譯的劉希武，其五絕譯本的風格也較為質樸，比較接近藏文原版和于本的面貌，可說是既有意識地沿襲于本風格，也下意識地受到于本影響。有劉本在前，曾緘改譯本得以更側重於文學推廣、增飾藻麗，在漢地自然更易於流傳，乃至受到喜愛。

曾氏〈布達拉宮辭〉自跋云：「歲寅戊[戊寅]作傳，祀竈日譯情歌竟，明年己卯元日成〈布達拉宮辭〉。」[18]戊寅年祀竈日（臘月廿三）即民國二十八年（1939）二月十一日，己卯元日即同年二月十九日。且同詩之序云：「戊寅之歲，余重至西康。」[19]蓋以陽曆計算，則

---

17 曾緘：〈六世達賴倉央嘉措略傳〉，載中國藏學出版社編纂：《六世達賴喇嘛倉央嘉措詩意三百年》，頁17。

18 曾緘：〈布達拉宮詞〉，《康導月刊》第1卷第8期（1939年），頁70。

19 曾緘著、寸鐵孫（曾倩）編：《寸鐵堪詩稿》，頁12。

其抵康在一九三八年，畢譯在一九三九年。故此，〈略傳〉云「民國二十八年」，乃聚焦於譯事；〈宮辭〉自跋採用干支而不用陽曆或民國紀年，則因以「戊寅」一言以蔽之，可免卻言語之藤葛爾。其次，〈略傳〉謂「移譯既竟，因刺取舊聞，略為此傳，冠諸篇首」，點出此傳有作為譯詩之序的性質，固然。但稱此傳作於「移譯既竟」之後，則未必然。〈宮辭〉自跋雖未明言〈略傳〉完稿的日期，但尋繹文意，初稿完成當在譯詩之前。之所以不明言日期，蓋因淺稿後開始譯詩，譯畢又在〈略傳〉之末增入「移譯既竟，因刺取舊聞，略為此傳，冠諸篇首」數語，方成定稿。但實際上，「刺取舊聞」必在撰寫〈略傳〉之前，而不在「移譯既竟」之後。曾氏如此敘述，殆因行文方便而已。考劉希武於一九三九年一月十九日畢譯，[20]曾緘於同年二月十一日蕆事，亦即劉本早於曾本問世僅二十餘日而已。不過曾緘較劉氏抵達康定為早，也較先接觸倉央文獻、乃至開始試譯（下節詳），且其譯詩之影響亦較大。為論述方面，本章首先考察曾譯本的翻譯特色，而曾本與劉本之比較，則在下一章中進一步展開。

二　高華風逸：曾譯本的文體選擇

曾緘早於劉希武抵達康定，他雖一開始便有「陳詩觀樂」的想法，卻未必馬上就產生從頭改譯于本的念頭。舉例而言，如于本第17B首，曾本作：

> 靜時修止動修觀，歷歷情人掛眼前。
> 肯把此心移學道，即生成佛有何難。

---

20 劉希武：〈第六世達賴倉央嘉措情歌六十首〉，《康導月刊》第1卷第6期（1939年），頁100。

而曾氏自註云：

> 藏中佛法最重觀想，觀中之佛菩薩，名曰本尊。此謂觀中本尊
> 不現，而情人反現也。昔見他本情歌二章，余約其意為〈蝶戀
> 花〉詞云：「靜坐焚香觀法像，不見如來，鎮日空凝想。只有
> 情人來眼上，婷婷鑄出姣模樣。◎碧海無言波自漾，金雁飛
> 來，忽露驚疑狀。此事尋常君莫悵，微風皺作鱗鱗浪。」前半
> 闋所詠即此詩也。[21]

〈蝶戀花〉上片顯然是檃栝自于本第17B首，那麼下片又來自何處？
筆者嘗試考察劉家駒編譯之《西藏情歌》，發現其第36首云：

> 海水高低蕩漾，是微風鼓動著的；
> 金色的鷹兒，你不要誤會驚疑啊！[22]

比勘可知，這正是下片的出處。因此，曾緘自云「刺取舊聞」，當非虛
言。[23] 從他「約其意為〈蝶戀花〉詞」一事，可以說明幾點：其一，
這次創作自然在抵達康定以後，當時曾氏尚在閱讀、消化各種與倉央
相關的資料。其二，這次創作可能只是一時戲筆，曾氏既然還選用了
劉家駒本的作品，當時大抵尚未打算整體改譯于本。其三，小令〈蝶

21　曾緘：〈六世達賴情歌六十六首〉，《康導月刊》第1卷第8期（1939年），頁68。

22　劉家駒：《西藏情歌》，載中國藏學出版社編纂：《六世達賴喇嘛倉央嘉措詩意三百
　　年》，頁52。

23　又如曾本第56首自註：「倉央嘉措別傳言夜出，有假髮為世俗人裝，故有垂髮結纓
　　之事。當是與所歡相訣之詞，而藏人則謂是被拉藏汗逼走之預言。」（曾緘：〈六世
　　達賴情歌六十六首〉，《康導月刊》第1卷第8期（1939年），頁68。）可見其尚有參
　　考其他資料。

戀花〉的體式含有上下片，篇幅與兩首七絕相若，故曾氏將兩首作品共冶一爐。由此可見，他當時猶未考慮到以絕句體式來改譯于本。不過，以七絕改譯的想法不久便產生了。如于本第32首，曾本云：

> 少年浪跡愛章臺，性命唯堪寄酒杯。
> 傳語當壚諸女伴，卿如不死定常來。

而其自註曰：

> 一云：當壚女子未死日，杯中美酒無盡時。少年一身安所託，此間樂可常棲遲。[24]

此版之格律固有瑕疵，然由此可以推測曾氏在正式開始改譯工作前，便曾以七絕形式試譯一二，以作練筆之用。此時曾氏擬採用之七絕體式，未必合乎格律，蓋竹枝詞之類而已。但不久決定改譯全部作品，則回頭採用格律嚴謹之七絕，以免貽人口實。而譯本定稿後，仍將試譯的篇章納入自註中，以為兩存采覽之資。此外曾緘開始譯事後，對譯文猶有修訂。如《寸鐵堪詩稿》載其手稿本中，第一首原作：「心頭幻出彼姝容，道是無形卻有蹤。恰似東山山上月，輕輕升到最高峰。」此外又有側批修訂：「幻出彼姝容」，側批「影事幻重重」；次句側批「化作佳人絕代容」；末句「走上」，側批「升到」。如此已與定本極為接近了（唯「升到」最後又改作「走出」）。當然，一旦決定整體改譯于本，曾緘面對各本內容之歧義時，依舊以于本為準。據筆者初步統計，劉家駒《西藏情歌》一百首中，有二十三首作

---

24 曾緘：〈六世達賴情歌六十六首〉，《康導月刊》第1卷第8期（1939年），頁66。

品與于本內容大致相同，五首內容相關而可資參考。舉例而言，于本第58首：「柳樹愛上了小鳥，小鳥愛上了柳樹。」[25]劉家駒本則作：「綠柳愛護著黃鶯，黃鶯眷戀著綠柳。」[26]「小鳥」只是統稱，「黃鶯」不僅是專名，且具有詩意。然曾本云：「鳥對垂楊似有情，垂楊亦愛鳥輕盈。」[27]作「鳥」不作「鶯」，顯然係遵從于本。

　　潘建偉指出，無視或批判舊體譯詩的最大理由便是「太像中國古人的詩，不像西方人的詩」。這種批評心理的基礎就是將西方詩當作「今」，將中國古典詩當作「古」，古今中西原本該有的四個維度，其實已被壓縮為兩個層面，即古與中一個層面，西與今是一另外一個層面。如此心理無乃過於簡單龐淺。[28]再觀倉央其人其詩，便出現灰色地帶。倉央生於康熙年間，活動於西藏，理論上應可算作「古與中」；而其文字看似淺白、民歌色彩濃郁的詩歌，卻又予人以「今」的暗示。故此，于道泉以白話翻譯倉央詩作固有「存真」的動機，然其所「存」之「真」，除了主要針對內容文字，蓋亦不全無風格之考量。進而言之，曾緘本為何採用七言絕句體式？邵祖平《七絕詩論》稱七言絕句善言情而易合於樂，最合於詩人之陶寫。[29]沈祖棻則云：「七絕這種以短小的篇幅來表達豐富深刻內容的特徵規定了：它在創作中，必需比篇幅較長的詩歌更嚴格地選擇其所要表達的內容，攝取其中具有典型意義，能夠從個別中體現一般的片段來加以表現，因而它所寫的就往往是生活中精彩的場景，強烈的感受，靈魂底層的悸動，事物

---

25 于道泉：《第六代達賴喇嘛倉央嘉措情歌》，頁166。

26 劉家駒：〈西藏情歌〉，載中國藏學出版社編纂：《六世達賴喇嘛倉央嘉措詩意三百年》，頁41。

27 曾緘：〈六世達賴情歌六十六首〉，《康導月刊》第1卷第8期（1939年），頁68-69。

28 潘建偉：《中國現代舊體譯詩研究》（上海：三聯書店，2016年），頁3。

29 邵祖平：〈七絕詩論自序〉，氏著：《七絕詩論‧七絕詩話合編》（北京：華齡出版社，2009年），頁1。

矛盾的高潮，或者一個風景優美的角落，一個突出的鏡頭。在多數七絕詩的傑作中，這種富有特色的藝術魅力乃是一種帶有普遍性的存在。」[30]而由於藏文短歌本以四句為主，且「詞簡意豐」，故曾緘選擇七絕一體，乃是在呼應原文體式的前提下，配合漢地讀者的期待。

　　近代以來，舊體譯詩（不計潘建偉所云「半自由體」、「半格律體」）的例子時時可見。如一九二四年泰戈爾訪華，與貴州詩人姚華（1876-1930）相識。姚華遂以《飛鳥集》之鄭振鐸譯本為底本，用五古形式改譯，其中每有五言古絕。一九二五年，李思純（1893-1960）選譯法文詩歌若干，纂成《仙河集》，體式包括四言、騷體、五古、七古、六言等。又如吳宓（1894-1978）詩集中的譯詩，則多喜用五古及五言古絕。其以七言古絕翻譯沙克雷（W. M. Thackeray）諧詩〈少年維特之煩惱〉（Sorrow of Young Werther）四首，可謂罕覯。[31]綜而觀之，譯家選擇的體式多為古體，以其於平仄格律無甚講究，彈性較大之故。相形之下，當時選擇七絕譯詩則較為少見，蓋因七絕成熟年代較晚，一般皆預設為近體，用以譯詩，限制較多。就絕句而言，五言拗絕、古絕的體式是符合傳統讀者之期待視野的，而七言拗、古絕則未必。[32]如杜甫、黃庭堅作為大家，創作七言古絕也有新嘗試之意。但其相關作品多出現於組詩中，如杜之〈絕句漫興〉九首、〈黃河〉二首、〈江畔獨步尋花〉七首、〈夔州歌〉十首、〈春水生〉二首，黃之〈病起荊州江亭即事〉十首、〈謝答聞善二兄〉九首

---

30 沈祖棻：《唐人七絕詩淺釋》（石家莊：河北教育出版社，2004年），頁3。

31 吳宓：《吳宓詩集》（北京：商務印書館，2004年），頁261。

32 清人董文煥《聲調四譜圖說》把絕句分為律絕、古絕、拗絕三種。而王力認為拗絕就是失黏失對的古絕，所以只把絕句分為律絕和古絕兩類。但王力又指出：有些絕句用的是仄韻，但是全詩用律句，或者用律詩特有的變格和拗救。這種絕句的性質在古絕和律絕之間。（王力：《詩詞格律概要》〔北京：北京出版社，2002年〕，頁94。）

等皆然。且這些組詩中，每組都有不少七言律絕，可見七言古絕只是
為了在音律上有所變化而加以點綴、調劑罷了。這種情況在清代龔自
珍《己亥雜詩》中觀乎比例亦復庶幾。整體而言，前人較少獨立創作
七言古絕（竹枝詞除外），但往往雜入有律絕的組詩之中，以求變化。
至於以七言律絕來翻譯組詩，最可稱道者一為曾緘譯倉央情歌，一為
黃克孫（1928-2016）翻譯奧瑪珈音《魯拜集》（*Rubáiyát of Omar
Khayyám*）。與曾緘一樣，黃克孫之作亦為改譯，所據乃英人費茲傑
羅（Edward Fitz- Gerald, 1809-1883）的本子。此本費氏再創作的色彩
較濃，[33]文字藻飾典麗，而黃克孫採用七絕翻譯，正好承襲了菲譯本
的風格。至若曾緘七絕譯本的文筆與黃克孫相似，卻去其所據之于譯
本乃至藏文原本之質樸風格為遠。錢志熙指出：

> 從詩歌史來看，五言絕句的風格比較穩定，唐以後的發展不是
> 特別大。七言絕句雖然傳統上以盛唐的高華、風神為正宗，但
> 自中唐以降，七絕的風格是不斷的發展、變化著的，其題材領
> 域也在不斷的開拓中。在近體各體中，絕句可以說是淵源最為
> 久遠，而生命力又最為旺盛的一種體裁。絕句與民間歌曲、歌
> 謠之間，也是相互影響的。唐人絕句，受到當時歌謠雜曲的影
> 響，而後世民間的歌曲，又多採用文人中流行的七絕體。[34]

民歌採用的七絕體，最具代表性的當為竹枝詞。邵祖平說：

> 竹枝本出巴渝，其詞稍以文語緣諸俚俗，若大加文藻，則非本

---

33 飛白：《詩海——世界詩歌史綱·傳統卷》（桂林：漓江出版社，1989年），頁103。
34 錢志熙、劉青海：《詩詞寫作常識》（北京：中華書局，2013年），頁12。

色。其格非古非律，半雜歌謠，皆天籟所至，則又不盡拘拘
也。[35]

邵祖平謂竹枝「非律」，指的自是不合乎格律。只要不合乎格律，理
應就可歸為古體，但邵氏卻又稱其「非古」，當非隨口而發、因文害
意。如前所言，七絕成熟之際，齊梁聲律論已十分流行，故唐人七絕
中之拗體容或有之（如韋應物〈滁州西澗〉），但單篇之古絕卻為數頗
少。即使就竹枝詞而言，最早的文人作品中，劉禹錫的九首中不合律
者較多，而白居易的四首中有三首完全合律，僅其二為拗體（第二、
三句失黏），然全詩仍使用律句。[36]雖然劉禹錫可謂竹枝詞文人化的鼻
祖，但白居易之作卻開啟了後世的一種習慣——即使竹枝詞未必需要
嚴格遵守格律，但作者多半仍會創作合乎格律的竹枝詞。進一步說，
由於七絕作為近體的性質十分顯著，一般創作七言古體者常會避開四
句體，以免貽人「不學」之口實。易言之，七言四句體往往只被視為
近體詩的一種，這當即邵祖平所謂「非古」之意。回觀倉央情歌雖有
濃郁的民歌色彩，但曾緘譯本的七絕篇什，雖偶或出現接近白話色彩
的文句，如「那壁廂」、「那人」、「清明過了」、「阿哥」甚至「眼前蘋
果終須吃，大膽將他摘一枚」等，然此等用語亦非唐詩中所絕無。如
前所言，曾緘試譯于本第32首（「當壚女子未死日」云云）之初稿，
便較為接近「非古非律」的「竹枝體」。不過稍後的正式改譯中，曾本
依然格律精嚴、辭藻華美，足見曾緘在辨體意識上的取捨。再者，今
人江曉輝認為：「古代最為流行的詩歌章法是『起承轉合』法。起承

---

35 邵祖平：《七絕詩論・七絕詩話合編》，頁12。

36 白居易〈竹枝詞四首〉其二：「竹枝苦怨怨何人？夜靜山空歇又聞。蠻兒巴女齊聲
　唱，愁殺江樓病使君。」二、三句失黏，是為拗體。〔清〕聖祖皇常敕撰，曹寅、
　彭定求等主編：《全唐詩》（北京：中華書局，1960年）冊13卷441，頁4922。

轉合淵源自唐人的試帖詩，本乃律詩之法，後來才用於八股，變成文法。從作為詩法而言，元人楊載首先明確提出律詩的起承轉合，『起承轉合』本是用於律詩，後來卻被移用到絕句，甚至將之視為其他詩體的定法，自然會出現削足適履，以偏概全的情況。」[37]此說頗有道理。而就七言絕句而言，簡錦松提出其「基本結構」是以兩句為一單位的絕句章法：首兩句為「第一單位雙句」，形成一個主要畫面，並且在這個畫面裡自動產生一個唯一的注意焦點；後兩句為「第二單位雙句」，在已形成的主要畫面上，從它所指定的注意的焦點切入，進行主要動作的活動。[38]持簡氏之說考察曾緘七絕譯本，固然融通。但若就曾本諸詩的尾聯而言，仍是多以出句為樞紐、轉折，對句為收結、延伸，大抵猶合乎「起承轉合」之法。足見此法雖未必係七絕定式，然影響力依然甚大。

　　抑有進者，藏語雖與漢語屬於同一語系，卻並非單音節語言。藏語詞彙都有一個基本的詞根音（基本字音），加在這個基本字上下、前後的字母乃是黏著成分。許多黏著成分原本都有含義，可獨立出來，並賦予該詞語以新內涵。根據于譯諸本可見，一首四句六綴音的藏語短歌共有二十四個音節，大致可翻譯成二三十字上下的白話漢文。但是，絕句以文言文為基調，而文言文單字詞多，較語體文為精簡。一首二十字的五絕，基本足以承載一首藏語短歌的內容；而七絕二十八字的篇幅，理論上更是綽綽有餘了。茲以于本第12首為例：

37 江曉輝：〈論「偶體絕句」的演變、特色與章法──以王安石詩為討論重點〉，《清華中文學報》第23期（2020年6月），頁170-171。
38 簡錦松：《唐詩現地研究》（高雄：中山大學出版社，2006年），頁371。

表一

	于本	劉本	曾本
譯文	從小愛人的「福幡」 豎在柳樹的一邊， 看柳樹的阿哥自己， 請不要「向上」拋石頭。[39]	伊人豎福幡， 祈禱楊柳側。 寄語守樹兒， 投石勿高擲。[40]	長干生小最可憐， 為立祥幡傍柳邊。 樹底阿哥需護惜， 莫教飛石到幡前。[41]

　　就譯文觀之，儘管三個譯本的體裁各各不同，然內容尚無顯著差異。劉本「祈禱」、「寄語」二語雖來自于本的詩意，卻並無對應的文字。可見五絕二十字不僅能涵納于本的全部內容，譯者還有空間益以己意，修飾文字語氣。同樣道理，曾本亦於首句添入了「長干」一典故，[42]三句添入了「需護惜」三字。不僅如此，如「樹底」、「到幡前」諸字之增益，使內文形成前後呼應的頂真格，平添回還往復、一唱三歎之致──這當然與曾氏選擇七絕一體關係甚大。近人范煙橋說：「作五絕，全在活潑，字數少，不能多用虛字；意思又不能過於複雜，要簡約、要含蓄。」又說：「不過七絕，字多一點，可以寬轉些。」[43]不難發現，倉央此詩的藏文原作（包括于本）在文字和文義上的確看似淺白簡約，劉本五絕差可保留這種淺白簡約風格，而曾本七絕寬轉流動之美雖在風格上去原作較遠，卻無疑更富吸引力。

　　如前所言，七絕體式一般皆為近體，四句往往傾向於採取起承轉

---

39 于道泉：《第六代達賴喇嘛倉央嘉措情歌》，頁66。

40 劉希武：〈第六世達賴倉央嘉措情歌六十首〉，《康導月刊》第1卷第6期（1939年），頁101。

41 曾緘：〈六世達賴情歌六十六首〉，《康導月刊》第1卷第8期（1939年），頁65。

42 此典出自李白〈長干行〉「同居長干里，兩小無嫌猜」之句。〔清〕聖祖皇帝敕撰，曹寅、彭定求等主編：《全唐詩》冊5卷163，頁1695。

43 范煙橋著、周興祿整理：《作詩門徑》（北京：文化藝術出版社，2018年），頁52、55。

合之章法，文人色彩一直很濃郁，即使後來發展出竹枝詞等民歌體式，但風格仍以靈動為主，不同於五絕之古樸。兩種絕句都以文言文為基調，故在改譯時精簡概括于本內容之餘，每有多出的字數尚待填補，二者又以七絕為甚。由於七絕自身的發展過程、體式風格與語言習慣，譯者未必能將所有藏文原作（或于本）的內容一句句機械式地對譯成舊體詩句，而是每須調整原作內容加以配合，如此當然掣肘較多，難度較大。以于本第17A為例：

表二

	于本	劉本	曾本
譯文	我默想喇嘛底臉兒， 心中卻不能顯現； 我不想愛人底臉兒， 心中卻清楚地看見。[44]	我念喇嘛容， 百思不能記。 我不念情人， 分明入夢寐。[45]	入定修觀法眼開， 祈求三寶降靈臺。 觀中諸聖何曾見， 不請情人卻自來。[46]

此作以佛法之觀想不得比擬對情人之念茲在茲。短歌之中前後兩聯排偶的句式，[47]在藏文原作（以及于本）中據初步統計至少有十八首，亦即第2、7、10、13、17A、22、29、35、36、37、38、44、46、47、50（此首之 B、C 之間有錯文，姑算為一首）、55、59、62首，佔了全部情歌的三分之一弱，數量不可小覷。以表二所舉之作觀之，劉本大

---

44 于道泉：《第六代達賴喇嘛倉央嘉措情歌》，頁78。

45 劉希武：〈第六世達賴倉央嘉措情歌六十首〉，《康導月刊》第1卷第6期（1939年），頁101。

46 曾緘：〈六世達賴情歌六十六首〉，《康導月刊》第1卷第8期（1939年），頁65。

47 本書所謂排偶，乃是指現代漢語文學及非漢語文學作品中，以兩句為度的排比。由於「排比」一般會超過三句，而「對偶」又往往指涉舊體詩之對仗，故本文採用排偶一詞，以示區隔。又如後文所引于本第58首，筆者以為首聯是「句與句之間的排偶」；依然不使用「對偶」一詞，乃因舊詩對偶一般在用字上並不重複之故。

抵保持了于本諸作前後兩聯排偶的句式，僅將第二、四句之「心中」分別置換為「百思」、「夢寐」，亟言其輾轉反側，並使措辭有變化之姿。相比之下，隔句對或兩聯排偶的句式在曾本裡頗為罕見。這正因為五絕古樸，不似七絕之流麗，可以保存原作的排偶色彩，改譯時也不必增加第三句的轉折性。如此章法施於七絕就未必合宜了。觀第17A首，若僅讀曾本而不持于本參照，幾乎難以尋繹原詩的排偶特徵。蓋七絕體式承載原詩內容有餘，故而必須填補許多未用的篇幅；如「法眼開」、「三寶降靈臺」、「諸聖」、「不請自來」等語，雖皆由于本引申、能與于本對應，卻大率為于本所固無。如此一來，平仄掣肘、章法格套使曾本無法仿效于本的排偶句式，體式風格又使其無法保存于本平實的特徵而趨向高華之風，但這種高華之風卻正符合了當時漢地讀者的期待視野。（關於排偶之解散，第四節將進一步討論。）

　　當然，曾本也並非全部作品都視原作及于本在內容情調上有所偏離。如于本第56首：

表三

	于本	曾本
譯文	印度東方的孔雀， 工布谷底的鸚鵡。 生地各各不同， 聚處在法輪拉薩。[48]	孔雀多生印度東， 嬌鸚工布產偏豐。 二禽相去當千里， 同在拉薩一市中。[49]

相比之下，曾本「多生」、「產偏豐」之語皆為于本所無，而于本「谷底」、「法輪」皆為曾本所略。至若將「生地各各不同」改作「相去當千里」，則純為意譯爾。又如于本第49首：

---

48 于道泉：《第六代達賴喇嘛倉央嘉措情歌》，頁162。

49 曾緘：〈六世達賴情歌六十六首〉，《康導月刊》第1卷第8期（1939年），頁69。

表四

	于本	曾本
譯文	在拉薩擁擠的人群中， 瓊結人的模樣俊秀。 要來我這裡的愛人， 是一位瓊結人哪！[50]	拉薩遊女漫如雲， 瓊結佳人獨秀群。 我向此中求伴侶， 最先屬意便為君。[51]

將「擁擠的人群」改為「遊女漫如雲」，「要來我這裡的愛人」改為「我向此中求伴侶」；于本末句強調「瓊結人」，而曾本僅以「君」字帶過。至若「獨秀群」一語，不僅群字呼應于本「人群」一詞，又令人聯想到《楚辭・招魂》「激楚之結，獨秀先些」之句。然整體而言，此二詩之曾本於內容、情調視于本尚不甚遠。

不過，因七絕畢竟以文言文為基調，言簡意賅，故曾緘之改譯本往往較于本多出不少內容。故此，下文以于本為基礎，必要時輔以Sørensen 校註本及其他英譯本，考察曾緘改譯本之特色。此外，于道泉在翻譯時，對於藏文原文的一些資訊仍有遺漏，曾緘肯定會受到影響。下文皆會一併隨文談及。

三 被「犧牲」的形式：句數增減與句式更易

奈達（Eugene Nida, 1914-2011）論道：在詩歌中我們顯然更關注形式因素。這並不是說在詩歌翻譯中必須犧牲內容，而是因為內容本來就必須緊緊壓縮在特定的形式土壤中。只在極少數情況下，翻譯可

---

50 于道泉：《第六代達賴喇嘛倉央嘉措情歌》，頁144。
51 曾緘：〈六世達賴情歌六十六首〉，《康導月刊》第1卷第8期（1939年），頁68。

以同時複製形式和內容。而一般來說，形式往往被內容犧牲掉了。[52]
曾本對於于本形式之「犧牲」也在所難免，而其「犧牲」則包括了句
數增減、句式更易以及內容的壓縮與增補等方面。整體而言，如果比
對原作及曾本，最為直觀的變化當推句數增減——雖然例子為數並不
多；其次則為句式更易——大多數情況是在句類及引語（forms of
transcription）方面加以調整，如陳述句變為疑問句、直接引語變為間
接引語等。可以說，句式更易在整個曾本中是普遍存在的。句數增減
是要配合七絕的篇幅體式，句式更易則往往為了採納七絕的風格筆法。

　　先觀句數之增減。這類情況主要出現在于本（亦即藏文原詩）並
非四句，而曾本改作四句者。于本六十六首中，第18、48、52三首為
六句，第54首為五句，第45首為三句。茲逐一論述之。如于本第45首：

表五

	于本	曾本
譯文	若不常想到無常和死， 雖有絕頂的聰明， 照理說也和呆子一樣。[53]	不觀生滅與無常， 但逐輪回向死亡。 絕頂聰明矜世智， 歎他於此總茫茫。[54]

于本僅有三句，乃是拉薩本的原貌。而曾本因七絕體式，則譯作四
句。比對之下，可見于本後二句與曾本尾聯兩兩相應。曾本「矜世
智」雖為增入，然亦「絕頂聰明」之補充或複沓；「茫茫」一詞對應
「呆子」，雖遠不及後者活潑辛辣，卻也配合了七絕的雅正風格。至

---

52 〔美〕奈達：〈論對等原則〉，載謝天振主編：《當代國外翻譯理論》（天津：南開大
　　學出版社，2008年），頁39。

53 于道泉：《第六代達賴喇嘛倉央嘉措情歌》，頁78。

54 曾緘：〈六世達賴情歌六十六首〉，《康導月刊》第1卷第8期（1939年），頁67。

於于本首句，曾氏則將之敷衍為兩句。《大般涅槃經》：「諸行無常，是生滅法；生滅滅已，寂滅為樂。」[55]故曾氏添入「生滅」一語，實即無常之意。死為八苦、十二因緣之一，不能跳出而入於涅槃，必然輪迴不止，易墮惡趣。故曾氏小註曰：「人不知佛法，不能觀死無常，雖智實愚。」[56]可見曾本第二句乃自于本首句一「死」字衍伸而來。[57]至於句數刪減方面，如于本第48首：

表六

	于本	曾本
譯文	我同愛人相會的地方， 是在南方山峽黑林中。 除去會說話的鸚鵡以外， 不論誰都不知道。 會說話的鸚鵡請了， 請不要到十字路上去多話！[58]	鬱鬱南山樹草繁， 還從幽處會嬋娟。 知情只有閒鸚鵡， 莫向三叉路口言。[59]

于本前兩句、曾本首聯顯然相對應，唯曾氏在文意上調換了出句與對句的次序。至若于本次二句的意思，幾可涵納於曾本尾聯。故曾氏以三句概括于本次二句，末句則與于本末句對應。有趣的是，于本的「十字路」，曾本改為「三叉路」。除了平仄原因外，蓋因「三叉」一詞較「十字」更能令讀者產生「歧路之中又有歧焉」的想像。又如于本第52首：

---

55 〔晉〕釋法顯譯：《大般涅槃經》卷下，收入大藏經刊行會編輯：《大正新脩大藏經》（臺北：新文豐圖書公司，1983-1985年）第1冊，頁204。

56 曾緘：〈六世達賴情歌六十六首〉，《康導月刊》第1卷第8期（1939年），頁68。

57 Sørensen指出，此詩亦有四句之版本，與于本所據拉薩本、達斯本不同。

58 于道泉：《第六代達賴喇嘛倉央嘉措情歌》，頁142。

59 曾緘：〈六世達賴情歌六十六首〉，《康導月刊》第1卷第8期（1939年），頁65。

表七

	于本	曾本
譯文	將帽子戴在頭上， 將髮辮拋在背後。 他說：「請慢慢地走！」 他說：「請慢慢地住。」 他問：「你心中是否悲傷？」 他說：「不久就要相會！」[60]	輕垂辮髮結冠纓， 臨別叮嚀緩緩行。 不久與君須會合， 暫時判袂莫傷情。[61]

曾本首句已概括于本前二句，唯將「帽子」改為「冠纓」，一來押韻，二來照顧漢族讀者的風俗。曾本次句「叮嚀」一詞概括了于本的四次「他說」或「他問」的對話，「緩緩行」一語概括了于本次二句。曾本三句對應于本末句，末句對應于本第三句。唯「莫傷情」為祈使句，取代了原來的疑問句「你心中是否悲傷」，「暫時判袂」則為增補之語。綜而察之，亦大體忠實於于本原意。再觀于本第18首云：

表八

	于本	曾本
譯文	潔淨的水晶山上的雪水， 鈴蕩子上的露水， 加上甘露藥的酵「所釀成的美酒」， 智慧天女當壚。 若用聖潔的誓約去喝， 即可不遭災難。[62]	醴泉甘露和流霞， 不是尋常賣酒家。 空女當壚親賜飲， 醉鄉開出吉祥花。[63]

60　于道泉：《第六代達賴喇嘛倉央嘉措情歌》，頁154。

61　曾緘：〈六世達賴情歌六十六首〉，《康導月刊》第1卷第8期（1939年），頁68。

62　于道泉：《第六代達賴喇嘛倉央嘉措情歌》，頁82。

63　曾緘：〈六世達賴情歌六十六首〉，《康導月刊》第1卷第8期（1939年），頁65。

此詩內容在第一節已有所討論。于本前三句備言釀酒所需之材料，而
曾本壓縮為「醴泉甘露和流霞」一句，且醴泉等三詞皆為文言常用之
詞彙，視雪水、鈴蕩子等更合乎漢人審美習慣。「智慧天女」一詞，
于道泉謂其原文為 ye-she-mkhav-vgro，乃 ye-she-mkhav-vgro-ma 之
略。ye-she 意為智慧，mkhav-vgro-ma 直譯為空行女，此處為遷就語氣
譯作智慧天女。藏文書中以 mkhav-vgro-ma 對譯梵文之能盜食人心的
夜叉鬼，而西藏傳說中空行女卻多為絕世美人，類似漢族故事的狐
仙。普通藏人常將空行女與救度母相混。[64]曾本作「空女」，即為空行
女之省：其小註又曰：「空行女是諸佛眷屬，能福人。」[65]救度母一稱
度母，藏言卓瑪，即梵文所謂多羅菩薩（Tārā），乃是阿彌陀佛、觀世
音菩薩化身的女性菩薩。故曾氏稱空行女是諸佛眷屬，乃就度母概念
而言。「聖潔的誓約」一語，曾氏未作翻譯，僅以「親賜飲」三字含糊
帶過，「不遭災難」則改為「開出吉祥花」，以求押韻。相對前二首，
此首在壓縮句數的同時，對於于本的語意頗有增刪之處。復如于本第
54首：

表九

	于本	曾本
譯文	死後地獄界中的， 法王有善惡業的鏡子， 在這裡雖沒有準則， 在那裡須要報應不爽。 讓他們得勝啊！[66]	死後魂遊地獄前， 冥王業鏡正高懸。 一囚階下成禽日， 萬鬼同聲唱凱旋。[67]

---

64 于道泉：《第六代達賴喇嘛倉央嘉措情歌》，頁177。

65 曾緘：〈六世達賴情歌六十六首〉，《康導刊》第1卷第8期（1939年），頁65。

66 于道泉：《第六代達賴喇嘛倉央嘉措情歌》，頁136。

67 曾緘：〈六世達賴情歌六十六首〉，《康導月刊》第1卷第8期（1939年），頁68-69。

比對二譯，可見前二句大抵可以對應。于本三、四句中，「這裡」指人間，「那裡」指地獄。然曾本壓縮成第三句，僅言階下成囚，略去了「沒有準則」、「報應不爽」等意。至於于本末句，其註云：「『讓他們得勝啊』原文為 dsa-yantu，乃是一個梵文字。藏文字在卷終常有此字。」[68] Sørensen 校註本更無此句，[69]可見並不視此句為該詩內容。可以推想，此詩在某一版本中乃為壓卷之作，卷末有「讓他們得勝啊」之語，乃祝禱之意。然流傳過程中，各詩次序重排，此詩前移，並卷末語亦一併挪前，竄入此詩正文。曾氏誤以此祝禱之語為陰間鬼卒擒得惡業亡魂後的稱勝之辭，當可斟酌。

再看曾本相對于本之句式更易，詳而言之可分為兩種：其一為句類更易，多由陳述句更易為疑問句。其二為引語更易，多為直接引語更易為間接引語。先看句類更易方面。舊體詩中的疑問句，除偶有如朱慶餘「畫眉深淺入時無」這樣的開放式問題外，[70]更多的是反問（或稱激問、詰問）與設問兩種。如杜甫〈贈花卿〉：「此曲只應天上有，人間能得幾回聞？」[71]便是反問。這種無疑而問、明知故問的修辭方式，十分常用。反問不必回答，因為答案便在問題之中。適當運用反問能增強語氣、激發感情、突出主旨，可謂四兩撥千斤。而賀知章〈詠柳〉：「不知翠葉誰裁出？二月春風似剪刀。」[72]則是設問。設問包括了一問一答，可以突出感情的波盪起伏，雖然未嘗不能在一句中完成，但以兩句來承載設問的例子顯然更多。由此可見，設問一般使用的文字較多，涉及章法謀篇，而反問往往改定陳述句中的一兩字

---

68 于道泉：《第六代達賴喇嘛倉央嘉措情歌》，頁181。

69 Sørensen, Per K., 'Tibetan love lyrics: The love songs of the Sixth Dalai Lama', *Indo-Iranian Journal*, 1988, Vol.31(4), pp.292-293.

70 〔清〕聖祖皇帝敕撰，曹寅、彭定求等主編：《全唐詩》，冊15卷515，頁5892。

71 〔清〕聖祖皇帝敕撰，曹寅、彭定求等主編：《全唐詩》，冊2卷27，頁379。

72 〔清〕聖祖皇帝敕撰，曹寅、彭定求等主編：《全唐詩》，冊4卷112，頁1147。

便能達致效果。因此就改譯而言，曾本使用反問的頻次也遠遠高於設問。先看設問，以于本第50B 首為例：

表十

	于本	曾本
譯文	薄暮出去尋找愛人， 破曉下了雪了。 住在布達拉時， 是瑞晉倉央嘉措。[73]	為尋情侶去匆匆， 破曉歸來積雪中。 就裡機關誰識得， 倉央嘉措布拉宮。[74]

于本三、四句並無問句在內，而曾本則以第三句設問、第四句作答。曾本之所以能有如此轉圜餘地，乃因「住在布達拉時，是瑞晉倉央嘉措」的資訊含量有限，足以濃縮成「倉央嘉措布拉宮」一句。如此一來，便能騰出第三句的空間，放入「就裡機關誰識得」的設問了。不過，類似例子在整個曾本中可謂罕見（另一例為于本第62首，第五節再詳），足知設問在改譯中不易應用。相比之下，曾本改陳述為反問的例子俯拾皆是，如于本第29首：

表十一

	于本	曾本
譯文	寶貝在手裡的時候， 不拿它當寶貝看； 寶貝丟了的時候， 卻又急的心氣上湧。[75]	明知寶物得來難。 在手何曾作寶看？ 直到一朝遺失後， 每思奇痛徹心肝。[76]

---

73 于道泉：《第六代達賴喇嘛倉央嘉措情歌》，頁148。
74 曾緘：〈六世達賴情歌六十六首〉，《康導月刊》第1卷第8期（1939年），頁68。
75 于道泉：《第六代達賴喇嘛倉央嘉措情歌》，頁104。
76 曾緘：〈六世達賴情歌六十六首〉，《康導月刊》第1卷第8期（1939年），頁66。

于本次句為陳述句，而曾本則轉換為反問句，顯然是明知故問，進一步強調語氣和立場。故曾氏如此改譯，自然令平順的詩意頓起波瀾，令人玩味。（當然，曾本的「何曾」也不可作「未曾」，否則即犯孤平。）其次，在改譯的過程中，反問句也往往隨著文意的增刪而產生。如于本第55首：

表十二

	于本	曾本
譯文	卦箭中鵠的以後， 箭頭鑽到地裡去了； 我同愛人相會以後， 心又跟著伊去了。[77]	卦箭分明中鵠來， 箭頭顛倒落塵埃。 情人一見還成鵠， 心箭如何挽得回？[78]

于本末句云「跟著伊去了」，曾氏改譯「如何挽得回」，亦一反問，頗有衣帶漸寬終不悔之意。不過，曾緘的改譯亦或有未洽處。如于本第42首：

表十三

	于本	曾本
譯文	初三的明月發白， 它已盡了發白的能事， 請你對我發一個、 和十五日的夜色一樣的誓約。[79]	新月才看一線明， 氣吞碧落便橫行。 初三自詡清光滿， 十五何來皓魄盈？[80]

77 于道泉：《第六代達賴喇嘛倉央嘉措情歌》，頁161。

78 曾緘：〈六世達賴情歌六十六首〉，《康導月刊》第1卷第8期（1939年），頁69。

79 于道泉：《第六代達賴喇嘛倉央嘉措情歌》，頁130。

80 曾緘：〈六世達賴情歌六十六首〉，《康導月刊》第1卷第8期（1939年），頁67。

于氏原註：「這一節意義不甚明了。據我看，若將這一節的第1、2兩行和第42節的1、2兩行交換地位，這兩節的意思好像都要較為通順一點。據一位西藏友人說這一節中的明月是比為政的君子，兔兒是比君子所嬖幸的小人。」[81]曾註云：「譏小人小得意便志得意滿。」[82]此說當源自于註。作如是解未必合乎原文之意，然其既有定見，故改譯之文意有增補處。如「氣吞碧落便橫行」乃原譯所無，而原譯「誓約」之意卻又不見。實則原譯之末二句哀怨之餘又有期待，若轉換為明知故問的反問，則有紕繆存焉。查藏文原詩第四句之 źal，于道泉譯為「誓約」，固是。然 Sørensen 指出：“A pun is concealed in *źal* [*bźes*], which means both a promise (of a rendezvous similar to a rendezvous of the fullmoon) and to give the face (of the moon = the beloved).” 換言之，此字為雙關語，既指滿月幽會之「約定」，也指月亮或所歡之「露面」。[83]因此，初三之月亮「已盡了發白的能事」，乃是隱喻對十五幽會之熱切期待，而非「志得意滿」。于道泉縱然未解此意，然曾緘忽略了于本中「誓約」一語，而僅著眼於于註（于註雖引藏人之說，蓋亦以情歌比附宗教、政治之格套），故所言去藏文原文之意益遠矣。不過僅就句式更易而言，曾本第四句改用反問，其技巧依然一以貫之。

其次為引語更易方面。由於絕句篇幅短小，言語精煉，故較少直接對話之書寫，以免引發歧義和誤解。即如賈島〈尋隱者不遇〉、朱慶餘〈近試上張籍水部〉二詩，雖涉及對話，然前者僅有答語，後者僅有問語，並無兩人言語之往還。曾緘改譯的情形亦甚相似。如于本50A首：

---

81 于道泉：《第六代達賴喇嘛倉央嘉措情歌》，頁179。

82 曾緘：〈六世達賴情歌六十六首〉，《康導月刊》第1卷第8期（1939年），頁67。

83 Sørensen, Per K., 'Tibetan love lyrics: The love songs of the Sixth Dalai Lama', *Indo-Iranian Journal*, 1988, Vol.31(4), p.276.

表十四

	于本	曾本
譯文	有腮鬍的老黃狗， 心比人都伶俐。 不要告訴人我薄暮出去， 不要告訴人我破曉回來。[84]	龍鍾黃犬老多髭， 鎮日司閽伩爾才。 莫道夜深吾出去， 莫言破曉我歸來。[85]

于本全首皆為直接引語，亦即詩人告誡黃狗之言。而曾本亦從之。語
意雖略有差異，然卻全然保存了于本的直接引語型態。類似例子尚有
于本第60首：

表十五

	于本	曾本
譯文	會說話的鸚鵡兒， 請你不要作聲。 柳林裡的畫眉姐姐， 要唱一曲好聽的調兒。[86]	吩咐林中解語鶯。 辯才雖好且休鳴。 畫眉阿姊垂楊畔， 我要聽他唱一聲。[87]

于本亦全篇為第一人稱直接引語，至曾本除加入「吩咐」二字外，庶
無變化。此外，若一詩的部分內容在于本為直接引語，則曾本或保存
或否。完全保存者，如前節引于本第48首：「會說話的鸚鵡請了，請
不要到十字路上去多話！」曾本作：「知情只有閒鸚鵡，莫向三叉路
口言。」對句即為直接引語。部分保存者，又如前引于本第52首：
「他說：『請慢慢地走！』他說：『請慢慢地住。』他問：『你心中是

---

84 于道泉：《第六代達賴喇嘛倉央嘉措情歌》，頁146。

85 曾緘：〈六世達賴情歌六十六首〉，《康導月刊》第1卷第8期（1939年），頁68。

86 于道泉：《第六代達賴喇嘛倉央嘉措情歌》，頁170。

87 曾緘：〈六世達賴情歌六十六首〉，《康導月刊》第1卷第8期（1939年），頁69。

否悲傷？』他說：『不久就要相會！』」[88]此本為情侶二人的對話，然曾本則作：「不久與君須會合，暫時判袂莫傷情。」僅留其中一方之語。完全更易為間接引語者，如于本第51首：

表十六

	于本	曾本
譯文	被中軟玉似的人兒， 是我天真爛熳的情人。 你是否用假情假意， 要騙我少年財寶？[89]	玉軟香溫被裹身， 動人憐處是天真。 疑他別有機權在， 巧為錢刀作笑顰。[90]

前二句為普通敘述，後二句為詩人以第一人稱設問。曾本後二句顯然將于氏原譯更易成間接引語，堪稱警句。然而，其後二句與前二句的引語與非引語性質因此也非涇渭分明了。再如于本第21首：

表十七

	于本	曾本
譯文	因為心中熱烈的愛慕， 問伊是否願作我的親密的伴侶？ 伊說：「若非死別， 決不生離。」[91]	情到濃時起致辭， 可能長作玉交枝。 除非死後當分散， 不遣生前有別離。 註：前二句是問詞，後二句是答詞。[92]

---

88 于道泉：《第六代達賴喇嘛倉央嘉措情歌》，頁154。

89 于道泉：《第六代達賴喇嘛倉央嘉措情歌》，頁152。

90 曾緘：〈六世達賴情歌六十六首〉，《康導月刊》第1卷第8期（1939年），頁68。

91 于道泉：《第六代達賴喇嘛倉央嘉措情歌》，頁88。

92 曾緘：〈六世達賴情歌六十六首〉，《康導月刊》第1卷第8期（1939年），頁66。

由此可見，如果曾本沒有自註，或者不借助新式標點，這首改譯詩即
使辭藻倩麗，卻也未必能準確地把原意傳遞給讀者罷。

四　自由與補償：句序置換與壓縮增補

　　黃杲炘將以舊體詩形式翻譯西洋詩歌的方法歸為「自由－補償式
譯法」：「譯詩的格律與原作的格律之間並無多大關聯（因此實際上是
自由的），只是作為對原作格律的一種補償。這種格律可以是自製
的，也可以是某種現成的格律。後一種做法中比較極端的例子，是以
某種詞牌之類的形式去譯外國詩歌，而最常見的則是以我國傳統的
五、七言形式譯詩。」[93]若將曾本的句數增減與句式更易視作相對
「自由」的單向改變——例如原作五句改譯為四句或原作的陳述句改
為反問句，那麼將句序加以置換，乃至在壓縮內文後再行增補，則具
有一定的補償性質；這種補償雖然未必能挽回譯文對原文之「叛
逆」，卻畢竟含有致敬的意圖。而「叛逆」與致敬卻又意味著新的
「自由」。本節當逐一考察之。

　　相對于本各句之固有次序，曾本時有置換。究其原因，除配合平
仄格律外，亦有章法上的考量。如于本第25首：

表十八

	于本	曾本
譯文	你露出白齒兒微笑， 是正在誘惑我呀？	微笑知君欲誘誰？ 兩行玉齒露參差。

---

93 黃杲炘：〈《柔巴依集》——附有傳奇色彩的詩篇〉（代序），氏譯：《柔巴依一百
　首》（北京：中國對外翻譯出版公司，1998年），頁16。

	于本	曾本
	心中是否有熱情， 請發一個誓兒！[94]	此時心意真相屬， 可肯儂前舉誓詞？[95]

于本前半雖分兩行，實為一句。然文言行文較為簡潔，若一句話在七絕中分成兩行來講，則拖沓不已。故曾緘不僅將之分為二句，且將問句提前，引起讀者的好奇心。如此氣氛之營造無疑是成功的。又如于本第36首：

表十九

	于本	曾本
譯文	躁急和暴怒聯合， 將鷹的羽毛弄亂了； 詭詐和憂慮的心思， 將我弄憔悴了。[96]	羽毛零亂不成衣， 深悔蒼鷹一怒非。 我為憂思自憔悴， 那能無損舊腰圍。[97]

與前首一樣，曾緘將于本前半分成兩句，且將兩句次序顛倒。蓋躁急、暴怒皆為抽象名詞，不及「羽毛零亂」具有視覺效果。先言羽毛零亂，賣一關子；復言蒼鷹之怒，揭曉謎底。如此敘述，自然引人入勝。此外，又有將于本的文字作進一步拓展者。如于本第33首：

---

94 于道泉：《第六代達賴喇嘛倉央嘉措情歌》，頁96。
95 曾緘：〈六世達賴情歌六十六首〉，《康導月刊》第1卷第8期（1939年），頁66。
96 于道泉：《第六代達賴喇嘛倉央嘉措情歌》，頁118。
97 曾緘：〈六世達賴情歌六十六首〉，《康導月刊》第1卷第8期（1939年），頁67。

表二十

	于本	曾本
譯文	彼女不是母親生的， 是桃樹上長的罷！ 伊對一人的愛情， 比桃花凋謝得還快呢！[98]	美人不是母胎生， 應是桃花樹長成。 已恨桃花容易落， 落花比汝尚多情。[99]

觀于本僅在末句提出桃花的喻體，而曾本將之攤成兩句。上句先言桃花之易落，下句遞進，以控訴伊人之寡情，如此則情緒更為熾熱。

　　除此之外，改譯對原文的壓縮與增補也可能影響到句序的置換。嚴格來說，此處所謂「壓縮」是指曾本將原文或于本中的文字以較短的篇幅呈現出來，實際情況往往是將兩句的內容併入一句之中。究其原因，一如前文所論，係七絕以文言文為基調、言簡意賅之故。不難想像，如果勉強以七絕每句對譯原作或于本每句，其行文必然疲沓冗贅，更遑論難以契合其章法謀篇之格套。前節論及設問時，舉出于本第50B首，謂曾本將于本三四句壓縮為末句，騰出第三句的空間為營造設問留下餘地，提起一筆，饒有轉折之致。該首顯然也可援為壓縮與增補之例證。這種情況在曾本中也並非罕見。如于本第22首：

表廿一

	于本	曾本
譯文	情人藝桌拉茉， 雖是被我獵人捉住的， 卻被大力的長官、	膩婥仙人不易尋， 前朝遇我忽成禽。 無端又被盧桑奪，

98　于道泉：《第六代達賴喇嘛倉央嘉措情歌》，頁112。

99　曾緘：〈六世達賴情歌六十六首〉，《康導月刊》第1卷第8期（1939年），頁66-67。

于本	曾本
訥桑嘉魯奪去了。[100]	一入侯門似海深。[101]

曾本前三句，已較忠實地概括了于本全文。且此三句皆以敘述為主，故末句遂能負起抒情之功能。曾氏所補「一入侯門似海深」之句，乃自唐人崔郊〈贈去婢〉詩奪胎換骨：「公子王孫逐後塵。綠珠垂淚滴羅巾。侯門一入深如海，從此蕭郎是路人。」[102]雖非曾緘原創，然隱藏了「蕭郎路人」之意，令人玩味不盡。[103]然原譯四句被壓縮為前三句，方得有此第四句之增益。類似的例子還有于本第40首：

表廿二

	于本	曾本
譯文	這月去了， 下月來了。 等到吉祥白月的月初， 我們即可會面。[104]	前月推移後月來， 暫時分手不須哀。 吉祥白月行看近， 又到佳期第二回。[105]

此詩藏文原文固然也是每句六音節，但經于道泉翻譯後，首二句無乃過短，曾本將之併為一句是不在話下的。兩相比勘，曾本首句概括了于本首二句，尾聯則與于本後二句兩兩對應。換言之，「暫時分手不須哀」乃曾緘所加，其意乃由原譯發展而來，使文意更為豐盈可玩，韻律更為蕩漾多姿，且於章法有承上啟下之效。然如是一來，于本原

---

100 于道泉：《第六代達賴喇嘛倉央嘉措情歌》，頁102。

101 曾緘：〈六世達賴情歌六十六首〉，《康導月刊》第1卷第8期（1939年），頁66。

102 〔清〕聖祖皇帝敕撰，曹寅、彭定求等主編：《全唐詩》冊15卷505，頁5744。

103 Sørensen指出此詩本事出自藏劇《訥桑王子傳奇》，前章已談及，茲不贅。

104 于道泉：《第六代達賴喇嘛倉央嘉措情歌》，頁126。

105 曾緘：〈六世達賴情歌六十六首〉，《康導月刊》第1卷第8期（1939年），頁66。

來的句序便有所更動了。

　　曾本尚有一種特殊卻常見的壓縮與增補情況——排偶的解散，第二節中已談及這種現象，並舉于本第17A首為例。曾氏改譯于本此詩，四句分別有起、承、轉、合之功能，然合而觀之則全無排偶之意。就于本而觀之，倉央情詩中有不少排偶句式，其形式往往為前二句為一意，又二句為另一意，兩兩相對。其在漢詩傳統亦有對應者，亦即上官儀「八對」中之隔句對（又稱扇對、扇面對、開門對）：「相思復相異，夜夜淚霑衣。空嘆復空泣，朝朝君未歸。」[106]這種奇句與奇句對、偶句與偶句對的格式，打破了單句對偶的限制，把兩聯四句擴展成一聯兩句使用，雖擴大了對偶容量，卻也破壞了一聯兩句的基本格局，因此在排律以外的近體律絕創作中，歷來運用者並不多。[107]影響所及，曾本往往將這些排偶解散，替換為起承轉合一類之單行章法；[108]但一如前文所言，若僅讀曾本而不持于本參照，幾乎難以尋繹原詩的排偶特徵。茲再舉于本第22首為例：

表廿三

	于本	曾本
譯文	若要隨彼女的心意， 今生與佛法的緣分斷絕了；	曾慮多情損梵行， 入山又恐別傾城。

106　〔宋〕魏慶之：《詩人玉屑》（長沙：商務印書館，1938年），頁601。

107　參錢志熙、劉青海：《詩詞寫作常識》，頁125-126。

108　如清人吳喬〈唐人七言絕句〉云：「唐人七言絕句，大抵由於起承轉合之法。惟李、杜不然，亦如古風，浩然長往，不可捉摸。」見邵祖平：《七絕詩論·七絕詩話合編》，頁39。但是七絕雖尚單行之氣，卻未必僅有起承轉合一種章法。今人蔣寅便謂言必稱起承轉合是一種「機械結構論」，用在批評之上往往會捉襟見肘。見氏著：〈起承轉合：機械結構論的消長——兼論八股文法與詩學的關係〉，《文學遺產》1998年第3期，頁71。

于本	曾本
若要往空寂的山嶺間去雲遊， 就把彼女的心願違背了。[109]	世間安得雙全法， 不負如來不負卿。[110]

曾本之中，此詩可謂最為膾炙人口。然比照可知，曾本首句概括了于本首二句，謂耽情遠法之慮；次句概括了于本次二句，謂修法棄情之苦。曾氏雖能以一聯來歸結于本四句之意，然視七絕之篇幅方及半爾。而其所補之尾聯，雖為前二句語意於另一角度之表述，卻並無原文需要參照，是故獨創色彩極強。兼以于本四句，實為兩個排偶，一如八股文之兩扇。以漢族讀者觀之，若後文無一單收總結以營造高潮，畢竟有戛然而止之憾。故此，曾氏所添之尾聯二句，不僅滿足了七絕格式，更一氣呵成地充分歸結了全篇之文義。故其成為膾炙人口的警句，良有以也。原文及于本中，情況相近的排偶詩歌為數不少。如于本第7首以春去蜂悲起興，指向情逝人傷：

表廿四

	于本	曾本
譯文	花開的時節已過， 「松石蜂兒」並未傷心， 同愛人的因緣盡時， 我也不必傷心。[111]	我與伊人本一家， 情緣雖盡莫咨嗟。 清明過了春歸去， 幾見狂蜂戀落花。[112]

于本此首不僅排偶，而且「傷心」一語更在二、四句的相同位置重複使用，如此行文方式很難出現於傳統七絕中。于本首二句為比興，後

---

109 于道泉：《第六代達賴喇嘛倉央嘉措情歌》，頁90。

110 曾緘：〈六世達賴情歌六十六首〉，《康導月刊》第1卷第8期（1939年），頁65。

111 于道泉：《第六代達賴喇嘛倉央嘉措情歌》，頁56。

112 曾緘：〈六世達賴情歌六十六首〉，《康導月刊》第1卷第8期（1939年），頁67。

二句方為主體內容。而曾本卻將于本之比興兩句移至尾聯，以作比喻
與補充之用；于本主體內容之兩句則成為曾本之首聯。「咨嗟」固為
傷心之意，而「幾見狂蜂戀落花」一句則以反問出之，卻化用了「不
必傷心」之意。末句反問，固能增強全詩寂寥無奈之感，然于本的內
容幾乎全然重組了。其次又有援事抒情者，如于本第13首，以漫漶的
墨跡反襯深刻的心跡：

表廿五

	于本	曾本
譯文	寫成的黑色字跡， 已被水和[雨]滴消滅； 未曾寫出的心跡， 雖要拭去也無從。[113]	手寫瑤箋被雨淋， 模糊點畫費探尋。 縱然滅卻書中字， 難滅情人一片心。[114]

曾本看似遵循原作章法句序，卻不無瑕疵。此詩首聯分別和于本前二
句兩兩相應。然而，「縱然滅卻書中字」一句縱有承上啟下的功能，
卻並非于本「未曾寫出的心跡」的對譯，而是綰合前兩句意涵而發，
不僅重複前一聯的文義，內容也已偷換──所謂「未曾寫出的心
跡」，亦即「在心為志，發言為詩」之意，僅用「情人一片心」之
語，似乎無法把原意表達出來。不僅如此，第三句還迫使末句「難滅
情人一片心」要承載、對應于本後兩句的內容。當然就七絕而言，改
譯的第三句仍具有樞紐轉折的功能──一如張夢機所說：「絕句之
法，多以第三句為主，而第四句發之。」[115]但就翻譯而言，此處卻不
無捉襟見肘之態。這種情況就曾氏譯筆而言也非罕見。竊以為，如果

---

113 于道泉：《第六代達賴喇嘛倉央嘉措情歌》，頁68。
114 曾緘：〈六世達賴情歌六十六首〉，《康導月刊》第1卷第8期（1939年），頁65。
115 張夢機：《近體詩發凡》（臺北：中華書局，2018年），頁135。

較好地利用第三句的空間，當能達到更佳效果。此外又有文義上層層遞進者，如于本第62首：

表廿六

	于本	曾本
譯文	第一最好是不相見， 如此便可不至相戀； 第二最好是不相識， 如此便可不用相思。[116]	但曾相見便相知， 相見何如不見時。 安得與君相決絕， 免教辛苦作相思。[117]

不難想見，若將于本逐句對譯成七絕，難度大而質量未必高。曾本索性將兩層文義合併一處，首聯已包納了于本第四句的全部文義。曾本尾聯亦改為設問體，出句問、對句答。整體來看，曾本首聯二句前正言、後反言，營造出對比之張力，藉以取代原譯之排偶形式。可是，由於「免教辛苦作相思」一句與首聯內容頗有重複之處，即使此處使用設問，讀起來畢竟略嫌累贅。

不過，曾本亦偶有遵循于本句序，雖於排偶仍是解散，讀者卻尚能依稀尋繹出兩兩相比的語感。如于本第37首以天上降霜下雹的烏雲為起興，指責苯教（班第）外道：

表廿七

	于本	曾本
譯文	黃邊黑心的濃雲， 是嚴霜和災雹的張本； 非僧非俗的班第，	浮雲內黑外邊黃， 此是天寒欲雨霜。 班弟貌僧心是俗，

---

116 于道泉：《第六代達賴喇嘛倉央嘉措情歌》，頁174。

117 曾緘：〈六世達賴情歌六十六首〉，《康導月刊》第1卷第8期（1939年），頁69。

	于本	曾本
	是我佛教法的仇讎。[118]	明明末法到滄桑。[119]

玩味曾本，首句「浮雲」及三句「班弟」皆以名詞開端，而「內黑外邊黃」與「貌僧心是俗」在語法結構上十分相近，其實具有「隔句對」的特徵。因為該特徵十分突出，即使第二、四句並非隔句對，讀者卻仍能想見原作的排偶章法。這在整個曾本中可謂僅見之例。筆者以為此詩因以說理為主，且原作前二句與後二句中重複之文字不多，兼以前二句為喻體，後二句為主體，故尚可排而比之。然其他以抒情為主之作、文字每有複沓之作，則更難作「扇對式偶絕」矣。再觀于本第35首，以野馬之易捕烘托情人之難測：

表廿八

	于本	曾本
譯文	野馬往山上跑， 可用陷井或繩索捉住； 愛人起了反抗， 用神通力也捉拿不住。[120]	山頭野馬性難馴， 機陷猶堪制彼身。 自歎神通空具足， 不能調伏枕邊人。[121]

與前一首相比，曾本此首便全無隔句對的出現，一三句、二四句的語法結構也非兩兩相同。但是，二句之「猶堪」與四句「不能」遙相呼應，尚且能讓讀者感受到首聯與尾聯在文義與章法上的對稱關係。

　　整體而言，曾本未必能忠實呈現排偶句式，總其原因有三：其一，排偶句式中用語多有重複，而包括七絕在內的近體詩一般卻欲盡

---

118 于道泉：《第六代達賴喇嘛倉央嘉措情歌》，頁120。
119 曾緘：〈六世達賴情歌六十六首〉，《康導月刊》第1卷第8期（1939年），頁67。
120 于道泉：《第六代達賴喇嘛倉央嘉措情歌》，頁116。
121 曾緘：〈六世達賴情歌六十六首〉，《康導月刊》第1卷第8期（1939年），頁67。

量避免相同文字。其二，七絕一、三句之平仄不同（如仄起仄收式，首句為「仄仄平平平仄仄」，三句為「平平仄仄平平仄」），二、四句之平仄亦復如是。平仄既已不同，即使要採用相同文字亦不可得。其三，如明代胡應麟論杜甫〈絕句〉：「如『窗含西嶺千秋雪，門泊東吳萬里船』等句，本七言律壯語，而以為絕句，則斷錦裂繒類也。」[122] 杜甫此詩兩聯全用對偶，類似七律之頸、頷二聯，拘束而有失靈動，沈祖棻《唐人七絕詩淺釋》雖對此詩評價甚高，然亦指出：「用偶句寫絕句詩，一般說來，由於十分齊整，容易失之板滯。」[123]倉央情詩雖非一二句與三四句兩兩對偶，然亦差似，若以漢地詩人看來，殆近乎駢句、聯語而乏單行之氣。西藏民歌用語質樸，如此兩列排偶，一如似斷虹寸璞，富於天籟之美，譯成形式工巧的七絕，自難保留原貌。故能以「扇對式偶絕」來保存于本排偶形式之曾緘譯作，為數戔戔而已。

五　由藏而漢：文化符碼的拉扯

漢、藏文學歷來各有傳統，尤其是習用之詞彙、譬喻、意象、典故，能相契合者畢竟有限，故劉、曾二本往往就藏地文化符碼加以調整，甚至增益漢地掌故，此即可謂歸化翻譯法（domesticating translation）。歸化的概念，由韋努蒂（Lawrence Venuti, 1953-）於一九九五年首先提出。他指出歸化是把原作者帶到譯入語文化：要把源語本土化，以目標語或譯文讀者為依歸，採取目標語讀者所習慣的表達方式

122　〔明〕胡應麟：《詩藪》（香港：中華書局，1958年），頁116。按：杜甫此詩兩句對偶，今人江曉輝稱之為「偶絕」。見氏著：〈論「偶體絕句」的演變，特色與章法——以王安石詩為討論重點〉，《清華中文學報》第23期（2020年6月），頁155-208。

123　沈祖棻：《唐人七絕詩淺釋》，頁103。

來傳輸原文內容。歸化翻譯要求譯者向目的語的讀者靠攏，譯者必須像本國作者那樣說話，原作者若欲與讀者直接對話，譯作必須變成地道的本國語言。歸化翻譯有助於讀者更好地理解譯文，增強譯文的可讀性和欣賞性。[124]就曾本而言，其改譯則包括了比喻、意象及典故之替換刪增。如此情況的產生，除為了照顧漢地讀者的期待視野，還有方便構設詩歌情調與章法的考量。七絕言簡意賅的特徵，使其在承載原作內容之餘，往往留下不少篇幅有待填補，這也為曾氏的歸化翻譯創造了更大自由。曾本對歸化翻譯法的大量運用，無疑導致藏漢文化符碼之間的拉扯。先就比喻和意象而論之，如于本第27首：

表廿九

	于本	曾本
譯文	心腹話不向父母說， 卻在愛人面前說了。 從愛人的許多牡鹿之間，	密意難為父母陳， 暗中私說與情人。 情人更向情人說，
	秘密的話被仇人聽去了。[125]	直到仇家聽得真。[126]

所謂「牡鹿」，于氏註云：「係指女子的許多『追逐者』。」[127]藏人以牡鹿比喻追求女子的一眾男子，甚為生動。Sørensen 則將之譯為 wooing buck，[128]字面為「求偶之牡鹿」，引申為花花公子、紈褲子

---

124 Venuti, Lawrence, *The Translator's Invisibility: A History of Translation* (London: Routledge, 1995), p.20.

125 于道泉：《第六代達賴喇嘛倉央嘉措情歌》，頁100。

126 曾緘：〈六世達賴情歌六十六首〉，《康導月刊》第1卷第8期（1939年），頁66。

127 于道泉：《第六代達賴喇嘛倉央嘉措情歌》，頁178。

128 Sørensen, Per K., 'Tibetan love lyrics: The love songs of the Sixth Dalai Lama', *Indo-Iranian Journal*, 1988, Vol.31(4), p.278.

弟，可見英文中也有對應的說法。然曾緘則並未將之譯出，蓋以漢人
不諳此語，故僅將「牡鹿」譯作「情人」而已。又如于本第1首：

表三十

	于本	曾本
譯文	從東邊的山尖上， 白亮的月兒出來了。 「未生娘」的臉兒， 在心中已漸漸地顯現。[129]	心頭影事幻重重， 化作佳人絕代容。 恰似東山山上月， 輕輕走出最高峰。[130]

于氏註「未生娘」云：「係直譯藏文之 ma-skyes-a-ma 一詞。據西藏人
云係『少女』之意。」[131]莊晶則指出：「『瑪吉阿媽』一詞，有人譯作
少女、佳人，是對『未生』（瑪吉）一語的誤解。這個詞並非指『沒
有生育過的母親』即『少女』，而是指情人對自己的恩情像母親一
樣——雖然她沒生自己。這個概念很難用一個漢語的詞來表達。」[132]
Mark Tatz 嘗試從兩個角度解釋「未生」，一來可能指涉繼母（於自己
並非生身之母），二來可與于本第33首對看：「彼女不是母親生的，是
桃樹上長的罷！」所謂「未生」乃「非母所生」之意。[133]其說或可參
酌。無論如何，正因此語難以用簡潔的漢語表達，且舊體詩對於新詞
語的接受度又有一定限度，故曾本僅作「佳人」。復如于本第24首：

---

129 于道泉：《第六代達賴喇嘛倉央嘉措情歌》，頁44。

130 曾緘：〈六世達賴情歌六十六首〉，《康導月刊》第1卷第8期（1939年），頁64。

131 于道泉：《第六代達賴喇嘛倉央嘉措情歌》，頁176。

132 莊晶：〈倉央嘉措情歌〉，載中國藏學出版社編纂：《六世達賴喇嘛倉央嘉措詩意三
   百年》，頁123。

133 Tatz, Mark, 'Songs of the Sixth Dalai Lama', The Tibet Journal, Vol. 6, No. 4 (Winter
   1981), p.28.

表卅一

	于本	曾本
譯文	終身伴侶啊，我一想到你， 若沒有信義和羞恥， 頭髻上帶的松石， 是不會說話的啊！[134]	別後行蹤費我猜。 可曾非議赴陽臺。 同行只有釵頭鳳， 不解人前告密來。[135]

　　于氏註云：「這一節是說女子若不貞，男子無從監督，因為能同女子到處去的，只有伊頭上戴的松石。」[136]松石為藏族女子常佩之物，乃是形影相隨的夥伴之意象，且松石不會說話，忠於其主，然其主卻並不忠於伴侶，於意可謂轉進一層。然曾氏自註云：「此疑所歡女子有外遇，而致恨釵頭鳳之緘口無言也。原文為髻上松石，今以釵頭鳳代之。」[137]漢地女子鮮配松石，故曾緘更易為鳳頭釵。且鳳為鳥類，卻因是死物而不解言語，一如「畫屏金鷓鴣」，形象更為靈動。此即所謂「換例譯法」。不過值得補充的是，Sørensen 引用 M. H. Duncan 之說，謂綠松石乃是藏人婚前下聘之物。[138]如此一來，就更能明白詩人為何以用綠松石來說事。當然，「釵頭鳳」不僅是女子頭飾，也是詞牌名，南宋陸游、唐婉夫婦曾用以填詞，傷悼仳離之情。不過曾緘若了解藏文化中綠松石之涵義，當能將定情之意納入詩中，令作品更為動人。

　　其次，因章法、情調而更易之比喻、意象也所在多有。如于本第2首：

---

134 于道泉：《第六代達賴喇嘛倉央嘉措情歌》，頁94。

135 曾緘：〈六世達賴情歌六十六首〉，《康導月刊》第1卷第8期（1939年），頁66。

136 于道泉：《第六代達賴喇嘛倉央嘉措情歌》，頁177。

137 曾緘：〈六世達賴情歌六十六首〉，《康導月刊》第1卷第8期（1939年），頁66。

138 Sørensen, Per K., 'Tibetan love lyrics: The love songs of the Sixth Dalai Lama', *Indo-Iranian Journal*, 1988, Vol.31(4), p.276.

表卅二

	于本	曾本
譯文	去年種下的幼苗， 今歲已成禾束； 青年老後的體軀， 比南方的弓還要彎。[139]	轉眼菀枯便不同。 昔日芳草化飛蓬。 饒君老去形骸在， 彎似南方竹節弓。[140]

此詩本為排偶句式。玩其原意，是以穀物的生長、收割為比興，隱喻青春的老去。但在漢語文學語境中，「去年種下的幼苗，今歲已成禾束」兩行若非春生秋實之意，則有「綠葉成陰子滿枝」之感，似乎與衰老意識相距較遠。故曾本以芳草、飛蓬取代幼苗、和束，則更切合漢詩的意境。至於「轉眼菀枯便不同」句，一如前節所論，乃曾緘增補之句，以概括全篇的主旨。次者，甚或有故意造成文義模糊，導致意象轉換者。如于本第11首：

表卅三

	于本	曾本
譯文	我和市上的女子， 用三字作的同心結兒， 沒用解錐去解， 在地上自己開了。[141]	遊戲拉薩十字街。 偶逢商女共徘徊。 匆匆綰個同心結， 擲地旋看已自開。[142]

所謂「市上的女子」，本指市場中的貨娘，Tatz 也翻譯成 "a girl of the market-place"。曾本所謂「商女」，字面上固然與「市上的女子」對

---

139 于道泉：《第六代達賴喇嘛倉央嘉措情歌》，頁46。

140 曾緘：〈六世達賴情歌六十六首〉，《康導月刊》第1卷第8期（1939年），頁64。

141 于道泉：《第六代達賴喇嘛倉央嘉措情歌》，頁64。

142 曾緘：〈六世達賴情歌六十六首〉，《康導月刊》第1卷第8期（1939年），頁64-65。

應，然在文言習慣中，其本意則為歌女。對於漢族讀者而言，同心結擲地旋開恰好象徵薄倖，與世人對商女的印象相吻合。次者，據于氏逐字譯文，此詩次句僅云三字的誓約之結，卻並未明言是哪三字。今人白瑪僧格云：「念誦『嗡、啊、吽』三字而結的金剛結，掉落在地上自己散開了，喻學佛的信徒沒有守護正念，退失了向道之心。」[143]雖有以道歌作解之意，然亦說明此結乃以咒語加持、作為護身符用途的金剛結，與漢地之同心結有所差異。則于道泉之譯詩，已有更易意象的情形出現。不過此詩第三句，于本作 "khra bohi hgrul la ma rgyab"，以 "khra bohi" 為堅固之意。[144] Sørensen 本則作 "khra bo'i sbrul la ma rgyab"，以 "khra bo'i sbrul" 為斑點蛇（spotted snake），並指出："The idea is evidently that however much you try to tie a knot around a snake with a rope or try to make a knot on a snake, it will always undo by itself. Similar with the 'knot' of love." 易言之，若想在斑點蛇身上以繩打結，乃至於直接將蛇打結，牠都可以順利自解逃離。[145]「結同心」之說，漢藏皆有；但以蛇為喻，當是藏族文化中的獨特習慣，惜于本、曾本皆未譯出。

復次，曾本添入之文字，亦有作比喻潤色者。如前引于本第55首：「我同愛人相會以後，心又跟著伊去了。」曾本第59首則云：「情人一見還成鵠，心箭如何挽得回？」曾氏於尾聯採用隱喻方式，將情人比喻作鵠（箭靶），自心比喻成箭，與首聯更成呼應之勢，圓融無間。其次，曾本尚有轉興為喻的情況。如前文表三十所列于本第1首，「從東邊的山尖上，白亮的月兒出來了」二句為興，觸景生情；「『未

143 白瑪僧格：《倉央嘉措塵封三百年的秘密》（臺北：掃葉山房，2013年），頁232。

144 于道泉：《第六代達賴喇嘛倉央嘉措情歌》，頁64-65。

145 Sørensen, Per K., 'Tibetan love lyrics: The love songs of the Sixth Dalai Lama', *Indo-Iranian Journal*, 1988, Vol.31(4), p.269.

生娘』的臉兒，在心中已漸漸地顯現」二句方為抒情之主體。[146]而曾本則云：「心頭影事幻重重。化作佳人絕代容。恰似東山山上月，輕輕走出最高峰。」又自註：「此言倩影之來心上，如明月之出東山。」[147]《金剛經》云：「一切有為法，如夢幻泡影。」[148]所謂有為法，即相應在我執觀念中所生起的任何欲望活動和妄想作用，名利、情愛當然包括在內。而《楞嚴經》云：「縱滅一切見聞覺知，內守幽閉，猶為法塵分別影事。」[149]影事謂塵世間一切事皆虛幻如影。然萬法唯心造，情愛之我執揮之不去，佳人顏容自然於焉而生。曾氏此處添入喻詞「恰似」，將其顏容比擬為直上頂峰的東山之月，愈見月貌花姿，揮之難去。如此普照的靈光，究為無邊佛法之示現，或佳人恩義之深溥，竟亦幽眇難辨矣。

為了契合七絕的風格，以及配合讀者的接受，曾緘還在于道泉譯本的基礎上添加了不少漢語文學的典故。究曾氏本意，蓋欲將譯文融入漢族文化，為藏文原文找出對等的表達，使譯文為廣大漢地讀者所接受。不過，曾本在追求文從字順的同時，其採用的如前文所論甘露、流霞、釵頭鳳、芳草、飛蓬、商女等詞彙，皆於詩歌中營造出新的意象，使解讀視原本有所偏離。此外，尚有于本並無特殊意象，而曾氏改譯以典故者。如此運用的典故，往往是語典多於事典，未必要刻意營造新意象。如表一所列于本第12首，于氏註云：「在西藏各處的屋頂和樹梢上邊都豎著許多印有梵、藏文咒語的布幡，叫作 rlung-

---

146 于道泉：《第六代達賴喇嘛倉央嘉措情歌》，頁44。

147 曾緘：〈六世達賴情歌六十六首〉，《康導月刊》第1卷第8期（1939年），頁64。

148 〔後秦〕鳩摩羅什譯、〔唐〕真空普覺解義：《金剛經解義》卷下，收入大藏經刊行會編輯：《大正新脩大藏經・卍續藏》（臺北：新文豐圖書公司，1983-1985）第24冊，頁532。

149 〔唐〕般剌蜜帝譯：《大佛頂如來密因修證了義諸菩薩萬行首楞嚴經》卷一，收入大藏經刊行會編輯：《大正新脩大藏經》（臺北：新文豐圖書公司，1983-1985）第19冊，頁109。

bskyed 或 dar-lcog。藏族人民以為可以借此祈福。」[150]而曾本以「長干生小」對應「從小愛人」，其典蓋出自李白〈長干行〉：「同居長干里，兩小無嫌猜。」[151]又如表卅一所列于本第24首：「終身伴侶啊，我一想到你，若沒有信義和羞恥，頭髻上帶的松石，是不會說話的啊！」曾本曰：「別後行蹤費我猜。可曾非議赴陽臺？同行只有釵頭鳳，不解人前告密來。」將原本「沒有信義和羞恥」改譯為「非議赴陽臺」。所謂「陽臺」，乃用楚襄王、巫山神女的典故，語出〈高唐賦〉：「旦為朝雲，暮為行雨。朝朝暮暮，陽臺之下。」[152]然此與倉央情人之三心二意相較，情節、背景皆無大可比之處。故此處的「陽臺」僅為男女偷期之婉轉語而已。又如于本第32首：

表卅四

	于本	曾本初稿	曾本
譯文	若當壚的女子不死， 酒是喝不盡的。 我少年寄身之所， 的確可以在這裡。[153]	當壚女子未死日， 杯中美酒無盡時。 少年一身安所託， 此間樂可常棲遲。	少年浪跡愛章臺。 性命唯堪寄酒懷。 傳語當壚諸女伴， 卿如不死定常來。[154]

　　此詩曾本有兩譯，本章第二節已經談及。相較可知，其初稿雖頗有格律瑕疵，但就內容及章法來看卻誠然比稍後的定本更忠實於原作及于本。定本不但大量使用了句序置換及壓縮增補的方法，還至少添加了兩個語典。末句「卿如不死定常來」，顯然採用了《穆天子傳》中

---

150 于道泉：《第六代達賴喇嘛倉央嘉措情歌》，頁176-177。

151 〔清〕聖祖皇帝敕撰，曹寅、彭定求等主編：《全唐詩》冊2卷26，頁1695。

152 〔周〕宋玉：〈高唐賦〉，〔南朝梁〕蕭統編、〔唐〕李善註、〔明〕孫鑛評：《昭明文選》（臺北：文友書店，1971年），頁98。

153 于道泉：《第六代達賴喇嘛倉央嘉措情歌》，頁110。

154 曾緘：〈六世達賴情歌六十六首〉，《康導月刊》第1卷第8期（1939年），頁66。

西王母對周穆王所唱〈白雲謠〉：「將子無死，尚復能來。」[155]引譬連類之下，竟於怡紅快綠中營造出一絲洪荒蒼涼之感。至於所謂章臺，語出《漢書·張敞傳》：「時罷朝會，過走馬章臺街，使御史驅，自以便面拊馬。」[156]章臺指西漢長安城的章臺街，乃妓院集中之處，故後世以「章臺走馬」指冶遊之事。如歐陽修〈蝶戀花〉：「玉勒雕鞍遊冶處，樓高不見章臺路。」即此。然如于道泉註云：「西藏的酒家多係娼家，當爐女多兼操神女生涯，或撮合癡男怨女使在酒家相會。」[157]然如此酒家畢竟與漢地之妓院有所不同。曾氏譯作章臺，亦僅得其義之一端爾。此詩初稿及定本之優劣，讀者自能判斷。又如于本第5首：

表卅五

	于本	曾本
譯文	偉人大官的女兒， 若打量伊美麗的面貌， 就如同高樹的尖兒， 有一個熟透的果兒。[158]	名門嬌女態翩翩。 閱盡傾城覺汝賢。 比似園林多少樹， 枝頭一果娉鮮妍。[159]

此詩第三句之 "kham sdong"，于氏漢語對譯為果子，但英語卻對譯為apple，不知何故。Sørensen 指出，"kham" 為桃或杏之意，藏族文學用以比喻女德和女容的廋詞；且云以桃隱喻愛情具有普世性，漢語文學如《詩經·桃夭》亦復如是。[160]曾本不遵循于本之 "apple"，僅譯

155 〔晉〕郭璞註：《穆天子傳》（上海：中華書局四部備要本）卷三，頁13。

156 〔漢〕班固：《漢書》（北京：中華書局，1997）卷七十六，頁3931。

157 于道泉：《第六代達賴喇嘛倉央嘉措情歌》，頁178。

158 于道泉：《第六代達賴喇嘛倉央嘉措情歌》，頁52。

159 曾緘：〈六世達賴情歌六十六首〉，《康導月刊》第1卷第8期（1939年），頁64。

160 Sørensen, Per K., 'Tibetan love lyrics: The love songs of the Sixth Dalai Lama', *Indo-Iranian Journal*, 1988, Vol.31(4), pp.265-266.

為「果」，固然可取；然其不知藏文原文桃杏之意，否則譯筆當更
佳。曾氏次句之「傾城」出自李延年〈佳人歌〉：「一顧傾人城，再顧
傾人國。」[161]謂絕世美貌，足以傾敗人之城國，其後泛指美姝。「閱
盡」之意不見於于本，自是曾氏所加，以凸顯此女之殊色絕倫。而三
句之「多少樹」，當承前句而來，蓋于本所言「高樹」僅一樹爾。復
如于本第8首：

表卅六

	于本	曾本
譯文	草頭上嚴霜的任務， 是作寒風的使者。 鮮花和蜂兒拆散的， 一定就是「它」啊。[162]	青女欲來天氣涼。 蒹葭和露晚蒼蒼。 黃蜂散盡花飛盡， 怨殺無情一夜霜。[163]

Sørensen 指出，此詩原文第二句 "kya ser rlung gi pho ña"，隱藏著雙關
之意——skya ser（按：于本 skya ser rlung 為寒風）傳統上可指涉兩類
人：俗人（白衣）和僧人（黃衣）。透過該雙關語，詩人想描摹這樣
一個形象：此人偽裝成使者（pho ña），卻強力阻礙自己投入感情生
活。[164]可見于本無法傳遞原文雙關語之訊息。而曾緘自註云：「意謂
拆散蜂與花者，霜也。」[165]所言固與原意相近，但「寒風」之雙關
語，曾緘自然不得而知。不過曾氏卻添入了漢地古典文學的典故。如
青女之典，出自《淮南子・天文訓》：「至秋三月……青女乃出，以降

161　〔漢〕班固：《漢書》卷九十七，頁3951。

162　于道泉：《第六代達賴喇嘛倉央嘉措情歌》，頁58。

163　曾緘：〈六世達賴情歌六十六首〉，《康導月刊》第1卷第8期（1939年），頁55。

164　Sørensen, Per K., 'Tibetan love lyrics: The love songs of the Sixth Dalai Lama', *Indo-Iranian Journal*, 1988, Vol.31(4), p.267.

165　曾緘：〈六世達賴情歌六十六首〉，《康導月刊》第1卷第8期（1939年），頁55。

霜雪。」高誘註云：「青女，天神，青霄玉女，主霜雪也。」[166]後世詩歌多以青女代指繁霜，如李商隱〈霜月〉：「青女素娥俱耐冷，月中霜裡鬥嬋娟。」[167]曾氏此處亦同。此外，曾本「蒹葭和露晚蒼蒼」一句，顯然出自《詩經》：「蒹葭蒼蒼，白露為霜。」[168]此雖純為語典，然未嘗不將〈蒹葭〉篇的秋水伊人之致帶入了倉央詩中。類似的情況尚有于本第38首：

表卅七

	于本	曾本
譯文	表面化水的冰地， 不是騎牡馬的地方； 秘密愛人的面前， 不是談心的地方。[169]	外雖解凍內偏凝。 騎馬還防踏暗冰。 往訴不堪逢彼怒， 美人心上有層冰。[170]

曾氏註云：「謂彼美外柔內剛，惴惴然常恐不當其意。」[171]此詩為曾氏詩中極為罕見重複用韻者（冰），似有模擬原詩複沓之意。然將「不是談心的地方」譯作「往訴不堪逢彼怒」，卻採用了《詩經·邶風·柏舟》「薄言往愬，逢彼之怒」二句，[172]此意雖與于本略有差異，卻也使譯文更為典雅。此外，尚有增添典故而一語雙關者，如于本第41首：

---

166 〔漢〕劉安編著、劉文典撰、殷光熹點校：《淮南鴻烈集解》（合肥：安徽大學出版社；昆明：雲南大學出版社，1998年），頁103-104。

167 〔清〕聖祖皇帝敕撰，曹寅、彭定求等主編：《全唐詩》冊16卷539，頁6146。

168 〔唐〕孔穎達疏：《毛詩正義》（臺北：藝文印書館據阮元嘉慶二十年（1815）江西南昌學堂《十三經註疏》重刊本影印，1989年），頁236。

169 于道泉：《第六代達賴喇嘛倉央嘉措情歌》，頁120。

170 曾緘：〈六世達賴情歌六十六首〉，《康導月刊》第1卷第8期（1939年），頁67。

171 曾緘：〈六世達賴情歌六十六首〉，《康導月刊》第1卷第8期（1939年），頁67。

172 〔唐〕孔穎達疏：《毛詩正義》，頁74。

表卅八

	于本	曾本
譯文	中間的彌盧山王， 請牢穩地站著不動。 日月旋轉的方向， 並沒有想要走錯。[173]	須彌不動住中央。 日月遊行繞四方。 各駕輕車投熟路， 未須卻腳歎迷陽。[174]

曾氏註云：「日月皆繞須彌，出佛經。」[175]迷陽即荊棘，典出於《莊子・人間世》中的接輿歌：「迷陽迷陽，無傷吾行！吾行郤曲，無傷吾足！」[176]與曾本「卻腳」相應。且從字面解釋，迷陽又有迷途的太陽之意，與「日月皆繞須彌」的典故契合，謂只要須彌山處於宇宙中央，日月皆能以其為依照，不會停足迷路。

六　結語

西諺云：「翻譯即叛逆。」（Traduttore è traditore.）這種「創造性叛逆」在譯事中是無可避免的。誠如謝天振所云，人們賦予文學翻譯的目標與文學翻譯實際達到的結果之間始終存在著差距。[177]而曾緘改譯之倉央情詩，今人周嘯天也以為：「雖屬譯文，實等再造。」[178]本章嘗試以于道泉譯本為基礎，參以西方學者之新見，考察曾緘譯本之

---

173 于道泉：《第六代達賴喇嘛倉央嘉措情歌》，頁128。

174 曾緘：〈六世達賴情歌六十六首〉，《康導月刊》第1卷第8期（1939年），頁67。

175 曾緘：〈六世達賴情歌六十六首〉，《康導月刊》第1卷第8期（1939年），頁67。

176 〔清〕郭慶藩：《莊子集釋》（北京：中華書局，1961年），頁180。

177 謝天振：《譯介學導論》（北京：北京大學出版社，2007年），頁69。

178 周嘯天：〈以易傳之事為絕妙之詞——論曾緘歌行〉，「欣託居：周嘯天藝術網」，http://www.xintuoju.com/html/2017/shiwen_0309/250.html?fbclid=IwAR0YnrhSENW6GAtFEmS-ejh5NVF158HfAOcAI2uWTKQJL8tXZftBCFYuDAY。

特色。整體而言，無論在形式或內容上，曾本皆採用了歸化翻譯法。
故此，其雖譯筆雅潔，音韻優美，然以意為主，復囿於七絕的形式與
風格，於音韻、句式、文辭、情調等方面視于本乃至藏文原詩每有不
同。當然，曾緘個別改譯之處也嘗試採用更淺白的文字，以貼近民歌
風格。如第64首：「畫眉阿姊垂楊畔，我要聽他唱一聲。」第65首：
「眼前蘋果終須吃，大膽將他摘一枚。」[179]這似乎呼應著他選用竹枝
體的初衷──雖然最後仍決定以風格雅麗、格律嚴謹的七絕為默認之
體式。

　　此外值得補充的是，在改譯過程中，曾緘偶爾甚至有改換敘述者
身分的情況。如于本第10首後二行：

表卅九

	于本	于氏英譯本	曾本
譯文	沒有信義的愛人，已不回頭看我。	But that unfaithful lover (of mine), No longer turns her head to look at me.[180]	不知負義兒家婿，尚解回頭一顧不。[181]

根據表卅九所列，足見于氏理解此詩乃是以男性口吻抱怨其女友移情
別戀之詞。而曾本卻使用「兒家婿」三字，顯然把敘述者改換為女性
了。蓋在漢族傳統社會，男性處於優勢地位，即使薄倖也不足為奇。
加上香草美人的傳統，把夫婦關係與君臣關係相比擬，古典文學中思
婦對丈夫的至死不渝，成為了忠臣不事二君的隱喻。相反，連〈國
風〉中「子不我思，豈無他人」式的表述在後世都十分罕見；如果女

179　曾緘：〈六世達賴情歌六十六首〉，《康導月刊》第1卷第8期（1939年），頁69。
180　于道泉：《第六代達賴喇嘛倉央嘉措情歌》，頁62-63。
181　曾緘：〈六世達賴情歌六十六首〉，《康導月刊》第1卷第8期（1939年），頁64。

子水性楊花，更會被視作道德操守問題，如此素材焉能入詩？因此，改換敘述者的性別，在曾緘看來是能夠增強詩歌感染力的。由此可知，即使步入了民國時代，古典文學的傳統習套對「清末一代」仍然具有一定影響力。當然，總觀倉央情詩中的女性，有移情別戀之可能性的一為當壚女，一為普通女性。當壚女在漢地文學中可謂自古常見，故曾緘在改譯相關詩作時比較得心應手。然而，普通女性變心的題材，在古典文學中就少得多了。因此在改譯時，有可能形成一種風格上的不協調。

　　如表二十所列于本第35首，曾本尾聯云：「已恨桃花容易落，落花比汝尚多情。」桃花在古典文學中是常見的意象，乍看似乎平平無奇，仔細玩味卻也富於新意：蓋傳統漢地將易落之鮮花與女子並舉，一則點出其薄命、無法掌握自身的未來，二則比喻其「水性楊花」。由於傳統女性地位低落，其琵琶別抱更多是被動地由於家庭、社會乃至政治的原因，而非自身主動地移情別戀。且在傳統社會中，女性對於婚戀的執著遠甚於男性，這種特質又成為了可歌頌的藝術真實。因此，漢地詩人所歌詠的多半是第一種情況，如前引崔郊〈贈去婢〉之類，透過對女子的懷念來指責命運與社會的不公。至於第二種情況，可能涉及女子自身的道德品質乃至「大丈夫何患無妻」的迷思，因此歷來入詩者為數並不多。如李商隱〈碧城三首・其二〉：「不逢蕭史休回首，莫見洪崖又拍肩。」[182] 表達對女道士宋華陽之薄倖的譏刺，然亦頗為罕見。在西藏社會，女性在婚戀方面的主動權較漢地傳統女性為強，如此意識自然不易為舊體詩歌所承載。然而步入民國後，女性

182　〔清〕聖祖皇帝敕撰，曹寅、彭定求等主編：《全唐詩》冊16卷539，頁6169。
　　按：此外尚有〈離騷〉對宓妃的批評，可以參考：「紛總總其離合兮，忽緯繣其難遷。夕歸次於窮石兮，朝濯髮乎洧盤。保厥美以驕傲兮，日康娛以淫遊。雖信美而無禮兮，來違棄而改求。」

地位日漸提升。舊體詩只有承載新的社會內容，才能與時俱進。而這種承載的方式應該是渾融無跡地，而非以采風獵奇式的視角進行書寫。由此詩可見，曾緘在這方面是有所努力的。不過，再觀曾本第26首：「別後行蹤費我猜。可曾非議赴陽臺。同行只有釵頭鳳，不解人前告密來。」又自註云：「此疑所歡女子有外遇，而致恨釵頭鳳之緘口無言也。」現代社會，如果尚未婚嫁，以「非議」二字指涉之，似乎過於嚴厲。且「赴陽臺」一典也不盡熨貼。舊詩運用事典，最高境界自然是要如量身定做，無不得體。但以此為例，可見古代社會的事典，未必能支撐詩人以不帶道德判斷的口吻，平心靜氣地書寫，詩人甚或不得不以自註的方式來勉力解說。舊體詩的創作若要進一步現代化，眼前仍有一段長路。

　　綜上所論，可見譯事中從無雙全之法，既能忠於原詩文意，且能迎合讀者閱讀習慣。于道泉本乃自藏文「拉薩本」直譯，以研究為目的，譯文未能承載的藏族文化資訊，皆以註腳方式陳列。縱然如此，以 Sørensen 校註本相勘，仍有不少遺漏與紕繆。非僅于氏如此，曾氏亦然；且非僅譯事如此，改寫亦然。曾緘除改譯之外，還有不少自註。這些註文除了吸收于道泉的研究成果外，尚有表達己見、乃至評說點逗之意。這些方法自然更能符合漢地的閱讀習慣。故此，曾本之二次創造，雖視于本乃至藏文原本時有「叛逆」，然其使這組情詩於漢人地區廣為流傳，亦不可不目為倉央嘉措之功臣焉。

第二章
欲拭安可得：
劉希武譯〈第六世達賴倉央嘉措情歌六十首〉探賾

一　「固求逼真」：劉希武改譯過程與策略綜論

　　劉希武（1901-1956），四川江安人。一九一九年赴北京，在法文專修館學法文。一九二〇年入讀北京大學，與劉伯青、蔡和森等主編《嚮導》，宣傳社會主義。一九二五年加入中國共產黨。一九二六年北京大學畢業，於四川萬縣國軍第二十軍第十三師擔任政治部主任。此後曾執教於成都女師及四川大學，任《白日新聞》社編輯、瀘州川南師範學校校長、四川邊防軍總司令李家鈺部任司令部秘書、成都成屬聯中教授。抗戰爆發後，隨軍出川抗日，轉戰於山西。一九三九年一月，任西康省教育廳秘書。一九四〇年七月起，歷任西康省立西昌師範學校校長、軍事委員會委員長西昌行轅及西康省政府寧屬禁煙聯席會任秘書、重慶市立圖書館館長、萬縣輔成學院任教授兼秘書主任。一九五〇年，任四川教育學院教授兼秘書主任，後調往西南農學院（今西南農業大學）。一九五六年夏去世。劉希武擅長舊詩寫作，風格清新俊逸，諸體皆備，尤擅長歌行體，有《遺瓠堂詩草》、《瞿塘詩集》、《希武詞集》。惜其詩作今日頗為罕覯，較知名者當為一九三九年發表於《康導月刊》第一卷第六期的〈第六世達賴倉央嘉措情歌六十首〉。

　　如前章所言，于道泉、曾緘、劉希武、盧前等人在時代風氣下皆

傾向於將倉央作品視為情歌而非道歌，這在劉希武本的選譯原則上也
可得到印證。核對可知，于道泉所譯六十二節、六十六首，劉希武改
譯本略去了其中六首，計有于本之17B、37、41、43、45、54諸首。
如第45首：

> 若不常想到無常和死，雖有絕頂的聰明，
> 照理說也和呆子一樣。[1]

其內容大抵都與佛法關係較大，故劉氏未有翻譯。今人段寶林云：
「對於這幾首『不倫不類』的情歌，有人認為不是詩人的作品，而是
後人的偽託，理由是這些情歌的思想顯然與詩人的思想矛盾。這就牽
涉到詩人對宗教的態度問題和他的思想局限。」[2]可以參考。再觀第
17B首：

> 若以這樣的「精誠」，用在無上的佛法，
> 即在今生今世，便可肉身成佛。[3]

不難發現，此詩雖將愛情與佛法並列，但主旨仍是歌頌愛情。而劉希
武依然略去不譯，蓋因此詩畢竟含有對佛法的褒揚。曾緘改譯時全然
以于本為底本，如果于本在處理藏文原文時出現訊息遺漏或紕繆，曾
本也會受到影響。這種情況同樣出現在劉希武的改譯本中。如于本第

---

1 于道泉：《第六代達賴喇嘛倉央嘉措情歌》（南京：中央研究院歷史語言研究所單刊
　甲種，1930年），頁136。
2 段寶林：〈西藏倉央嘉措情歌的思想和藝術〉，載中國藏學出版社編纂：《六世達賴
　喇嘛倉央嘉措詩意三百年》（北京：中國藏學出版社，2011），頁385。
3 于道泉：《第六代達賴喇嘛倉央嘉措情歌》，頁80。

37首云：「黃邊黑心的濃雲，是嚴霜和災雹的張本；非僧非俗的班第，是我佛教法的仇讎。」[4]其自註云：「藏文為 ban-dhe，據葉式客（Yäschke）的《藏英字典》有二義：（1）佛教僧人；（2）本波 bon-po 教出家人。按『本波教』為西藏原始宗教，和中國的道教極相似，在西藏常和佛教互相排斥。此處 ban-dhe 似作第二義解。」[5]而此詩末句 sangs rgyas 一詞，于道泉譯為「佛」。但 Sørensen 認為 sangs rgyas 表面上指佛法或僧伽，實際上指涉的乃是倉央自幼年以來的監護者、對他的生活多有掣肘的攝政王桑結嘉措。[6]如果 Sørensen 之說可信，倉央此詩乃是以雙關語和佛法的主題，隱晦表達了身世之感；與司空見慣的「香草美人」式詮釋相比，可謂一種「逆向」操作。假設劉希武悟得此說，不知仍會將這首詩略去不譯否？整體而言，曾緘兼顧情歌和教義兩方面的特徵，將于本所有篇章悉數改譯。對於某些作品中的佛學內容還有進一步的補充；[7]而劉希武則著重原作的情歌性質，遂置佛法色彩濃郁的作品於不理，遑論闡發了。

　　儘管劉、曾在信仰方面各有取向，但兩人的改譯工作皆以于本為底本，就譯作主旨而言，分歧並不大。劉希武與曾緘皆不諳藏文，而兩人改譯本之生成可謂幾乎同時同地，晚於于本面世九年、晚於婁本面世不及兩年。劉本當是首種舊體改譯本，其譯序云：

4　于道泉：《第六代達賴喇嘛倉央嘉措情歌》，頁120。

5　于道泉：《第六代達賴喇嘛倉央嘉措情歌》，頁178。按：「本波教」如今通常譯作「苯教」。

6　Sørensen, Per K., 'Tibetan love lyrics: The love songs of the Sixth Dalai Lama', *Indo-Iranian Journal*, 1988, Vol.31(4), p.282.

7　如于本第15A首：「有力的蜀葵花兒，『你』若去作供佛的物品，也將我年幼的松石峰兒，帶到佛堂裡去。」曾本則云：「細腰蜂語蜀葵花，何日高堂供曼遮。但使儂騎花背穩，請君馱上法王家。」又自註：「曼遮，佛前供養法也。」（見曾緘：〈六世達賴情歌六十六首〉，《康導月刊》第1卷8期（1939年），頁65。）「曼遮」乃是于本所無，而為曾氏所增益。

二十八年（1939）一月五日，余始至康定之第四日，訪吾友黃
靜淵於西康省政府之後樓，靜淵適在病中，形容憔悴，而學者
之精神未少衰，坐爐旁與余論康藏事，數小時不倦。余疑康藏
開化已久，其文藝必多可觀，靜淵久居此，必先有所得，因以
質之。靜淵抽案頭藏英文合璧羅桑瑞晉倉央嘉措情歌一冊以示
余，曰：「試譯之，此西藏文藝之一斑也。」……今觀其情
歌，其事奇，其詞麗，其意哀，其旨遠，讀而喜之，因攜歸
寓，譯為漢文，凡六十首。[8]

一九三九年在農曆為己卯年，而劉氏譯序落款云：「戊寅仲冬江安劉
希武序於康定白家鍋莊。」[9]戊寅仲冬，當為一九三八年農曆十一月
（初一為1938年12月22日，廿九為1939年1月19日）。劉氏於一九三九
年一月二日抵達康定，便已有采風之念。其得閱倉央嘉措情歌，乃因
其友人、翻譯家黃靜淵（1898-1993，當時也是西康省政府顧問、參議
員）。他首度拜訪黃氏在一九三九年一月五日，改譯工作自當在此後。
觀其落款，則改譯必在一月五日至十九日之間，前後不超過兩週。而
曾緘將倉央情歌譯為七絕外，還以七言歌行體作〈布達拉宮辭〉。〈宮
辭〉序云：「戊寅之歲，余重至西康，網羅康藏文獻，得其（倉央嘉
措，下文簡稱倉央）行事，並求其所謂情歌者譯而誦之。」[10]自跋則
云：「歲寅戊〔戊寅〕作傳，祀竈日譯情歌竟。」[11]戊寅年祀竈日（臘
月廿三）即一九三九年二月十一日，距劉希武完成譯事尚未彌月，極

---

8 劉希武：〈第六世達賴倉央嘉措情歌六十首〉，《康導月刊》第1卷第6期（1939年），
　頁100。

9 劉希武：〈第六世達賴倉央嘉措情歌六十首〉，《康導月刊》第1卷第6期（1939年），
　頁100。

10 中國藏學出版社編纂：《六世達賴喇嘛倉央嘉措詩意三百年》，頁505。

11 曾緘：〈布達拉宮詞〉，《康導月刊》第1卷第8期（1939年），頁70。

為接近。劉本固然面世略早，然曾緘於一九三八年即到任康定，且在改譯前已蒐集資料為倉央作傳。由此可見，曾緘對倉央文史資料之接觸，應稍前於劉希武。筆者懷疑劉、曾二氏皆為四川詩人、北京大學校友，又皆供職西康，當有交集，改譯工作甚或有共識乃至分工爾。且觀劉、曾譯詩之自註內容，大抵源自于道泉之說，亦可窺知其淵源。

　　據劉希武所述，黃靜淵所示乃「藏英文合璧羅桑瑞晉倉央嘉措情歌一冊」，但此言未算周密。參後文云：

> 夫余之所譯，蓋據拉薩本，並參證時賢英譯及漢譯語體散文，其於藏文原意有無出入，余不可得而知，然余固求其逼真者矣。康定邱秉忠之夫人，原籍德格，精藏文，余執詢之，則又似嫌其為情歌，不欲為余深解。惜哉余之不諳藏文也。[12]

綜合兩段文字而觀之，劉氏所據，當即于道泉書。所謂「拉薩本」，乃是于道泉在雍和宮所見、翻譯時所參照的底本（此本也收錄在于書之中）。[13]換言之，劉希武所云「藏英文合璧」本、「拉薩本」、「時賢英譯及漢譯語體散文」本，大抵皆是于書。黃顥指出，從劉希武所譯六十首情歌內容來看，去除減少的六首，排列順序與于本完全相同，其譯序的內容也多與于道泉的〈譯者小引〉相類，可見劉希武譯本是深受于本的影響的。[14]既然于道泉珠玉在前，為何黃靜淵仍鼓勵劉希武改譯？前章所引曾緘之言，值得參考：「頃始從友人借得于道泉譯

---

12 劉希武：〈第六世達賴倉央嘉措情歌六十首〉，《康導月刊》第1卷第6期（1939年），頁100。
13 見于道泉：〈譯者序〉，《第六代達賴喇嘛倉央嘉措情歌》，頁1。
14 中國藏學出版社編纂：《六世達賴喇嘛倉央嘉措詩意三百年》，頁72。

本讀之，于譯敷以平話，余深病其不文，輒廣為七言，施以潤色。」[15]
劉希武、曾緘不約而同自四川來到康定工作，先後改譯倉央情詩、登
載於《康導月刊》；兩人所依據之于本，蓋同係黃靜淵所藏者。黃靜
淵身為翻譯家，故鼓勵劉希武改譯，亦樂見曾緘另作爾。進而言之，
于本以學術研究為主要目的，即使串譯也須忠於藏文原文，故其「不
文」是不難想像的。而劉、曾二本則以文學推廣為主，在漢地自然更
易於膾炙人口。

　　對於倉央其人其詩，劉希武是深受吸引的。其譯序云：

> 倉央嘉措者，第六代達賴喇嘛而西藏之南唐後主也，倜儻不
> 拘，風流自喜，寄情聲歌，沉湎酒色，或謂其迷失菩提，或謂
> 其為遊戲三昧，或謂其夜無女伴則終夜不能眠，然雖與婦女為
> 伍而實無所染。康熙四十年，拉藏汗等否認其為黃教教主，彼
> 亦恬然自願棄其教主尊位。康熙四十五年，以奉詔獻北京圓寂
> 於途，僅二十有五。概其生平，酖醉於文藝而視尊位如敝屣，
> 其與南唐李煜何以異？惟不識其辭廟之日，有無揮淚對宮娥之
> 悲；赴京之秋，有無不堪回首之恨耳？[16]

將倉央與李後主相提並論，固因二人遭遇皆受擄而終，且足見劉氏向
漢地讀者推廣倉央辭章之心。此外，盧前創作於一九四一年的〈倉央
嘉措雪夜行〉可資參照：盧氏把倉央視作李後主和宋徽宗轉世，謂這
三位文采風流而遭遇罷黜之帝王詩人是「三世聖哲，歷諸天浩劫」。
將漢地讀者不熟悉的倉央與後主、徽宗牽合起來，拉近了心理距離。

15　曾緘：〈六世達賴倉央嘉措略傳〉，《康導月刊》第1卷第8期（1939年），頁64。

16　劉希武：〈第六世達賴倉央嘉措情歌六十首〉，《康導月刊》第1卷第6期（1939年），
　　頁100。

盧前的創作旨趣，乃是溝通漢藏文化的異同，乃至把倉央納入華夏法統，打破民族的隔閡，團結一致，對抗外敵。[17]而劉希武《瞿塘詩集》中，亦時有涉及抗戰的篇什。其身為蜀人而眼見中央政府播遷大後方，或許不難聯想起李後主乃至倉央的「辭廟」舊事。

劉希武說倉央「其事奇，其詞麗，其意哀，其旨遠」，是抱著采風的心態來改譯倉央情歌的。對於漢地讀者，「事奇」可勾起異域想像，「意哀」能引發移情共鳴。所謂「旨遠」雖未進一步闡釋，但以劉氏政治取向揆之，當知固不在於傳統美刺。倒是曾緘於一九六二年對早年創作〈布達拉宮辭〉的憶述可作旁證：

> 清王朝利用佛教統治西藏，立下不良的政教合一地方制度，藏族人民在政治和宗教雙重壓迫之下，過著非人的生活。而善良多情的天才詩人倉央嘉措，正是在這種制度下的犧牲品。於是我憤慨難平，立志要為他作一首記事抒情詩。[18]

此論殆有迎合時代風潮之意，未必全然反映曾氏當年的創作實況，卻可能更貼近劉氏的改譯動機。倉央對於舊制度之悖逆，正與五四精神相切合，因此能觸動包括劉希武在內之新青年的靈魂深處。至於劉氏所謂「其詞麗」，與于道泉所言「寫得十分佳麗」、婁子匡所言「秀美」正相呼應。然而，曾緘所言「深病其不文」，卻揭示了對倉央情歌辭采的不同看法。吾人固可將曾緘視為相對舊派的人物，其所言「文」乃是以「綜緝辭采、錯比文華」為主。而于、婁、劉則較為趨新，所言「佳麗」、「秀美」則是就思想之進步、題材之新穎、情感之

---

17 見第四章〈豔詞還自寫：盧前〈倉央嘉措雪夜行〉套數探究〉。

18 曾緘：〈我寫〈布達拉宮辭〉〉，曾緘著、十鐵孫（曾倩）編：《寸鐵堪詩槁》（北京：北京聯合出版公司，2015年），頁286。

真摯而言，故劉氏所謂「詞麗」未必指辭藻之華美，而是以「事奇」、「意哀」、「旨遠」為依歸的。因此，即使同樣以絕句為改譯體式，曾、劉二人一選七絕、一選五絕，亦可窺見二人對「文」的看法。

二 五絕與民歌：劉譯本的文體選擇

　　于道泉論倉央嘉措云：「從他底〈情歌〉中即可看出他是一位有文學天才的人。據一位西藏人說他乃是歷代達賴喇嘛中博學者之一，在〈情歌〉以外還有許多正經的著作，都是些有價值的書，從這些書中處處可以看出他是一位博學多才的人。」[19]實際上，倉央的前任、五世達賴阿旺羅桑嘉措同樣富於才學、有詩作傳世。但他的詩作殊不及倉央作品流傳廣遠，即因後者「幾乎全係俗語，婦孺都能了解」、「歌詞多半是講愛情的，人人都感生興趣」。于道泉將倉央情歌採用的體式歸為 gtang-thung-bshad——亦即「短歌」：「普通每節四句，每句六箇綴音。西藏人日常口頭隨便唱的，及跳舞時普通所唱的歌曲，都是這一種。倉央嘉措底〈情歌〉即係此種。」[20]段寶林也指出：「倉央嘉措情歌全是民歌體。」[21]倉央作品在性質上近似大眾化的民歌，字面上必然以淺顯為基調，而不同於文人之雕章飾藻。但是，其文本也會產生一種以上的詮釋可能（如 Sørensen 挖掘之雙關語所引致者），甚至連後世藏人也未必解讀通順。[22]而「短歌」的體式，不難讓

19 于道泉：〈譯者小引〉，《第六代達賴喇嘛倉央嘉措情歌》，頁18。
20 于道泉：〈譯者小引〉，《第六代達賴喇嘛倉央嘉措情歌》，頁19。
21 段寶林：〈西藏倉央嘉措情歌的思想和藝術〉，載中國藏學出版社編纂：《六世達賴喇嘛倉央嘉措詩意三百年》，頁388。
22 于道泉云：「Although the language used in these songs is plain and simple, we cannot expect that every phrase in them can be understood by every Tibetan.」（雖然這些詩歌使用的語言平實簡易，但我們卻無法期待每個藏民都能懂得每一句詩。）見氏著：《第六代達賴喇嘛倉央嘉措情歌》，頁37。

漢地讀者聯想起絕句；劉本與曾本分別使用五絕與七絕體式來改譯，便是例證。再者，劉、曾選擇舊體形式，除因兩人於詩詞創作卓有長才，大抵還因前此的幾種譯本皆以語體為主：于本不以詞采為能事，而基調畢竟為語體文。在現代人看來，語體文作為工作語言，遠較文言文利於剖析毫釐，在翻譯方面也具更高的存真度。這正是于道泉選擇以語體文作逐字對譯與串譯的主因。曾緘對于本「病其不文」，正好顯現于本在文字與風格上貼近藏文原貌。其後劉家駒《西藏情歌》本，也一樣採用新詩體式。而婁本雖是七言吳歌，但文字大抵仍為近乎江浙方言的口語。故此，舊體改譯便成為了新的選項——何況歷代佛教典籍中，將偈語譯作五、七言體式並非罕見，這也為劉、曾二氏的文體選擇提供了示範與靈感。如前章所言，曾本格律精嚴、辭藻華美，並不接近「非古非律」的「竹枝體」。兩相比較，劉希武本的五絕由於「風格比較穩定」，卻更能保存原作質樸的民歌特色了。

　　一首二十字的五絕，基本足以承載一首藏語短歌的內容。且以逐句對應的方法來改譯倉央詩歌，劉本尚能勉力致之，而曾本中卻不多見。五絕產生於東漢，有著民歌的淵源。摯虞《文章流別論》謂五言四句之作「於俳諧倡樂多用之」。[23]若以漢魏六朝觀之，五絕（五言四句之小詩）的數量遠多於七絕，如〈枯魚過河泣〉、〈桃葉歌〉、〈子夜歌〉等樂府詩，皆文字真摯古樸、章法渾然天成。正可能有鑒於藏文原文較質樸的風格，使劉希武選擇了五絕體式——縱然五絕仍有一定的規範，而這些規範在譯事中也會影響到相對於原文的忠實與「叛逆」。當然，由於劉本五絕每首字數有限，節拍較短，文字上未必能進一步潤色發揮，漢地讀者乍閱之下殆覺得古雅有餘而靈動不足。是以劉本無論在內容、措辭、章法、風格等方面，固不及曾本般受漢地

---

23 郭紹虞主編：《中國歷代文論選》（上海：中華書局，1962）上冊，頁158。

歡迎，卻顯然視于本乃至藏文原作為近，這與他採用五絕體式有很大
關係。若論「求其逼真」，劉本當庶無愧色。

　　此外，由於五絕篇幅短小、風格古樸，其文字表達也較為含蓄，
但含蓄中或反能扣緊倉央原作之意──縱然劉氏當初未必能夠逆料。
如于本第34首：

表一

	于本	劉本	曾本
譯文	我自小相識的愛人， 莫非是與狼同類？ 狼雖有成堆的肉和皮給它， 還是預備住在上面。[24]	美人雖相愛， 性同狼與犴。 狼犴飲食肉， 終欲還故山。[25]	生小從來識彼姝， 問渠家世是狼無。 成堆血肉留難住， 奔走荒山何所圖。[26]

于氏自註：「這一節是一個男子以自己底財力不能買得一個女子永久
的愛，怨恨女子的話。」[27] 曾註云：「此章以狼況彼姝，惡其野性難
馴。」[28] 再參婁本：「從小就跟熟人愛，莫非她是狼同類，給她肉皮疊
成堆，還要預備上山寨。」[29] 其意皆承自于本。而劉本內文亦大體相
似。但 Sørensen 指出：

> Again we find a pun concealed: [though she (like a wolf)] is
> acquainted (wolf: fed, tamed) with [my] flesh and skin (wolf:

24　于道泉：《第六代達賴喇嘛倉央嘉措情歌》，頁114。

25　劉希武：〈第六世達賴倉央嘉措情歌六十首〉，《康導月刊》第1卷第6期（1939年），
　　頁102。

26　曾緘：〈六世達賴情歌六十六首〉，《康導月刊》第1卷第8期（1939年），頁67。

27　于道泉：《第六代達賴喇嘛倉央嘉措情歌》，頁178。

28　曾緘：〈六世達賴情歌六十六首〉，《康導月刊》第1卷第8期（1939年），頁67。

29　婁子匡：〈喇嘛之謠：凡六二曲〉，《孟姜女》第1卷第5期（1937年），頁109。

fodder, girl: to know somebody intimately). […] And as such is certainly intended (cf. also song no. 49), only it is far too strong a word likely to have been used directly by the poet.[30]

換言之，詩中所謂皮肉乃是指其情人、亦即詩人的軀體，而食肉自然是性愛的隱喻。由於內容過於露骨，因此詩人必須透過隱喻來表達，而非直陳。Sørensen 謂可資參照的第49首，即于本第47首，前二句云：「雖軟玉似的身兒已抱慣，卻不能測知愛人心情的深淺。」[31]誠然，詩人於該首中自謂熟識情人的軀體，而第34首則從女子的角度而發，其意則一。相比之下，第47首嗟歎心靈之未能全通，第34首強調肉慾之未能滿足，後者之情色意味更加濃郁。Tatz 也認為，這正是女子不願長期與詩人同居的原因。[32]不過，Sørensen 點出的這個隱語，在漢地也未嘗沒有：民間所謂「如狼似虎」，庶幾此意。于、婁、曾、劉諸人翻譯之際，未必沒有與 Sørensen 類似的聯想。蓋因內容與時俗風化有相違之處，故而隱約其詞。然婁本「給她肉皮疊成堆」、曾本「成堆血肉留難住」，因句型較長、文字較多，難免不轉而指向血腥味，理解產生落差；唯劉本「狼犴飲食肉」，看似簡樸而無渲染，卻更能開拓讀者的聯想空間。不諳藏文的劉希武同樣以于本為基礎，他改譯時是否了解原作之意，不得而知；然其譯序謂熟諳藏文的邱秉忠夫人「似嫌其為情歌，不欲為余深解」，當思過半矣。無論如何，由這首詩可見，劉本採用五絕體式，反令內容視于、曾諸本更能直指藏文原意。

---

30 Sørensen, Per K., 'Tibetan love lyrics: The love songs of the Sixth Dalai Lama', *Indo-Iranian Journal*, 1988, Vol.31(4), p.281.

31 于道泉：《第六代達賴喇嘛倉央嘉措情歌》，頁140。

32 Tatz, Mark, 'Songs of the Sixth Dalai Lama', *The Tibet Journal*, Vol. 6, No. 4 (Winter 1981), p.29.

　　劉本質樸，幾乎可直接據以了解原作意涵；曾本華腴，往往須撥去藻麗方能得倉央之本貌。這除了與五七絕篇幅之長短、產生之先後有關，還涉及古近體之平仄格律。近人何敬群頗能拿捏五七絕之異趣：

> 五言絕句，音節短促，不易迴旋，故作者多從拗體仄韻，以清峭冷雋為工，以偏師出奇制勝。七言語句紆徐，利於舒捲，故其體出不旋踵，即於近體之中，蔚成大國。[33]

七絕體式各句皆須合乎近體之平仄安排，而五絕體式產生較早，當時無格律羈絆，押韻可平可仄，且不必一定使用律句。發展至唐代，雖已將五絕列為近體之一種，但詩人所作仍有不少古絕、拗絕。而觀倉央情歌之舊體改譯，曾本六十六首七絕全為近體，劉本六十首五絕中，律絕僅一首而已，亦即第7首：

> 已過花朝節，黃蜂不自悲。
> 情緣今已斷，何用苦哀思。[34]

此詩仄起仄收，押四支韻，黏對皆謹嚴。但其他平韻絕句則多有變化，只能歸為拗絕或古絕。除去律絕一首，劉本共計有拗絕十一首（2、3、4、6、18、23、31、33、39、46、56），其餘四十八首皆為古絕。[35]古絕不講求格律、平仄兩聲皆可押韻，且對於句法和章法也

33　何敬群：《詩學纂要》（香港：遠東書局，1974年），頁5。

34　劉希武：〈第六世達賴倉央嘉措情歌六十首〉，《康導月刊》第1卷第6期（1939年），頁101。

35　筆者以為，古絕在仄韻、失黏等方面固能體現古樸之感，但因篇幅極短，在文字、聲韻上都沒有鋪墊的空間，若要讓讀者印象深刻，畢竟仍需要格律諧和，這正是孟浩然、柳宗元依然採用律句，也是董文煥特別要拈出「拗絕」的原因。故此，本文

沒有太多限制。如此一來，譯筆彈性較大，能較忠實地保存原作內容
與風格，不至加深讀者解析倉央詩歌的難度。

　　劉希武基於五絕的辨體意識，大量使用仄韻，其改譯本至少有四
十二首使用仄韻，其中又有十二首押入聲韻，餘者皆押上聲、去聲或
上去通押。仄聲字在讀音上不如平聲之諧和，用於韻腳時，令詰屈古
奧之感透過停頓的餘音而有所延長、停留，這無疑為文字運用開拓了
更多空間，也可謂向倉央原作的古樸風格致意。且從平水韻的角度言
之，近體使用鄰韻（借韻）自有規則限制。但古體則採用寬韻，亦即
鄰韻之數韻皆可自由使用，彈性較大。尤其宋代以降，語音變化，詞
曲作品中的鄰韻比近體詩更為寬鬆，在仄韻中尤其顯著。這種寬鬆的
借韻方式，也呈現於劉氏譯詩中。如第30首：「明珠在握時，不作明
珠看。流落他人手，嗟焉長遺憾。」[36]「看」屬去聲十五翰，收「-
n」鼻音；「憾」屬去聲二十八勘，收「-m」鼻音。就近體詩而言，二
者未必可算作鄰韻。但宋元以後，北方話的「-m」鼻音逐漸消失，與
「-n」鼻音合流，故詞曲作者或會視作鄰韻。

　　其次，近體律詩、絕句皆一韻到底，但五言古絕卻有換韻的可
能。如東晉王獻之〈桃葉歌〉其三：

　　　　桃葉復桃葉，渡江不用楫。
　　　　但渡無所苦，我自迎接汝。[37]

對於劉本五絕的分類標準如下：但凡押平韻、全篇使用律句而黏對無疵者為律絕。
押平韻或仄韻，全篇使用律句而失黏失對者為拗絕。押平韻或仄韻，未能全篇使用
律句者為古絕。所謂律句，也包括單拗句（平平仄平仄）、下三仄句（平平仄仄
仄）及「單換詩眼」句（仄仄仄平仄）。至於孤平句（仄平仄仄平）及下三平句
（仄仄平平平），則一概視為不合律。

36 劉希武：〈第六世達賴倉央嘉措情歌六十首〉，《康導月刊》第1卷第6期（1939年），
　　頁102。

37 逯欽立輯校：《先秦漢魏晉南北朝詩》（北京：中華書局，1984）中冊，頁903。

以平水韻論之，此詩一、二句押入聲十六葉，三、四句為上聲六語、七麌通押。由於逐句押韻，使全詩節奏較為緊湊；而一聯一韻，又使前後兩聯之文義層次分明。長篇柏梁體固有類似段落，然古絕如此者卻為創新。[38]這種換韻古絕的體式，劉本也偶有採用，如第60首：

表二

	于本	劉本	曾本
譯文	第一最好是不相見， 如此便可不至相戀； 第二最好是不相識， 如此便可不用相思。[39]	最好不相見， 免我常相戀。 最好不相知， 免我常相思。[40]	但曾相見便相知， 相見何如不見時。 安得與君相決絕， 免教辛苦作相思。[41]

綜觀倉央短歌的藏文原作，押韻方式較為隨意，或押一二四句（AAOA，如于本31），或押二四句（OAOA，40），或一三、二四句分押（ABAB，1），或一四、二三句分押（ABBA，17），或僅押一二句（AAOO，21），或僅押一三句（AOAO，17），或僅押二三句（OAAO，27），或僅押三四句（OOAA，15），或全然不押（33），不一而足。而第60首的一三句韻腳為「mchog pa」，二四句韻腳為「mi hdug」，[42]正是 ABAB 式的隔句押韻。而且此詩前後兩聯分屬兩

---

38 按：梁簡文帝蕭綱所創〈烏棲曲〉四首，也是七絕換韻之作。如其一云：「芙蓉作船絲作籍。北斗橫天月將落。採桑渡頭礙黃河。郎今欲渡畏風波。」其四云：「織成屏風金屈膝。朱唇玉面燈前出。相看氣息望君憐。誰能含羞不自前。」（見〔南朝梁〕蕭綱著，蕭占鵬、董志廣校註：《梁簡文帝集校註》（天津：南開大學出版社，2012年）冊一，頁165-167。）然詩句尚非全然合律，仍只可視作古絕。

39 于道泉：《第六代達賴喇嘛倉央嘉措情歌》，頁174。

40 劉希武：〈第六世達賴倉央嘉措情歌六十首〉，《康導月刊》第1卷第6期（1939年），頁104。

41 曾緘：〈六世達賴情歌六十六首〉，《康導月刊》第1卷第8期（1939年），頁69。

42 于道泉：《第六代達賴喇嘛倉央嘉措情歌》，頁175。

意，層次分明，又是壓卷之作，故劉本別出機杼，而其方式乃是營構韻腳以突顯其一唱三歎之美。然而，偶數句押韻（OAOA）為舊體詩定式，無甚特殊；若完全遵循原作的 ABAB 式，卻又與所謂「鶴膝」近似，或有犯聲病之嫌。因此，劉本索性使用了一聯一韻的 AABB式，首聯「見」、「戀」屬去聲十七霰，尾聯「知」、「思」屬上平四支。如此可謂匠心獨運，兩聯間的排偶方式遂得以凸顯。且首聯用仄韻，尾聯用平韻，節奏緊湊之餘，也具有音韻上之張力。至於曾本的七絕獨立來看雖有回環往復之美，但若與于本、劉本合看，尋繹原作之意，則未免相形見絀矣。

　　再者，古體於格律上沒有特定要求，故作者往往避開律句，以體現其古拙之感。但是五絕篇幅短小，若一味避開律句，倒可能弄巧反拙，導致詰屈聱牙而不受讀者喜愛。劉希武顯然明白此理，故其四十八首五言古絕，每首四句中全不合律者幾乎沒有。有些孤平句、下三平句等雖非律句，實際上仍與律句有很大關係。如第36首：

> 野馬馳荒山，羈轡尚可挽。
> 仄仄平平平，平仄仄仄仄。
>
> 美人變芳心，神力不可轉。[43]
> 仄平仄平平，平仄仄仄仄。

此首雖無一律句，但首句為下三平句，係由律句「仄仄仄平平」變化而來；第二、四句皆是四連仄，實為雙拗「仄仄仄仄仄，平平平仄平」之出句。換言之，真正與律句毫無關係者，僅有第三句「仄平仄

43 劉希武：〈第六世達賴倉央嘉措情歌六十首〉，《康導月刊》第1卷第6期（1939年），頁102。

平平」而已。類似情況在整個劉本內十分常見，可知劉氏改譯雖以五言古絕之體式為大宗，但創作時仍隱然以律句為戰繩，以保證譯作在古樸質直之餘也不失音韻之美。此外，為讓古樸之風與音韻之美並存，劉本還有十一首選用了拗絕體式。如第3首：

> 倘得意中人，長與共朝夕。
> 仄仄仄平平，平仄仄平仄。
>
> 何如滄海中，探得連城璧。[44]
> 平平平仄平，仄仄平平仄。

第一、四句皆為律句，第二句為「單換詩眼」句，「共」字本平而作仄，係特殊格律安排，依然合律。筆者以為，不少仄韻作品都不採用律句，於格律上失黏失對，乃因這組詩歌多達六十首，而劉氏希望作品在格律上多所變化之故。當然，如此變化也令遣詞造句更為自由。

三　形神離合：句式存變與文義傳遞

如前章所論，曾緘譯詩的特色包括了句數之增減、句式之更易、句序之置換、壓縮與增補、排偶之解散，以及譬喻、意象及典故之替換刪增等方面。這些特色在劉希武譯本中也時而出現，只是頻率有所不及。就句式而言，句數之增減乃因藏文原版中或有非四句的作品，一旦改譯為五絕或七絕體式，句數視原文必然有所調整，而內容也有所增刪。且如前節所論，曾本係七絕體式，必須透過上述方法來配合

---

44 劉希武：〈第六世達賴倉央嘉措情歌六十首〉，《康導月刊》第1卷第6期（1939年），頁100。

七絕之格律。相較之下，劉本因採用古絕和拗絕體式，格律與章法上限制較少，因此曾本使用的那些方法，在劉本中並不那麼明顯。但是這些句式存變對原作文義之傳遞，仍有跡可循，基本上可做到形神共融。

　　吾人可先以句序為基礎，考察相關問題。劉本也偶有因應格律、語氣而調整句序者，然大體無傷於原作意涵，姑不細論。至於眾多保存原作句序的篇章中，如前舉表二之作品，原作（及于本）為兩聯排偶的章法，劉本皆忠實保存之，以「扇對式偶絕」之體式來對應。而曾本於第60首更徹底解散了排偶，成了四句單行的章法。換言之，劉本忠實於原作句序，也保存了原來的意涵；曾本解散排偶，卻只能提取詩旨而重新整合成文。又如于本第13首，劉、曾二本的句序看似也未改變：

表三

	于本	劉本	曾本
譯文	寫成的黑色字跡， 已被水和〔雨〕滴消滅； 未曾寫出的心跡， 雖要拭去也無從。[45]	黑字已書成， 水滴即可滅。 心字不成書， 欲拭安可得。[46]	手寫瑤箋被雨淋， 模糊點畫費探尋。 縱然滅卻書中字， 難滅情人一片心。[47]

于本次句的「雨」字不見於藏文原作，乃于氏據文義補入。劉本取「水」而棄「雨」，其「求其逼真」的態度又得見一斑。末句改為反問句，句法之變化亦如第6首。但「心字」略為費解，若沿用于本的「心

45 于道泉：《第六代達賴喇嘛倉央嘉措情歌》，頁68。

46 劉希武：〈第六世達賴倉央嘉措情歌六十首〉，《康導月刊》第1卷第6期（1939年），頁101。

47 曾緘：〈六世達賴情歌六十六首〉，《康導月刊》第1卷第8期（1939年），頁65。

跡」，無疑更加清晰。或許在劉希武看來，直接採用「心跡」一詞較為直露，而「心字」蓋源自晏幾道〈臨江仙〉「兩重心字羅衣」及納蘭性德〈夢江南〉「心字已成灰」句，更加含蓄，且與「字跡」雙關。由此又可知劉本之譯筆在信達雅之間的權衡。至於曾本，前章已指出其看似遵循原作句序，然第三句「縱然滅卻書中字」已偷換內容，並非于本「未曾寫出的心跡」的對譯，而是綰合前兩句意涵而發，仍具有樞紐轉折的功能。類似情況在于本第22首有更顯著的呈現：

表四

	于本	劉本	曾本
譯文	若要隨彼女的心意， 今生與佛法的緣分斷絕了； 若要往空寂的山嶺間去雲遊， 就把彼女的心願違背了。[48]	我欲順伊心， 佛法難兼顧。 我欲斷情絲， 對伊空辜負。[49]	曾慮多情損梵行， 入山又恐別傾城。 世間安得雙全法， 不負如來不負卿。[50]

曾譯首句概括了于譯首二句，謂耽情遠法之慮；曾譯次句概括了於譯次二句，謂修法棄情之苦。三四句則為曾氏所添。[51]相比之下，劉本保留了原文的句序，未有顯著的更動。而曾緘自構之「世間安得雙全法，不負如來不負卿」一聯，正好應合張夢機「以第三句為主」之說。然觀劉本首聯與尾聯乃整齊之排偶，一似藏文原作之格局。尾聯內容雖為首聯之反說，但第三句的收束、轉折功能並不明顯。如此章法置於七絕之中，恐怕重拙衍沓。筆者以為，這正是因為五言古絕的

---

48 于道泉：《第六代達賴喇嘛倉央嘉措情歌》，頁90。
49 劉希武：〈第六世達賴倉央嘉措情歌六十首〉，《康導月刊》第1卷第6期（1939年），頁101。
50 曾緘：〈六世達賴情歌六十六首〉，《康導月刊》第1卷第8期（1939年），頁65。
51 詳見第一章〈世間安得雙全法：曾緘譯〈六世達賴情歌六十六首〉探驪〉。

體式古樸，在章法上無須如七言律絕般有更為硬性的要求，因此可以
採用一種「扇對式偶絕」的體式來對譯倉央原詩的排偶章法。此外值
得注意的是，倉央原作偶爾也有句與句相排偶者，如于本第58首：

表五

		于本	劉本	曾本
譯文		柳樹愛上了小鳥， 小鳥愛上了柳樹。 若兩人愛情和諧， 鷹即無隙可乘。[52]	小鳥戀垂楊， 垂楊親小鳥。 但願兩相諧， 蒼鷹何足道。[53]	鳥對垂楊似有情， 垂楊亦愛鳥輕盈。 若叫樹鳥長如此， 何隙蒼鷹那得攖。[54]

據于本可知，此詩前二句便是排偶關係。曾本嘗試保留了這個特色，
就七言律絕而言，已是難能可貴。再觀劉本質直，不須增添「似有
情」、「輕盈」等語，卻渾然天成，與曾本相比尤有白賁無咎之致。此
皆劉本保存原文風格，而為曾本所不及者。

又有劉本雖於文字上略為增益，卻幾乎並未影響到原作的風格與
內容者，如于本第6首：

表六

		于本	劉本	曾本
譯文		自從看上了那人， 夜間睡思斷了。 因日間未得到手，	自從見佳人， 長夜不能寐。 相見不相親，	一自魂消那壁廂， 至今寤寐不能忘。 當時交臂還相失，

52　于道泉：《第六代達賴喇嘛倉央嘉措情歌》，頁166。

53　劉希武：〈第六世達賴倉央嘉措情歌六十首〉，《康導月刊》第1卷第6期（1939年），
　　頁104。

54　曾緘：〈六世達賴情歌六十六首〉，《康導月刊》第1卷第8期（1939年），頁69。

于本	劉本	曾本
想得精神累了吧！[55]	如何不憔悴。[56]	此後思君空斷腸。[57]

劉本五言四句，每句的內容旨意皆能與原文對應，且尾聯造語更為精
警。句序雖未改變，但末句句法由感嘆變為反問，更耐咀嚼。蓋反問
句往往是明知故問，進一步強調語氣和立場，令平順的詩意頓起波
瀾。[58]此外，第三句「相見不相親」自比「因日間未得到手」措辭彬
彬，當係變化納蘭性德〈畫堂春〉「相思相望不相親」一句而來。整
聯曲終奏雅，令人讀之難忘。而曾本四句分別以「一自」、「至今」、
「當時」、「此後」提起，皆是同一句法，比對下倒略顯冗沓了。復觀
于本第51首：

表七

	于本	劉本	曾本
譯文	被中軟玉似的人兒， 是我天真爛漫的情人。 你是否用假情假意， 要騙我少年的財寶？[59]	衾中眠軟玉， 溫柔實可人。 得毋賣假意， 賺我珠與銀。[60]	玉軟香溫被裹身， 動人憐處是天真。 疑他別有機權在， 巧為錢刀作笑顰。[61]

于、劉二本首句的「軟玉」皆為喻體，但一為明喻、一為借喻，劉本

55 于道泉：《第六代達賴喇嘛倉央嘉措情歌》，頁54。

56 劉希武：〈第六世達賴倉央嘉措情歌六十首〉，《康導月刊》第1卷第6期（1939年），
頁101。

57 曾緘：〈六世達賴情歌六十六首〉，《康導月刊》第1卷第8期（1939年），頁64。

58 詳見第一章〈世間安得雙全法：曾緘譯〈六世達賴情歌六十六首〉探驪〉。

59 于道泉：《第六代達賴喇嘛倉央嘉措情歌》，頁60。

60 劉希武：〈第六世達賴倉央嘉措情歌六十首〉，《康導月刊》第1卷第6期（1939年），
頁101。

61 曾緘：〈六世達賴情歌六十六首〉，《康導月刊》第1卷第8期（1939年），頁64。

如此筆法當有受制於五言字數之故，然亦活潑動人。不過，隨之衍生的問題卻在第二句出現了：劉本棄于本之「天真」而改用「溫柔」，主因當在於緊扣上文——若要修飾所謂「軟玉」，就字面來看，「溫柔」自然比「天真」更為貼切，觀曾本「玉軟香溫」之語可知。首句由於五言字數限制而改用借喻，次句因而無法自然地接上「天真爛漫」一詞，劉本就不得不偶或背離「求其逼真」的譯旨了。至於尾聯二句，措辭亦略顯生硬，無法振起前文。此詩所言情侶間至親至疏的心理，劉本以質樸風格的五絕來刻畫，似乎力有未逮；而曾本每句多出兩字，轉圜餘地故而大大增加，全詩不僅活色生香，亦復委婉動人，比劉本高出一籌。

　　以上所舉，皆以劉本中保存原作句序之例加以探析。在章法上，第13、17A、22、60首皆為兩聯排偶，第6、12、34、51首則為四句單行。就前一類來看，劉本由於遵從原作的排偶形式，故而大抵難以在篇末營造高潮。不過若以這四首觀之，仍有一定差別。第13、17A、22三首，皆為首聯正說（可滅的墨字、觀想喇嘛臉龐、隨彼女心意）、尾聯反說（難滅的心跡、不想情人臉龐、往深山雲遊）。兩聯內容透過並置而產生對比與張力，其旨意有待讀者自行咀嚼、判斷。但如此戛然而止，在習慣閱讀舊體詩詞的漢地讀者而言畢竟有一種稚拙與不完整感。因此曾本解散排偶的方式，就讀者期待視野而言是比較高明的。不過再觀第60首，劉本顯然優於曾本，原因則繫乎原作的內容：首聯言相見相戀、尾聯言相識相思，兩聯之間具有邏輯因果關係。換言之，這組「隔句對」也帶有「流水對」的色彩，在事理上有推進感（是以今人續作此詩，能鋪衍至第十云云）。不少近體詩作的尾聯對偶，皆因使用了流水對，如王之渙〈登鸛雀樓〉、杜甫〈登高〉〈聞官軍收河南河北〉等。故此，縱然劉本保存了第60首的句序，譯筆卻允稱優勝，正得益於原作「流水對」的章法。至於曾本依然囿於

七絕章法，不得不解散排偶，視劉本便有所不及了。再就後一類而言，因是四句單行之作，劉、曾二本可謂得失互見。如第12、34、51首原作本來就有起承轉合一類的單行章法，故劉、曾二本從之，內容無差，唯於文字略有增益、句法略有變化而已。唯第6首的首尾二聯雖非排偶，句式卻也有平行對稱之處，第三句的轉折意味不強。然而，劉本卻能將尾聯改譯為警句，較曾本之冗沓絮煩尤為特出。

劉、曾二本在句法方面的運用情況可分為兩種。其一為句類更易，多由陳述句更易為疑問句，尤其是反問句，此於前文已頗有討論，茲不贅。其二為引語更易，多為直接引語更易為間接引語。這是由於絕句篇幅短小，言語精練，故較少直接對話之書寫。這一方面，劉、曾二本的運用頻率則頗為相近。就辨體而言，五絕由於其民歌淵源，比七絕更適合使用對話體——亦即使用直接引語。因此，劉本對於原文的直接引語是有所保留的。如于本第21首：

表八

	于本	劉本	曾本
譯文	因為心中熱烈的愛慕，問〔伊〕是否願作〔我底〕親密的伴侶？〔伊〕說：「若非死別，決不生離。」[62]	情癡急相問，能否長相依。伊言除死別，決不願生離。[63]	情到濃時起致辭，可能長作玉交枝。除非死後當分散，不遺生前有別離。[64]

劉本「能否長相依」、「除死別，決不願生離」二處，皆為直接引語，而韻律上又能與敘述文字契合無跡。曾本雖然婉轉流暢，卻省卻了

---

62 于道泉：《第六代達賴喇嘛倉央嘉措情歌》，頁88。

63 劉希武：〈第六世達賴倉央嘉措情歌六十首〉，《康導月刊》第1卷第6期（1939年），頁101。

64 曾緘：〈六世達賴情歌六十六首〉，《康導月刊》第1卷第8期（1939年），頁66。

「問」、「說」、「言」等字，僅有「起致辭」一語；此外又自註云：「前二句是問詞，後二句是答詞。」[65]由此可見，曾緘亦知七絕之體鮮用直接引語，譯文可能引起讀者誤會，遂預先自註以備考。又如于本第52首：

表九

	于本	劉本	曾本
譯文	將帽子戴在頭上， 將髮辮拋在背後。 他說：「請慢慢地走！」 他說：「請慢慢地住！」 他問：「你心中是否悲傷？」 他說：「不久就要相會！」[66]	一言慢慢行， 一言君且住。 問君悲不悲， 不久還相遇。[67]	輕垂辮髮結冠纓， 臨別叮嚀緩緩行。 不久與君須會合， 暫時判袂莫傷情。[68]

就絕句而言，文勢以一氣呵成為上，一旦穿插二人對話，不但篇幅不夠，更令文勢往復搖擺，故為詩人所不取，即使五絕亦復如是。劉本此詩兩處「一言」、一處「問」，亦偶一為之，罕見於其他篇章。當然，原作戴帽拋辮等語，劉本則無法對譯。此一來由於篇幅限制，二來由於劉氏更強調對話內容，故有所取捨。而曾本尾聯糅合于本後四句，則不失為便宜法門──因別離雙方心情相同，無須逐一標明某語出自何人，故能渾淪一體。此外，劉本一樣也有將直接引語更易為間接引語的例子。如于本第50首：

65　曾緘：〈六世達賴情歌六十六首〉，《康導月刊》第1卷第8期（1939年），頁66。

66　于道泉：《第六代達賴喇嘛倉央嘉措情歌》，頁154。

67　劉希武：〈第六世達賴倉央嘉措情歌六十首〉，《康導月刊》第1卷第6期（1939年），頁103。

68　曾緘：〈六世達賴情歌六十六首〉，《康導月刊》第1卷第8期（1939年），頁66。

表十

	于本	劉本	曾本
譯文	有腮鬍的老黃狗， 心比人都伶俐。 不要告訴人我薄暮出去， 不要告訴人我破曉回來。 [69]	聰明老黃犬， 告密慎莫為。 薄暮我出外， 黎明我還歸。 [70]	龍鍾黃犬老多髭， 鎮日司閽伏爾才。 莫道夜深吾出去， 莫言破曉我歸來。 [71]

劉本第二句「告密慎莫為」，乃是「慎莫為告密」的倒裝。一旦倒裝後，「告密」二字便不能與尾聯相接。如此一來，尾聯與其說如原文般是詩人模擬黃狗告密之語，毋寧說是詩人的直接自述了。而曾緘在尾聯中卻使用「莫道」、「莫言」二語，比劉本更接近原作，如此情況在曾本中可謂十分罕有。這當然關乎每首作品內容的獨特性，不可一概而論。

四　藏漢之間：文化符碼的歸化

　　前章就曾緘改譯于本的討論中，已有專節涉及其對歸化翻譯法的使用。這種方法同樣用於劉希武的改譯工作中。劉氏處理這些藏區的文化符碼，或下註，或省略，或對應，或增益。這些皆可視作其歸化譯筆之手法。于道泉對倉央原作採取直譯法之餘，還就詩作中與藏地文化相關的內容加上了大量註釋，方便讀者理解。劉希武、曾緘選擇以絕句體式進行改譯，而文言對於新事物、新名詞的吸納融會顯然不及語體文，故而自註也在所難免。如前文表一所舉于本第12首，劉、

69　于道泉：《第六代達賴喇嘛倉央嘉措情歌》，頁146。

70　劉希武：〈第六世達賴倉央嘉措情歌六十首〉，《康導月刊》第1卷第6期（1939年），頁103。

71　曾緘：〈六世達賴情歌六十六首〉，《康導月刊》第1卷第8期（1939年），頁68。

曾二本皆有自註：

表十一

	于本	劉本	曾本
自註	在西藏各處的屋頂和樹梢上邊都豎著許多印有梵、藏文咒語的布幡，叫作 rlung-bskyed 或 dar-lcog。藏族人民以為可以借此祈福。[72]	西藏樹杪常豎印有梵文或藏文之經幡，以為借此可以祈福。[73]	藏俗於屋前多豎經幡，用以祈福。此詩可謂君子之愛人也，因及於其屋之幡。[74]

一般而言，于本若有自註，劉、曾二本往往會酌取縮寫，曾本有時更略作文學評點。如本首中曾緘自註「愛人及幡」云云，乃其揣摩文義後增補之語，若能自圓其說，無疑可使讀者產生親近感。此亦協助漢地讀者理解之方便法門。至於劉本，由於五絕篇幅有限，每會省去藏地典故。如于本第2首：

表十二

	于本	劉本	曾本
譯文	去年種下的幼苗，今歲已成禾束；青年老後的體軀，比南方的弓還要彎。註：製弓所用之竹，乃來自西藏南方不丹等地。[75]	去歲種禾苗，今年未成束。韶華忽衰老，佝僂比弓曲。[76]	轉眼菀枯便不同，昔日芳草化飛蓬。饒君老去形骸在，彎似南方竹節弓。註：藏南、布丹等地產良弓，以竹為之。[77]

---

72 于道泉：《第六代達賴喇嘛倉央嘉措情歌》，頁66。

73 劉希武：〈第六世達賴倉央嘉措情歌六十首〉，《康導月刊》第1卷第6期（1939年），頁101。

74 曾緘：〈六世達賴情歌八十六首〉，《康導月刊》第1卷第8期（1939年），頁65。

75 于道泉：《第六代達賴喇嘛倉央嘉措情歌》，頁176。

拉薩高寒，少產竹，故造弓之竹大多來自南方溫暖之地。然漢地讀者未必有此概念。且弓彎之狀，藏漢無差，足以用來比喻老人駝背，故劉氏索性省去「南方」字面。而曾本因末句有「南方」字樣，故改寫于註於後。如此情況在劉、曾二本中不時可見。不過劉本對於某些典故的省略，可謂千慮一失。如于本第44首：

表十三

	于本	劉本	曾本
譯文	杜鵑從寞地來時， 適時的地氣也來了； 我同愛人相會後， 身心都舒暢了。[78]	杜鵑歸來後， 時節轉清和。 我遇伊人後， 心懷慰藉多。[79]	杜宇新從漠地來， 天邊春色一時回。 還如以外情人至， 使我心花頃刻開。[80]

寞地在藏南，為倉央出生地。于本雖無自註，但於書首簡介中已有道及。曾本自註也未道及，但譯文中畢竟保留了該地名。且曾氏〈布達拉宮辭〉中有「僧王生長寞湖裡」一句，知其當有所注意。Sørensen指出，杜鵑在西藏被尊為鳥中之王，而寞地的山林是杜鵑棲息之處。[81]與拉薩相比，寞地氣候宜人、物種豐富，故秋冬之際，候鳥會遷往彼

---

76 劉希武：〈第六世達賴倉央嘉措情歌六十首〉，《康導月刊》第1卷第6期（1939年），頁100。

77 曾緘：〈六世達賴情歌六十六首〉，《康導月刊》第1卷第8期（1939年），頁64。

78 于道泉：《第六代達賴喇嘛倉央嘉措情歌》，頁134。

79 劉希武：〈第六世達賴倉央嘉措情歌六十首〉，《康導月刊》第1卷第6期（1939年），頁103。

80 曾緘：〈六世達賴情歌六十六首〉，《康導月刊》第1卷第8期（1939年），頁67。

81 Sørensen, Per K., 'Tibetan love lyrics: The love songs of the Sixth Dalai Lama', *Indo-Iranian Journal*, 1988, Vol.31(4), p.286. 此外，Sørensen又據M. H. Duncan之說，認為杜鵑在其他鳥類巢中產卵的現象，藏人早已了解。倉央採用杜鵑的意象，有對自己身居僧王之錯位表達嘆惋之意。如此引杜鵑為同類而相憐之說，或可參考。然即使Sørensen之說可信，劉氏固不知此藏地典故，更遑論引用或省略矣。

處，至拉薩春暖時方才飛回。劉本略去寰地，僅云「歸來」，讀者配
合後文「時節轉清和」，雖可理解詩中大意，但倉央僧王因杜鵑而同
類相感，以及思鄉之情皆抹煞殆盡，可謂千慮一失矣。

　　當然，藏漢文化中亦有相通的意象與典故，這就對劉、曾改譯創
造了方便。如于本第46首：

表十四

	于本	劉本	曾本
譯文	不論虎狗豹狗， 用香美的食物餵它就熟了； 家中多毛的母老虎， 熟了以後卻變得更要兇惡。[82]	獒犬縱猙獰， 投食自親近。 獨彼河東獅， 愈親愈忿忿。[83]	君看眾犬吠狺狺， 飼以雛豚亦易馴。 只有家中雌老虎， 愈溫存處愈生嗔。 註：此又斥之為虎， 且抑虎而揚犬，讀之 可發一笑。[84]

將悍婦喻為雌虎，漢藏皆然，故曾本也作「雌老虎」。而劉本「河東
獅」之典故亦漢文化所固有，出自《容齋隨筆》。[85]獅虎皆猛獸，其義
一也。劉本採用「河東獅」一語，蓋因較為典麗，且「獅」字平聲，
可與仄韻形成錯落之美。又如于本第7首：

---

82 于道泉：《第六代達賴喇嘛倉央嘉措情歌》，頁138。

83 劉希武：〈第六世達賴倉央嘉措情歌六十首〉，《康導月刊》第1卷第6期（1939年），
　　頁103。

84 曾緘：〈六世達賴情歌六十六首〉，《康導月刊》第1卷第8期（1939年），頁68。

85 「陳慥字季常，公弼之子，居於黃州之岐亭，自稱『龍丘先生』，又曰『方山子』。
　　好賓客，喜畜聲妓，然其妻柳氏絕凶妒，故東坡有詩云：『龍丘居士亦可憐，談空說
　　有夜不眠。忽聞河東獅子吼，拄杖落手心茫然。』河東獅子，指柳氏也。」〔宋〕洪
　　邁：《容齋隨筆》（長春：吉林文史出版社，1994）〈三筆〉卷三〈陳季常〉，頁358。

表十五

	于本	劉本	曾本
譯文	花開的時節已過，「松石蜂兒」並未傷心。同愛人的因緣盡時，我也不必傷心。[86]	已過花朝節，黃蜂不自悲。情緣今已斷，何用苦哀思。[87]	我與伊人本一家，情緣雖盡莫容嗟。清明過了春歸去，幾見狂蜂戀落花。[88]

于註又云：「據藏族人民說的西藏有兩種蜜蜂，一種黃色的叫作黃金蜂 gser-sbarng，一種藍色的叫作松石蜂 gyu-sbrang。」藏地藍色之松石蜂，在漢地極為罕見。曾本之「狂蜂」，顯然來自成語「狂蜂浪蝶」。而劉本逕用「黃蜂」，也是為了投合漢地讀者的認知。正如 Sørensen 所言，無論印度還是中國文學中，蜜蜂都是男性情人的隱喻。[89] 即使藏地的黃、藍二蜂也皆隱喻為情郎，並無各自的特殊指涉，故劉本仍譯作「黃蜂」，於詩意似無太大影響。

　　就劉、曾二本而言，採用歸化譯筆除了幫助漢地讀者理解外，還可能為了方便構設詩歌的情調與章法。[90] 如于譯本第10首：

---

86 于道泉：《第六代達賴喇嘛倉央嘉措情歌》，頁176。

87 劉希武：〈第六世達賴倉央嘉措情歌六十首〉，《康導月刊》第1卷第6期（1939年），頁101。

88 曾緘：〈六世達賴情歌六十六首〉，《康導月刊》第1卷第8期（1939年），頁67。

89 Sørensen, Per K., 'Tibetan love lyrics: The love songs of the Sixth Dalai Lama', *Indo-Iranian Journal*, 1988, Vol.31(4), p.266.

90 陳煒舜：〈世間安得雙全法：曾緘譯〈六世達賴情歌六十六首〉探驪〉，《東方翻譯》2014年第3期，頁24。

表十六

	于本	劉本	曾本
譯文	渡船雖沒有心， 馬頭卻向後看我； 沒有信義的愛人， 已不回頭看我。[91]	野渡舟無知， 馬頭猶向後。 獨彼負心人， 不我一回首。[92]	莫道無情渡口舟， 舟中木馬解回頭。 不知負義兒家婿， 尚解回頭一顧不。[93]

于本原文「渡船」之「渡」，既可作動詞用、解作橫渡，也可作名詞用、解作渡頭。曾本「渡口舟」，即從後解。劉希武亦然，且運用了「野渡」字面。是否荒野渡口，原作並未明言，但劉本顯然採取了韋應物〈滁州西澗〉「野渡無人舟自橫」的語典，[94]以突出詩人心情之荒蕪感，可謂妙筆。又如于本第31首：

表十七

	于本	劉本	曾本
譯文	情人被人偷去了， 我須求籤問卜去罷。 那天真爛漫的女子， 使我夢寐不忘。[95]	美人失蹤跡， 問卜且焚香。 可憐可憎貌， 夢寐何能忘。[96]	盜過佳人便失蹤， 求神問卜冀重逢。 思量昔日天真處， 只有依稀一夢中。[97]

91　于道泉：《第六代達賴喇嘛倉央嘉措情歌》，頁62。

92　劉希武：〈第六世達賴倉央嘉措情歌六十首〉，《康導月刊》第1卷第6期（1939年），頁101。

93　曾緘：〈六世達賴情歌六十六首〉，《康導月刊》第1卷第8期（1939年），頁64。

94　〔清〕聖祖皇帝敕撰，曹寅、彭定求等主編：《全唐詩》（北京：中華書局，1960）冊6卷193，頁1995。

95　于道泉：《第六代達賴喇嘛倉央嘉措情歌》，頁108。

96　劉希武：〈第六世達賴倉央嘉措情歌六十首〉，《康導月刊》第1卷第6期（1939年），頁102。

97　曾緘：〈六世達賴情歌六十六首〉，《康導月刊》第1卷第8期（1939年），頁66。

原本並無「焚香」之語，劉本增入，益見詩中主角心情之迫切，也符
合漢人問卜前先焚香之習俗。當然，此中還有以「香」字入韻的考
量。復如于本第30首：

表十八

	于本	劉本	曾本
譯文	愛我的愛人兒， 被別人娶去了。 心中積思成癆， 身上的肉都消瘦了。[98]	情人我所歡， 今作他人友。 臥病為卿思， 清瘦如秋柳。[99]	深憐密愛誓終身， 忽抱琵琶向別人。 自理愁腸磨病骨， 為卿憔悴欲成塵。[100]

于本僅謂消瘦，而劉本則云「瘦如秋柳」。藏地固有柳樹，然以秋柳
喻瘦，當仍出自漢地文學作品。如明代朱誠泳〈秋柳〉詩：「纖腰何
太瘦，疏影亂婆娑。」[101]清代姚燮〈賀新郎〉其十四：「病樣怪如秋
柳瘦，寫出天涯愁種。」[102]不一而足。故此，劉希武於詩中增入秋柳
的意象，除了配合韻腳，還有營造纖綿柔弱之形象的考慮。

　　不過，劉本的歸化譯筆也偶有瑕疵。如于本第8首：

98　于道泉：《第六代達賴喇嘛倉央嘉措情歌》，頁106。

99　劉希武：〈第六世達賴倉央嘉措情歌六十首〉，《康導月刊》第1卷第6期（1939
　　年），頁102。

100　曾緘：〈六世達賴情歌六十六首〉，《康導月刊》第1卷第8期（1939年），頁66。

101　〔明〕朱誠泳：《小鳴稿》（臺北：臺灣商務印書館景印文淵閣四庫全書，1983
　　年）卷6，頁5a。

102　〔清〕姚燮著、沈錫麟標點：《疏影樓詞》（杭州：浙江古籍出版社，1986年），頁
　　122。

表十九

	于本	劉本	曾本
譯文	草頭上嚴霜的任務，是作寒風的使者。鮮花和蜂兒拆散的，一定就是「它」啊。[103]	皚皚草上霜，翔風使之來。為君遽分散，蜂花良可哀。[104]	青女欲來天氣涼，蒹葭和露晚蒼蒼。黃蜂散盡花飛盡，怨殺無情一夜霜。[105]

劉本所謂「翔風」即和風、祥瑞之風，「翔」與「祥」通。如東漢蔡邕〈文範先生陳仲弓銘〉：「猶草木偃於翔風，百卉之挺於春陽也。」[106] 曹植〈承露盤銘〉：「和氣四充，翔風所經。」[107] 西晉潘尼〈贈隴西太守張正治詩〉：「羣靈感韶運，理翮應翔風。」[108] 「翔風」與「春陽」、「和氣」、「韶運」等語相對，足見其為和暖春風之意。劉本採用此語，反與原文「寒風」之意相悖矣。「翔風」的運用，當為一時失檢之誤。進而言之，歸化譯筆一方面固能促進漢地讀者對於藏地文學的理解，但另一方面卻可能磨滅後者既有的文化符碼，導致藏地文化訊息的流失。如于本第24首：

---

103 于道泉：《第六代達賴喇嘛倉央嘉措情歌》，頁58。

104 劉希武：〈第六世達賴倉央嘉措情歌六十首〉，《康導月刊》第1卷第6期（1939年），頁100。

105 曾緘：〈六世達賴情歌六十六首〉，《康導月刊》第1卷第8期（1939年），頁66。

106 〔清〕聖祖皇帝選、徐乾學等編：《古文淵鑒》（長春：吉林人民出版社，1998年）上冊，頁405。

107 高明主編；林尹編：《兩漢三國文彙》（臺北：中華叢書編審委員會，1960年），頁692。

108 〔明〕張溥編：《漢魏六朝百三家集》（臺北：臺灣商務印書館景印文淵閣四庫全書，1983年）卷47，頁31a。

表二十

	于本	劉本	曾本
譯文	終身伴侶啊，我一想到你，若沒有信義和羞恥，頭髻上帶的松石，是不會說話的啊！[109]	念我同衾人，是否長貞節。寶釵雖在頭，默默不能說。[110]	別後行蹤費我猜，可曾非議赴陽臺。同行只有釵頭鳳，不解人前告密來。註：此疑所歡女子有外遇，而致恨釵頭鳳之緘口無言也。原文為髻上松石，今以釵頭鳳代之。[111]

　　綠松石的使用在漢地歷史悠久，古人稱其為「青琅玕」、「碧甸子」等，然以此物入詩者未必太多。故曾緘將「松石」替換為「釵頭鳳」，劉本「寶釵」也如出一轍。第一章已談及，Sørensen以綠松石為藏人訂婚時所贈之物。[112]如此一來，就更能明白倉央為何以綠松石說事。雖然「寶釵」或「釵頭鳳」在漢語文學中也往往是婚戀的象徵，但畢竟難以與綠松石完全對應。驟爾替換，未免失算。相較之下，曾本尚不時在自註中就文字調整作出標示，而于本的自註則較為簡略，甚或置之不論。普通讀者未必一一比較諸本，自然就會受到某些瑕疵訛誤的引導。抑有進者，還有某些藏地文化符碼連于本都未曾譯出。于本第26首：

109 于道泉：《第六代達賴喇嘛倉央嘉措情歌》，頁94。

110 劉希武：〈第六世達賴倉央嘉措情歌六十首〉，《康導月刊》第1卷第6期（1939年），頁102。

111 曾緘：〈六世達賴情歌六十六首〉，《康導月刊》第1卷第8期（1939年），頁66。

112 Sørensen, Per K., 'Tibetan love lyrics: The love songs of the Sixth Dalai Lama', *Indo-Iranian Journal*, 1988, Vol.31(4), p.276.

表廿一

	于本	婁本	劉本	曾本
譯文	情人邂逅相遇，被當壚的女子撮合。若出了是非或債務，你須擔負他們的生活費啊！[113]	有情人兒相接觸，酒家之女為撮合。要是出了債和孽，你該養著過時日。[114]	多謝當壚女，撮合雙鴛鴦。兩情苟構怨，此責卿須當。[115]	飛來一對野鴛鴦，撮合勞他賣酒娘。但使有情成眷屬，不辭辛苦作慈航。[116]

　　Sørensen 校註指出，藏文稱「債務」為 bulon，乃是雙關語，也有產子之意，亦即情人幽會誕下的嬰兒。吳語稱子女為「討債鬼」，正相呼應。然于本未有譯出，劉、曾二本亦復如是。蓋劉、曾改譯時文獻難徵，不得不倚賴于本，故而在譯本中也沿襲了于氏的瑕疵。不過再觀婁本三四句：孽，庶子也；若僅是債務，就無所謂「養著」了。[117]婁氏既能猜到「討債鬼」的原意，何以劉、曾不然？筆者以為婁氏作為民俗學者，對民間用語的感知較為敏銳，故能中其鵠的。而劉、曾為舊體詩人，即使明瞭此意，也可能在文風、文體的影響下有意忽略。前文表一所舉「皮肉」之隱喻，尚只關涉情慾，而此處則觸及漢地禮法道德，更不宜在譯本中點明。以舊體翻譯倉央情歌之局限性，於茲又見一隅。

113　于道泉：《第六代達賴喇嘛倉央嘉措情歌》，頁98。

114　婁子匡：〈喇嘛之謠：凡六二曲〉，《孟姜女》第1卷第5期（1937年），頁109。

115　劉希武：〈第六世達賴倉央嘉措情歌六十首〉，《康導月刊》第1卷第6期（1939年），頁102。

116　曾緘：〈六世達賴情歌六十六首〉，《康導月刊》第1卷第8期（1939年），頁66。

117　見前章〈化作佳人絕代容：倉央嘉措情歌與「清末一代」舊體文學綜論〉。

五　結語

　　曾緘以七絕的體式、華美的文筆來改譯，其動機乃是對白話的于本「深病其不文」，故「廣為七言，施以潤色」。然而，于道泉已自言：「我在翻譯時乃只求達意，文詞的簡潔與典雅，非我才力所能兼顧。」[118]雖不無自謙，但究其原因，乃是其翻譯動機以研究為主，故於文學之踵事增華有所未遑。不可否認的是，民國時期婁子匡、劉希武、曾緘等人的本子皆以于本為據，正因于本是當時罕見的直接從藏文翻譯的本子之一。于本有漢英逐字對譯及串譯，相比之下最忠實於原文的內容與風格，無庸置疑。若以于本的漢文串譯來推斷藏文原文風格，當以質樸為主，正與曾緘所謂「不文」相應。然而，一旦「施以潤色」，也許更能得到漢地讀者的喜愛，但必然與原文之風格漸行漸遠。

　　劉希武稍早於曾緘開始譯事——若不計準備工作的話，譯作在《康導月刊》刊載的時間也略早於曾作。然而，具有首創之功的劉本，接受度視曾本似乎頗有未及。筆者以為，這與他「求其逼真」的改譯策略有很大關係。在時代風氣影響下，他對於倉央詩作所認知的真乃是強調其作為情歌的性質。由於要在內容與風格上存真，劉氏選擇了五絕體式。五絕雖與七絕同屬舊體韻文，但風格頗為不同。七絕以靈動高華為主，五絕以玲瓏簡潔為主。七絕於唐代方發展成熟，作品大率皆為合律的近體。五絕則在東漢便已出現，即使唐人創作也多為古體。加上五絕在肇端期與民歌甚有淵源，內容真摯、情調純樸。劉希武的六十首五絕譯作中，僅有一首為完全合律的作品，其餘有四十八首古體、十一首拗體。他顯然透過于本察覺到倉央原詩的風格基調是質樸的，而與七絕相比，五絕，尤其是五言古絕與拗絕，無疑更適合於這種風格。且正因為是古絕與拗絕，使劉希武在改譯時不必如曾緘那般，

118　于道泉：《第六代達賴喇嘛倉央嘉措情歌》，頁21。

每每以調整句序、更易句法、解散排偶等方式來嚴守格律。故就內容的脈絡來看，劉本比曾本更能趨近原貌，譯筆彈性也較大，不至加深讀者解析倉央詩歌的難度。甚至因為五絕文字表達較為含蓄，或反能扣緊倉央原作之意。《詩學進階》論五七言律云：「七言視五言為難，五言不可加，七言不可減為尤難。」[119]此雖就律詩而言，然係討論每句字數及整體篇幅，放諸絕句也自有合理性。如倉央作品中採用兩聯排偶形式者甚多，以表四所舉于本第22首（「若要隨彼女的心意」）為例，曾本七絕首聯十四字已經全然包納了原詩內容，故須申發其意、增補兩句為尾聯以完足之。究其原因，正在於原文內容相對簡單，以七絕承載之可謂綽綽有餘。而劉本五絕四句，大致皆可一一與原文四句相對應，則因字數較少，兼以風格古樸之故。正因為劉本忠實於原作句序，固能存真；曾本解散排偶，卻只能提取詩旨而重新整合成文。當然，劉本因遵從排偶形式而難以在篇末營造高潮，但也可使首尾兩聯因並置而產生對比與張力，頗堪咀嚼。尤其是表二所舉于本之末篇，劉氏仿效王獻之〈桃葉歌〉其三「一聯一韻」的換韻形式來改譯，誠是神來之筆。不過在五絕體式的規範下，乃至在漢地禮法道德的影響下，劉本偶爾且不得不背離「求其逼真」的譯旨（如表七所舉于本第51首、表廿一所舉于本第26首），但這種例子畢竟少見。至於劉希武在處理藏地文化符碼時，往往使用歸化譯筆之手法。如此處理一來是出於體式考量，二來則迎合漢地讀者的審美習慣，也屬於「創造性叛逆」。整體觀之既有妙筆，也有缺失，畢竟瑕不掩瑜。

　　抑有進者，正因婁子匡、劉希武、曾緘諸位皆不諳藏語，故各以其認知去改譯倉央情歌。漢地讀者縱使未必從事舊體詩詞創作，卻仍然具有一定的欣賞水平，對於不同體式的作品有不同的期待視野。

---

119 上海世界書局編著、顧大朋整理：《詩學初範‧詩學進階》（北京：文化藝術出版社，2018年），頁131。

曾、劉二本來自同一個原始文本，具有競爭性和替代性。相形之下，劉本格律自由而諧和未及，句型短小而音節促迫，泥土味重而文士氣短，比興雖多而警句較少：如此古樸的風格基調固然較忠於原文，也是劉希武所預設並成功營造的。但相形之下，劉如茶，曾如酒，古樸的劉本自然就不及華腴的曾本那麼受讀者歡迎了。另一方面，于本面世後，婁子匡又於一九三七年發表了〈喇嘛之謠：凡六二曲〉，時間視曾、劉二本僅早兩年而已。婁本以七言體的白話改譯，略帶吳語色彩。對於追求民歌風的讀者而言，婁本自然比劉本更為生動活潑。因此在漢語文學的語境來看，劉本的文人風華不及曾本，鄉土氣息又不及婁本，讀者注意不足，可想而知。然而藏地民歌深受佛教影響，質樸而不失端莊渾厚之態，譯為七絕或失之縟麗，譯為吳歌或失之佻躂，倒是五絕之體能偏得原作風格神髓。對藏地文化有所了解的讀者，自能體察劉希武「求真」之苦心，也能領會其改譯本之妙處。不僅如此，近體詩經歷了唐宋兩座高峰期後，各種體裁已漸難翻出心意，唯有七絕發展出竹枝、論詩、題畫、紀事等形式，至今尚富於生命力。而五絕風格比較穩定，唐代以後並無太大發展。加上篇幅短小，難以充分承載資訊、抒發情感。而劉希武借改譯倉央情歌之機，一口氣創作了六十首五絕，不僅具有示範作用，無疑也更新了今人對這種體式的認知。[120]因此，不論在倉央情歌傳播接受史上，還是五絕創作史上，劉本始終佔有一席重要地位，不可拭除。

---

120 劉氏《瞿塘詩集》中也時有五絕組詩，如〈寧遠道中四首〉、〈邛瀘雜詠十首〉等。見夏靜主編《近代詩文集匯編》（成都：巴蜀書社，2020年）第44冊《瞿塘詩集》，頁58-59。按：近代以五絕體裁發議論者，亦不時有之。如胡漢民〈讀史記〉二十首、〈續作〉十二首皆然。（見氏著：《不匱室詩鈔》（臺北：華岡出版部，1975年）卷一，頁10b-12a。然五絕受歡迎之程度，畢竟遠不如七絕。

第三章
寫來舊日兜棉手：
曾緘〈布達拉宮辭〉對倉央嘉措之人物形塑試論

一　引言

　　曾緘供職西康省蒙藏委員會期間，以七言絕句形式譯成〈六世達賴情歌六十六首〉，刊於《康導月刊》第一卷第八期（1939年）。翻譯詩作之前，先撰寫〈六世達賴倉央嘉措略傳〉，譯畢又創作了七言歌行〈布達拉宮辭〉，同登載於該期《康導月刊》。[1]現當代以舊體詩翻譯倉央情歌的諸本中，曾譯本的文字流暢清麗，富於韻味，成就較高，故亦膾炙人口，客觀上推進了這組詩歌在漢地的傳播。[2]

　　曾氏的譯詩及〈布達拉宮辭〉，受到南懷瑾的高度讚許。南氏《金粟軒詩話》云：「曾氏拉薩宮詞與譯詞之格調，均甚典雅，惜皆記憶不全，難得原詩而考訂之。然較其他譯藏文譯經之詞，優劣何啻天壤。」[3]他曾將〈布達拉宮辭〉與白居易〈長恨歌〉、吳偉業〈圓圓曲〉相提並論，以為曾緘是了不起的大詩人。又云一九四二年時曾讀到《康導月刊》中的曾作，「一看文字，就把我吸引了，非常喜歡。

1　曾緘於《康導月刊》及《斯文半月刊》發表的版本，皆作〈布達拉宮詞〉，至一九六〇年代方改作〈布達拉宮辭〉，蓋有判別之意。然為便敘述，本章若非直接引文，統一採用「辭」字。

2　關於曾緘譯詩之相關研究，可參陳煒舜：〈世間安得雙全法──曾緘譯《六世達賴情歌六十六首》探驪〉，《東方翻譯》2014年第3期，頁17-27。

3　南懷瑾：《淨名盦詩詞拾零、佛門楹聯廿一幅、金粟軒詩話八講合編》（臺北：老古文化事業公司，1984年），頁4。

我把這些詩翻來覆去的讀，背得很熟。」[4]曾作之影響力，由此可見一斑。此後，〈布達拉宮辭〉雖幾度轉載，但南氏數十年後自謂「難得原詩而考訂之」，可見該詩此時流傳已不廣泛。且就當下而言，該詩受歡迎的程度視乎譯詩更有不及。究其原因蓋有二端：其一，讀者相信譯詩原文乃倉央所作而益加垂青；其二，七古篇幅較長，常人不易記誦，是以至今關注者不及其七絕之譯詩。然今人周嘯天對此詩高度讚許，並概括其風格與技法道：「這是曾緘代表作，重中之重。蓋七言歌行入唐，吸收〈西洲曲〉及近體詩之韻度，在四傑手中造成一氣貫注而又纏綿往復的詩體，特徵是四句為節、節自為韻、韻有平仄、換韻處必用逗韻，仿佛是由若干絕句組成；於修辭則多取頂真、回文、對仗、複迭，以增其纏綿。中唐元白，則更多地融入敘事成分，一變而為以〈長恨歌〉〈連昌宮詞〉為代表的元和體。至晚唐有韋莊之〈秦婦吟〉，至清初有吳偉業〈圓圓曲〉。曾緘的〈布達拉宮辭〉，正處在元、白、韋、吳的延長線上。」[5]進一步梳理出〈布達拉宮辭〉的法脈與技巧，所論甚具獨見。但整體而言，今日所見關於〈布達拉宮辭〉的相關論述，除了曾緘〈我寫〈布達拉宮辭〉〉一文外，皆頗為零星。

　　一九三〇年代，漢地文化界關注倉央的方式猶以作傳、譯詩為主，〈布達拉宮辭〉是漢地最早為倉央塑造文學形象的作品之一。透過譯詩工作的文化累積，曾緘創作〈布達拉宮辭〉時，對倉央的認知與詮釋自有一定深度。倉央究竟是怎樣的人物？拉藏汗向清聖祖奏稱倉央不守清規，直接導致倉央的被捕與圓寂。拉藏汗的舉報固然出於

4　王國平：《南懷瑾的最後100天》（臺北：橡樹林文化，2015年），頁197。

5　周嘯天：〈以易傳之事為絕妙之詞——論曾緘歌行〉，「欣託居：周嘯天藝術網」，http://www.xintuoju.com/html/2017/shiwen_0309/250.html?fbclid=IwAR0YnrhSENW6GAtFEmS-ejh5NVF158HfAOcAI2uWTKQJL8tXZftBCFYuDAY。（2020年5月12日瀏覽）

政治鬥爭的動機，但倉央必然有私行不合於戒律的傳聞乃至事實，才會讓拉藏汗有機可乘。這與侯景在南侵時，在檄文中批評梁朝皇太子蕭綱「珠玉是好，酒色是耽，吐言止於輕薄，賦詠不出〈桑中〉」，[6]可謂不謀而合。雖然同樣以艷詩著稱，但倉央不同於蕭綱的是其作為宗教領袖的身分。因為這重身分，稍有踰矩之事便足以引人側目；但基於相同原因，其支持者也會對這些言行予以隱諱、詮說。如其弟子阿旺倫珠達吉在《倉央嘉措祕傳》中絲毫未有齒及，便是隱諱之例。再如白瑪僧格所言：「雖然倉央嘉措一些看似反常的舉動令西藏上下議論紛紛，但大多數僧人及信眾仍相信他是真的達賴喇嘛，倉央嘉措的怪異行為只是『迷失菩提』。」[7]葛桑喇則云：「有人為他的放蕩生活開脫，說乃是遊戲三昧，並未破戒體。倉央嘉措的本傳說他『沒有女子作伴，從來未曾睡過；雖有女子作伴，從來未曾沾染』。」[8]「迷失菩提」也好、「未曾沾染」也好，從世俗的角度來看，都不無飾說之嫌。王振華則認為，倉央的「叛逆」行為，一來是出於因為他「厭惡佛法」，二來是因為桑結嘉措與拉藏汗的政治惡鬥，尤其是他「不滿第巴・桑結嘉措獨攬大權，不甘心充當第巴・桑結嘉措手中的工具」。[9]換言之，倉央沉湎酒色，乃是出於政治上的不得志。降大任的論述，也頗為值得參考：「應當指出，倉央嘉措追求的愛情，也不完全是雙方平等自願的愛情。烜赫的六世達賴的政治經濟條件，就使他在與所

6　〔宋〕司馬光：《資治通鑑》〈梁紀十八・高祖武皇帝太清三年〉（北京：中華書局，1956年），頁5007。

7　白瑪僧格：《倉央嘉措塵封三百年的秘密》（臺北：掃葉山房，2013年），頁109。

8　葛桑喇：〈一個宗教叛逆者的心聲──略論六世達賴喇嘛倉央嘉措及其情歌〉，載中國藏學出版社編纂：《六世達賴喇嘛倉央嘉措詩意三百年》（北京：中國藏學出版社，2011年），頁355。

9　王振華：〈倉央嘉措和他的情歌〉，載中國藏學出版社編纂：《六世達賴喇嘛倉央嘉措詩意三百年》，頁414。

追求的女子的關係中處於有利的地位。他可以用金錢買到『愛情』，他本人也沾染了剝削階級的惡習，有時對愛情抱極輕薄的態度。」[10] 從降氏對幾首情詩的解讀，的確能支持其論點。降大任與王振華等人的觀點，受到馬克思主義影響，自與藏族信徒大異其趣，然其立論抽離於宗教之外，也值得吾人參酌。再觀毛繼祖云：「倉央嘉措情歌只是反對教戒禁慾，並不是反對宗教。他的叛逆，只是對森嚴的宗教戒律、格魯派的禁慾主義的背叛，並不是對整個宗教的背叛。」[11] Mark Tatz 的看法也比較接近。他認為，從倉央的一些詩歌可以看出，作為浪子的他並非常人想像的那麼「快樂」，他也會顧慮到自己所作所為的後果。實際上，他想要像歷史上某些僧人那般，努力嘗試把透過宗教誓約加諸己身的責任正式地脫卸掉，這正好證明了他對教義的遵循。[12] 所言甚是。

王振華又說，倉央情歌之所以膾炙人口，是因為：「在落後、黑暗的西藏農奴制的殘酷壓迫、剝削下，廣大人民沒有起碼的人身自由，更談不到愛情和婚姻自由。『情歌』正好反映了這一階級矛盾，提出了一個當時具有巨大社會意義的問題，表現了廣大人民要求自由、愛情和幸福生活的美好願望，表達了對封建農奴制度的不滿和反抗。」[13] 這段評論無疑仍具有濃郁的時代色彩。可以說，倉央情歌中的平民特徵和世俗意趣，以及作者的特殊身分，都是吸引廣大藏民的

---

10 降大任：〈倉央嘉措情歌的思想性和藝術特色〉，載中國藏學出版社編纂：《六世達賴喇嘛倉央嘉措詩意三百年》，頁371。

11 毛繼祖：〈試談倉央嘉措情歌〉，載中國藏學出版社編纂：《六世達賴喇嘛倉央嘉措詩意三百年》，頁402。

12 Tatz, Mark, 'Songs of the Sixth Dalai Lama', *The Tibet Journal*, Vol. 6, No. 4 (Winter 1981), pp.14.

13 王振華：〈倉央嘉措和他的情歌〉，載中國藏學出版社編纂：《六世達賴喇嘛倉央嘉措詩意三百年》，頁414。

主因。以拉藏汗為首的外來政治勢力，直接導致倉央離世，因此在藏民心目中，倉央又未嘗不是一位為西藏殉難、殉道的英烈。領袖、智者、英烈、浪子幾重相互牴觸的身分，在倉央身上奇妙地結合起來。因此，禁慾的社會也不得不為倉央情歌大開方便之門，為藏民的宗教生活透入一絲來自世俗的清新空氣。而曾緘對倉央其人其詩的認知，由〈布達拉宮辭〉中得到鮮明的反映。職是之故，本章嘗試探討〈宮辭〉對倉央的人物形塑，以見這位僧王之身世及詩作為漢地所接受時的情況。

二　〈布達拉宮辭〉的撰寫與修訂概況

　　曾緘晚年追憶當年創作〈布達拉宮辭〉的情況道：「他（倉央）身居法王的寶座，竟不顧一般清規戒律，大膽追求愛情生活，因此受到政治迫害，乃至犧牲了自己的生命，他這一段歷史的確是可歌可泣的。我認為清王朝利用佛教統治西藏，立下不良的政教合一地方制度，藏族人民在政治和宗教雙重壓迫之下，過著非人的生活。而善良多情的天才詩人倉央嘉措，正是在這種制度下的犧牲品。於是我憤慨難平，立志要為他作一首記事抒情詩，儘管我的文學修養不夠。」[14]前章已云，該文乃曾氏於一九六二年憶述之作，言論殆有迎合時代風潮之意，未必全然反映曾氏二十餘年前的創作實況，但畢竟是關於此詩創作背景的最直接資料。如前所言，〈布達拉宮辭〉最早刊登於《康導月刊》第一卷第八期（1939年）。曾氏自跋云：「歲寅戊〔戊寅〕作傳，祀竈日譯情歌竟，明年己卯元日成〈布達拉宮辭〉，人日

---

14 曾緘：〈我寫〈布達拉宮辭〉〉，曾緘著、寸鐵孫（曾倩）編：《寸鐵堪詩稿》（北京：北京聯合出版公司，2015年），頁286。

付鈔胥。紅酣居士曾緘自記於康定之思無邪齋。」[15]戊寅祀竈日（臘月廿三）即一九三九年二月十一日，己卯元日為同月十九日，前後八日。而其晚年回憶道：「我寫這首長詩只費了兩個夜晚，便完成初稿，這是文思遲鈍的我所意料不及的。」[16]所言不無自謙之意，然足見其捷才。且曾緘前此已先有略傳、譯詩之基礎累積，故能乘勝追擊，一氣呵成爾。[17]兩年後，此詩又轉載於《斯文半月刊》。

　　曾緘晚年自言，此詩除在《康導月刊》及《斯文半月刊》發表外，其他報紙也有轉載。他後來為朋友們先後手寫過三通，每寫一次，字句都有所修定，和過去發表的頗有出入。至一九六二年整理舊稿，又刪改一次。[18]曾緘手寫的三通，今已無法追蹤。但《斯文半月刊》所錄〈宮辭〉前增入長序，實則以〈六世達賴倉央嘉措略傳〉全文略作修訂而成，唯「倉央嘉措為達賴而好色，已奇矣，好色而宣之於詩，尤奇」一句，僅見於此版本，[19]蓋其對象讀者為內地文人，故作此語，以為吸引而紹介之。其後，此句亦見於曾緘《寸鐵堪詩稿》所收〈略傳〉中。[20]

　　一九八二年，黃顥、吳碧雲編纂《倉央嘉措及其情歌研究（資料彙編）》，其中收錄曾緘之女曾令筠整理之〈布達拉宮辭〉並序。曾令筠按語曰：「〈布達拉宮辭〉者，為先父戊寅（一九三八年）之所作也。一自問世，膾炙人口，迭經刪削，此為定稿，今茲錄出，俾愛先父詩者，得讀此稿，亦足欣慰。原敘未曾標點，今我加之，或有不

15　曾緘：〈布達拉宮詞〉，《康導月刊》第1卷第8期（1939年），頁70。

16　曾緘：〈我寫〈布達拉宮辭〉〉，曾緘著、寸鐵孫（曾倩）編：《寸鐵堪詩稿》，頁291。

17　按：曾緘〈我寫〈布達拉宮辭〉〉開首處謂此詩作於一九三〇年，當為筆誤。曾緘著、寸鐵孫（曾倩）編：《寸鐵堪詩稿》，頁285。

18　曾緘：〈我寫〈布達拉宮辭〉〉，曾緘著、寸鐵孫（曾倩）編：《寸鐵堪詩稿》，頁291。

19　見《斯文半月刊》第1卷第9/10期（1941年2月），頁36-37。

20　曾緘著、寸鐵孫（曾倩）編：《寸鐵堪詩稿》，頁16。

當，恭祈是正！1982年2月24日曾令筠記於四川大學之老綠楊村寓所。」[21]此書後又增訂，易名為《六世達賴喇嘛倉央嘉措詩意三百年》，二〇一一年出版，依然錄入曾緘此詩。唯曾令筠所言略有訛誤：蓋曾緘原跋謂略傳、譯詩皆成於戊寅，而宮辭成於己卯元日，實則已踏入一九三九年矣。此係一時失檢。值得注意的是，曾令筠整理的版本，詩序文字與〈略傳〉相較，頗有詳略之別。

　　二〇一五年，曾緘外孫女曾倩整理出版其祖父之詩集《寸鐵堪詩稿》，〈宮辭〉、〈略傳〉及譯詩依次置於卷首。〈宮辭〉之詩序與曾令筠整理之版本大抵相同，唯正文偶有不同（下詳）。詩後又有曾緘本人按語曰：「此二十餘年前舊作，屢經刪改，先後為人書錄，文辭皆有出入。雨窗無事，重加點定。此為最後定稿。一千九百六十二年七月二日，七十翁曾緘自記於蜀雍錚樓。」[22]文字與《資料彙編》本（下稱倉本）後記全同。然而倉本之詩作正文與《寸鐵堪詩稿》本（下稱寸本）內容大抵近似，卻仍有出入，而視《康導月刊》本（下稱康本）差異較大。

　　縱然曾氏父女皆謂宮辭「屢經刪改」，然持寸本與康本相較，大幅度的改異並不太多。一般都是字詞上的調整，如康本「莊嚴色相嬌無比」，[23]倉本、寸本「嬌」作「真」。[24]康本「指爪分明留雪上」，[25]倉本、寸本「指爪」作「蹤跡」。[26]康本「耆舊僧伽同警蹕」，[27]倉

21 黃顥、吳碧雲編纂：《倉央嘉措及其情歌研究資料（資料彙編）》，頁553。

22 曾緘著、寸鐵孫（曾倩）編：《寸鐵堪詩稿》，頁14。

23 曾緘：〈布達拉宮詞〉，《康導月刊》第1卷第8期（1939年），頁69。

24 中國藏學出版社編纂：《六世達賴喇嘛倉央嘉措詩意三百年》，頁506。曾緘著、寸鐵孫（曾倩）編：《寸鐵堪詩稿》，頁12。

25 曾緘：〈布達拉宮詞〉，《康導月刊》第1卷第8期（1939年），頁70。

26 中國藏學出版社編纂：《六世達賴喇嘛倉央嘉措詩意三百年》，頁507。曾緘著、寸鐵孫（曾倩）編：《寸鐵堪詩稿》，頁13。

27 曾緘：〈布達拉宮詞〉，《康導月刊》第1卷第8期（1939年），頁70。

本、寸本作「侍從如雲森警蹕」。[28]不一而足。偶有承襲原意而文字全改者，如康本「當頭玉佛金冠麗」，[29]倉本、寸本作「峨冠五佛金銀爛」。[30]唯一整聯改寫的，乃是康本「生時鳳舉雪山下，死復龍歸青海濱」，[31]倉本作「人言活佛須長活，誰遣能仁遇不仁」。[32]寸本作「本期活佛能長活，爭奈能仁遇不仁」。[33]由是可以推知，倉本、寸本當皆是曾緘晚年所修訂之版本。但整體而言，曾緘在長年修改的過程中，全篇句數依然保持原貌，並無任何增減。

進而論之，筆者以為縱然寸本之後有曾緘自按，許為定本，然比對寸本與倉本的異文，竊以為倉本之文意往往更佳。一九六二年，曾緘作〈我寫〈布達拉宮辭〉〉一文，提到：「『本期活佛能長活，爭遣能仁遇不仁』，原作『生時鳳舉雪山下，死復龍歸青海濱』，除堆砌『龍歸』、『鳳舉』一些字眼，塗抹過去，既嫌空泛，也顯得直拙。這裡銜接上文寫倉央由生到死一件大事，不應含糊，我屢加修改，終不如意，直到現在才改成今句，當然還嫌不夠，但比原句婉轉一些，也細緻一些。」[34]該文落款為「1962年夏日」，並無確切的月份與日期。然文中提到此聯，文字與倉本、寸本又有不同，寸本「本期」、「爭奈」，此處「本期」、「爭遣」，倉本「人言」、「誰遣」，尋繹之下有一種遞改的趨勢。此處似乎是介乎倉、寸二本之間的一種版本。然倉本「人言」二字與「本期」相比，更有一種抽離冷峻之感，於意為長；

---

28 中國藏學出版社編纂：《六世達賴喇嘛倉央嘉措詩意三百年》，頁508。曾緘著、寸鐵孫（曾倩）編：《寸鐵堪詩稿》，頁14。

29 曾緘：〈布達拉宮詞〉，《康導月刊》第1卷第8期（1939年），頁69。

30 中國藏學出版社編纂：《六世達賴喇嘛倉央嘉措詩意三百年》，頁506。曾緘著、寸鐵孫（曾倩）編：《寸鐵堪詩稿》，頁12。

31 曾緘：〈布達拉宮詞〉，《康導月刊》第1卷第8期（1939年），頁70。

32 中國藏學出版社編纂：《六世達賴喇嘛倉央嘉措詩意三百年》，頁507。

33 曾緘著、寸鐵孫（曾倩）編：《寸鐵堪詩稿》，頁13。

34 曾緘著、寸鐵孫（曾倩）編：《寸鐵堪詩稿》，頁292。

而「爭奈」或「爭遣」改為「誰遣」，自然是為了對仗的緣故。再者，三個版本中，只有倉本作「須長活」，這顯然視「能長活」為佳：既然此聯對仗，文字便不能重複，對句有「能仁」字樣，出句就不應再用「能」字。因此筆者推斷，寸、倉二本詩後所附之作者按語，落款於一九六二年七月二日，文字雖同，然倉本之文義視寸本較優，當係曾緘於七月二日以後仍有修訂，遂成此版本。

　　非唯如此，詩序之內容亦可證之。如前所言，康本無詩序，《斯文半月刊》本（下稱斯本）採用〈略傳〉以為詩序，而寸、倉二本之詩序，內容雖與〈略傳〉無大差異，文字則有詳略異同。查康本〈略傳〉結尾處云：「故倉央嘉措者，佛教之罪人，詞壇之功臣，衛道者之所疾首，而言情者之所歸命也。」寸本、倉本皆同。[35]而倉本之〈宮辭〉詩序亦有這段文字。[36]筆者以為，曾緘蓋考慮到〈宮辭〉單行，不可無序，然〈略傳〉文筆佳勝，自可獨立成篇，不必附麗於〈宮辭〉，遂點竄〈略傳〉文字，另成詩序。而這段文字互見，乃因改寫未盡之故。查倉本之詩序，便已無這段文字矣。[37]再觀寸本詩序云：「戊寅之歲，余重至西康。」[38]而倉本則作「西藏」。[39]曾緘當時工作之處，乃西康省會康定縣。西康為民國時期「華西三省」之一，介乎西藏、四川之間，成立於一九三九年。大陸易幟後，西康省於一九五五年取消建制，轄地分派西藏、四川。而康定縣隸屬於四川甘孜藏族自治州。由此可知，倉本「余重至西藏」，當是西康撤省後所

35　曾緘：〈六世達賴倉央嘉措略傳〉，《康導月刊》第1卷第8期（1939年），頁63。曾緘著、寸鐵孫（曾倩）編：《寸鐵堪詩稿》，頁16。中國藏學出版社編纂：《六世達賴喇嘛倉央嘉措詩意三百年》，頁52。

36　曾緘著、寸鐵孫（曾倩）編：《寸鐵堪詩稿》，頁11。

37　中國藏學出版社編纂：《六世達賴喇嘛倉央嘉措詩意三百年》，頁506。

38　曾緘著、寸鐵孫（曾倩）編：《寸鐵堪詩稿》，頁12。

39　中國藏學出版社編纂：《六世達賴喇嘛倉央嘉措詩意三百年》，頁506。

改——縱然康定從未隸屬西藏。吾人固能進一步確認，倉本〈宮辭〉並序更晚於寸本，當為現存曾緘最晚之修訂本。

三　〈布達拉宮辭〉與詩序、略傳及譯詩的互文

　　根據曾緘晚年回憶，他關注倉央其人其詩，是因為抗戰時為避成都戰亂，來到西康省會康定，得閱于道泉的譯本。此外，「從康藏人民傳說中，得到許多和倉央嘉措有關的故事」。[40]曾緘雖不諳藏文，卻是佛教徒，如其所撰〈白土坎聽經記〉，謂聆聽藏族高僧阿王尊者講經：「予聞法較晚，僅預中觀，聆其九止住心，二諦生慧，張皇幽渺。」[41]足見他對藏傳佛教的理解是具有頗高水準的。如此背景，使他對倉央詩歌和史實的譯介工作具有較紮實的根基。不過，無論〈六世達賴倉央嘉措略傳〉還是〈布達拉宮辭〉詩序，曾緘在撰寫時都不僅停留於史傳或簡介的層面，而是兼具濃厚的文學性。加上其對象讀者以漢地居民為主，故這兩篇作品也和其改譯之〈六世達賴情歌〉一樣，在內容與措辭上具有一定程度的歸化（domestication）色彩。相對於〈宮辭〉而言，〈略傳〉和譯詩都可謂預備工作，而詩序又是從〈略傳〉增刪點竄而成。故此，先了解三者與〈宮辭〉之間存在的互文關係，方可進一步探討此詩形塑倉央之人物形象的方式。

　　先看〈略傳〉及詩序方面。對於倉央的背景，〈略傳〉云：「康熙二十二年正月十六日生於西藏寞地，父曰吉祥持教，母曰自在天女。」[42]詩序同之，而「寞地」或作「寞湖」。這段文字來自于道泉

40　曾緘：〈我寫〈布達拉宮辭〉〉，曾緘著、寸鐵孫（曾倩）編：《寸鐵堪詩稿》，頁286。

41　曾緘：〈白土坎聽經記〉，《斯文半月刊》第3卷第12期（1943年6月），頁16-17。

42　曾緘：〈六世達賴倉央嘉措略傳〉，載中國藏學出版社編纂：《六世達賴喇嘛倉央嘉措詩意三百年》，頁51。

〈隆德喇嘛著作集中關於倉央嘉措之記載〉：「第五十六代勝者倉央嘉措，生地為三窪地，或以三湖著名之寞湖地。父名吉祥持教，母名命自在天女。」[43]而〈宮辭〉云：

僧王生長寞湖裡，父名吉祥母天女。[44]

採用「寞湖」一語，承自詩序及于道泉之說。而倉央父母之名，今日一般音譯為棻西丹增及才旦拉姆。[45]于氏採用意譯，而曾緘襲之，一方面是考慮到對象讀者，另一方面則是便於行文。其次，關於倉央的長相，現存最早關於其生平的記載、阿旺倫珠達吉所著《倉央嘉措秘傳》並未直接言及，僅云其母之父母先輩「也都儀態端莊，容貌姣美」。[46]以這種方式來側寫倉央之儀表。于道泉更無相關論述。而曾緘〈略傳〉云：「倉央嘉措既長，儀容瑋異，神采秀發。」[47]而詩序則云：「時年十五，威儀煥發，色相莊嚴，四眾瞻仰，以為『如來三十二相，八十種隨形好』，不是過也。」[48]此當為曾緘自行鋪衍之辭。所謂「三十二相」出自《中阿含經·三十二相經》及《長阿含經·大本經》，[49]「八十種隨形好」出自《大般若經》三百八十一卷及《大乘義

43 于道泉：《第六代達賴喇嘛倉央嘉措情歌》（南京：中央研究院歷史語言研究所單刊甲種，1930年），頁183。

44 中國藏學出版社編纂：《六世達賴喇嘛倉央嘉措詩意三百年》，頁506。

45 中國藏學出版社編纂：《六世達賴喇嘛倉央嘉措詩意三百年》，頁445。

46 阿旺倫珠達吉著、莊晶譯：《倉央嘉措秘傳》，載中國藏學出版社編纂：《六世達賴喇嘛倉央嘉措詩意三百年》，頁454。

47 中國藏學出版社編纂：《六世達賴喇嘛倉央嘉措詩意三百年》，頁51。

48 中國藏學出版社編纂：《六世達賴喇嘛倉央嘉措詩意三百年》，頁505。

49 〔東晉〕罽賓三藏瞿曇僧伽提婆譯：《中阿含經》，收於《大藏經》刊行會編輯：《大正新修大藏經》（臺北：新文豐圖書公司，1983 1985年）第1冊，卷十一〈中阿含王相應品三十二相經第二〉，頁493-494。〔後秦〕佛陀耶舍、竺佛念譯：《佛說長

章》，[50]乃是轉輪聖王與佛陀之身體所具足的外貌和身形特徵。蓋曾緘以倉央既為轉世活佛，當亦如是。而〈宮辭〉云：

莊嚴色相真無比，玉雪肌膚襁褓中。[51]

所謂「莊嚴色相」之語，顯然來自〈略傳〉，也與詩序相呼應。而「玉雪肌膚襁褓中」一句，狀述任何初生嬰兒皆可，此處補入，自是烘雲托月之筆。

至於倉央在布達拉宮中偷情之事，曾緘〈略傳〉云：「賦性通脫，雖履僧王之位，不事戒持，鍾情少艾。後宮秘苑，時具幽歡。」[52]而詩序云：「黃教之制，達賴主持正法，不得親近女人。而倉央嘉措情之所鍾，雅好佳麗，粉白黛綠者，往往混跡後宮，侍其左右。」[53]此蓋參考于道泉所言：「倉央嘉措年歲漸長後乃成了一位多情多慾放蕩不羈的風流少年。他不安於遵守清規，卻去修飾布達拉的宮室林苑，並沉湎於醇酒婦人。」[54]毛繼祖則指出：桑結嘉措對倉央的放蕩行為從不勸阻，使倉央在新建的龍宮游苑作出了不少風流韻事。[55]筆者以

阿含經》，收於《大藏經》刊行會編輯：《大正新修大藏經》第1冊，卷一〈第一分初大本經第一〉，頁4-5。

50 〔唐〕三藏法師玄奘奉詔譯：《大般若波羅蜜多經》，收於《大藏經》刊行會編輯：《大正新修大藏經》第6冊，卷三百八十一〈初分諸功德相品第六十八之三〉，頁968。〔隋〕慧遠法師撰：《大乘義章》，收於《大藏經》刊行會編輯：《大正新修大藏經》第44冊，卷二十〈百四十不共法義三門分別〉，頁872-873。

51 中國藏學出版社編纂：《六世達賴喇嘛倉央嘉措詩意三百年》，頁506。

52 中國藏學出版社編纂：《六世達賴喇嘛倉央嘉措詩意三百年》，頁51。

53 中國藏學出版社編纂：《六世達賴喇嘛倉央嘉措詩意三百年》，頁505。

54 于道泉：《第六代達賴喇嘛倉央嘉措情歌》，頁15。

55 毛繼祖：〈試談倉央嘉措情歌〉，載中國藏學出版社編纂：《六世達賴喇嘛倉央嘉措詩意三百年》，頁402。

為，曾緘所寫還可能是根據情詩的內容，如其十八、十九：

> 入定修觀法眼開，祈求三寶降靈臺。
> 觀中諸聖何曾見，不請情人卻自來。

> 靜時修止動修觀，歷歷情人掛眼前。
> 肯把此心移學道，即生成佛有何難。[56]

可是，這不請自來的情人，究竟是真有其人，還是一種比喻、一種幻想？詩無達詁，自然也予曾緘以發揮空間。正因如此，〈宮辭〉遂有這樣的句子：

> 偶逢天上散花人，有時邀入維摩屋。
> 禪參歡喜日忘憂，秘戲宮中樂事稠。[57]

下一聯固然呼應「後宮秘苑，時具幽歡」，上一聯則將情人比喻為散花的天女，語典出自《維摩詰經》：「時維摩詰室有一天女，見諸天人聞所說法，便現其身，即以天華，散諸菩薩大弟子上。」[58]參今人李雪琴之言：「《秘史》中有沒有寫到他的情人，或者他戀愛的情節呢？遺憾的是，為了維護倉央的聲譽，作者也是不會寫出來的。不過《秘史》中出現過婦女的形象，儘管作者把她們說成仙女、度母空行母的化身，但客觀上透露了倉央嘉措確實和女人接觸過。」[59]無獨有偶，

56　曾緘：〈六世達賴情歌六十六首〉，《康導月刊》第1卷第8期（1939年），頁65。

57　中國藏學出版社編纂：《六世達賴喇嘛倉央嘉措詩意三百年》，頁507。

58　〔後秦〕鳩摩羅什譯：《維摩詰所說經》卷中，收入大藏經刊行會編輯：《大正新脩大藏經》（臺北：新文豐圖書公司，1983-1985）第14冊，頁547。

59　中國藏學出版社編纂：《六世達賴喇嘛倉央嘉措詩意三百年》，頁431。

中土唐五代文學中也往往飾言女冠為仙女，如唐傳奇〈遊仙窟〉、詞牌〈天仙子〉、〈憶仙姿〉等皆是。如此手法，曾緘自然熟諳。不過，他在〈略傳〉與詩序中採用實寫的方法，〈宮辭〉則為虛寫，此固因體裁不同，也自可收參照之效。

　　至於〈情詩〉中其他內容，在〈宮辭〉中也時有呈現。如其五十二、五十三：

　　　　龍鍾黃犬老多髭，鎮日司閽仗爾才。
　　　　莫道夜深吾出去，莫言破曉我歸來。
　　　　（此黃犬當是為倉央嘉措看守便門者。）

　　　　為尋情侶去匆匆，破曉歸來積雪中。
　　　　就裡機關誰識得，倉央嘉措布拉宮。[60]

而〈宮辭〉云：

　　　　柳梢月上訂佳期，去時破曉來昏暮。[61]

出句「訂佳期」即「為尋情侶」，對句則與「破曉歸來」及其五十二之次聯相對應。復如〈情詩〉其三十四：

　　　　少年浪跡愛章臺，性命唯堪寄酒懷。
　　　　傳語當壚諸女伴，卿如不死定常來。
　　　　（一云：當壚女子未死日，杯中美酒無盡時，少年一身安所

60　曾緘：〈六世達賴情歌六十六首〉，《康導月刊》第1卷第8期（1939年），頁68。
61　中國藏學出版社編纂：《六世達賴喇嘛倉央嘉措詩意三百年》，頁507。

託，此間樂可常棲遲。此當壚女，當是倉央嘉措夜出便門私會之人。）[62]

〈宮辭〉以下幾句便是由此推演而來：

> 行到拉薩賣酒家，當壚有女顏如花。
> 遠山眉黛銷魂極，不遇相如空自嗟。
> 此際小姑方獨處，何來公子甚豪華。
> 留髠一石莫辭醉，長夜欲闌星斗斜。[63]

又如〈情詩〉其五十四：

> 夜走拉薩逐綺羅，有名蕩子是汪波。
> 而今秘密渾無用，一路瓊瑤足跡多。
> （此記更名宕桑汪波，遊戲酒家，踏雪留痕，為執事僧識破事。）[64]

考諸〈宮辭〉，則有以下對應的文字：

> 自闢籬門出後宮，微行夜繞拉薩遍。
>
> 蹤跡分明留雪上，何人窺破秘密藏。[65]

---

62 曾緘：〈六世達賴情歌六十六首〉，《康導月刊》第1卷第8期（1939年），頁66。
63 中國藏學出版社編纂：《六世達賴喇嘛倉央嘉措詩意三百年》，頁507。
64 曾緘：〈六世達賴情歌六十六首〉，《康導月刊》第1卷第8期（1939年），頁68。
65 中國藏學出版社編纂：《六世達賴喇嘛倉央嘉措詩意三百年》，頁507。

此外，又有〈略傳〉及詩序徵引〈情詩〉，而〈宮辭〉亦有呈現者。
如〈略傳〉云：「迨七世達賴轉生理塘之說傳至拉薩，合於倉央嘉措
詩中預言，藏人皆大歡喜，以為倉央嘉措再世。」[66]詩序則云：「藏
人……聞七世達賴誕生理塘，則大喜。先是倉央嘉措有詩云：『他年
化鶴歸何處？不在天涯在理塘。』故眾謂七世達賴是其後身，咸嚮往
之，事聞於朝。」[67]〈宮辭〉則云：

> 求君另自熏丹穴，覓佛居然在理塘。
> 相傳幼主回鑾日，侍從如雲森警蹕。
> 俱道法王自有真，今時達賴當年佛。[68]

比對之下，〈略傳〉之言較簡，而詩序則引用倉央之詩，以便讀者與
〈宮辭〉內容互證。[69]而曾緘詩文之內容，亦承自于道泉之註文：「說
這一節是倉央嘉措預言他要在理塘轉生的話。藏族朋友還告訴了我一
個故事，也是這位達賴要在理塘轉生為第七代達賴的預言。現在寫它
出來。據說倉央嘉措去世以後，西藏人民急於要知道他到哪裡去轉
生，先到箭頭寺去向那裡的護法神請示，不得要領。乃又到噶瑪沙
（skar-ma-shangi）去請示。那裡的護法神附人身以後，只拿出了一面
銅鑼來敲一下。當時人都不明白這是什麼意思，等到達賴在理塘轉生
的消息傳來以後，乃都恍然大悟。原來作響鑼的銅藏文作 li（理），
若把鑼一敲就發 thang（塘）的一聲響，這不是明明白白地說達賴在

---

66 中國藏學出版社編纂：《六世達賴喇嘛倉央嘉措詩意三百年》，頁52。

67 中國藏學出版社編纂：《六世達賴喇嘛倉央嘉措詩意三百年》，頁506。

68 中國藏學出版社編纂：《六世達賴喇嘛倉央嘉措詩意三百年》，頁508。

69 曾緘所譯〈情詩〉其五十三云：「跨鶴高飛意壯哉，雲霄一羽雪皚皚。此行莫恨天
   涯遠，咫尺理塘歸去來。」與詩序版本不同。蓋詩序行文簡潔，故將全詩濃縮為兩
   句爾。中國藏學出版社編纂：《六世達賴喇嘛倉央嘉措詩意三百年》，頁68。

要理塘轉生麼！」[70]

　　由本節所論可知，于道泉對倉央情詩之首譯、生平之介紹，直接影響到曾緘的〈情詩〉改譯以及〈略傳〉、〈宮辭〉和詩序的撰構。不過，曾緘畢竟先透過〈略傳〉的撰構來認識倉央的生平經歷、〈情詩〉的改譯來了解倉央的文學成就，這直接為〈宮辭〉的寫作奠下了堅實的根基。

四　〈布達拉宮辭〉對倉央嘉措之人物形塑

　　曾緘晚年寫道：「我在詩序裡說：『故倉央嘉措者，佛教之罪人，詞壇之功臣，衛道者之所疾首，而言情者之所歸命也。』這幾句話是我對倉央嘉措所作的結論，也可以視作〈布達拉宮辭〉的主題。知我罪我，在所不計。」[71]此雖追述之語，卻可見曾緘縱好佛教，創作〈宮辭〉則絕非以弘法為鵠的。他對倉央的深切共鳴，直接影響到他在詩中如何對這位僧王進行人物形塑。一如周嘯天所言：「曾緘以惺惺相惜的態度寫倉央嘉措、譯倉央嘉措——本著一種我即倉央嘉措，倉央嘉措即我的態度，信息對稱，物我兩忘，始臻形象思維之妙境，宜有超越同儕的成就。」[72]且曾緘詩序自謂〈宮辭〉「雖跡異〈連昌〉而情符〈長恨〉」。[73]晚年復憶述云：「假如我能像他們（按：謂〈長恨〉、〈連昌〉等）寫得清新流利，抑揚頓挫，豈不是好？因此就決定用這

70　于道泉：《第六代達賴喇嘛倉央嘉措情歌》，頁180。

71　曾緘：〈我寫〈布達拉宮辭〉〉，曾緘著、寸鐵孫（曾倩）編：《寸鐵堪詩稿》，頁293。

72　周嘯天：〈以易傳之事為絕妙之詞——論曾緘歌行〉，「欣託居：周嘯天藝術網」，http://www.xintuoju.com/html/2017/shiwen_0309/250.html?fbclid=IwAR0YnrhSENW6GAtFEmS-ejh5NVF158HfAOcAI2uWTKQJL8tXZftBCFYuDAY。（2020年5月12日瀏覽）

73　中國藏學出版社編纂：《六世達賴喇嘛倉央嘉措詩意三百年》，頁506。

一類型的七言歌行來寫。」[74]此詩正文長達八十八句，六百一十六字，相對於〈連昌宮詞〉九十句七百二十字、〈長恨歌〉一百二十句八百四十字，已頗為接近。以長篇歌行的體裁來撰寫，就倉央其人其詩在漢地的傳播史而言，也屬創舉。周嘯天以此詩吸收〈西洲曲〉之韻度，仿佛是由若干絕句組成，[75]可謂卓見。查曾緘此詩往往兩聯換一韻，也有四聯一韻者。如描寫冶遊的八聯，便可均分為兩韻，如此令節奏更緊湊、層次更分明。除首聯「拉薩高峙西極天，布達拉宮多金仙」外，絕大多數的詩句皆為律句，與〈長恨歌〉相似，唯於黏對不講究，此蓋特意於近體之和諧聲律、古體之峭拔風格間取得平衡爾。

如前節所引，曾緘認為倉央是一位善良多情的天才詩人，是不良的政教合一制度下的犧牲品，他「不顧一般清規戒律，大膽追求愛情生活，因此受到政治迫害」的歷史可歌可泣。這是曾緘對倉央的基本認知。南懷瑾曾將〈布達拉宮辭〉與〈長恨歌〉、〈圓圓曲〉並稱。參蔣勳評論〈長恨歌〉云：「〈長恨歌〉讀起來非常感人，會令人忘掉唐明皇是皇帝。唐明皇本身也非常矛盾。如果從道德、倫理和社會習俗去講，他有許多可以被批判的部分。……白居易在寫這個故事的時候，把這些東西全都去除了。他單純寫一個男子被一個美人驚動以後的專注……從歷史上去看唐明皇，他有很多值得批判的地方：從美學上去看，就覺得他留下來的那種美的崇高性讓人非常感動──我想這種矛盾在唐代發生在很多人的身上。」[76]與唐明皇相比，倉央也有類似的情況。葛桑喇說：「倉央嘉措是處在個人不得志，個人生活慾望

---

74 曾緘：〈我寫〈布達拉宮辭〉〉，曾緘著、寸鐵孫（曾倩）編：《寸鐵堪詩稿》，頁286。

75 清人沈德潛評〈西洲曲〉曰：「續續相生，連跗接萼，搖曳無窮，情味愈出。似絕句數首，攢簇而成，樂府中又生一體。初唐張若虛、劉希夷七言古，發源於此。」見氏著《古詩源》（北京：中華書局，1963年），頁290。

76 蔣勳：《說文學之美：品味唐詩》（臺北：有鹿文化事業公司，2017年），頁200-228。

得不到滿足的情況下，起來背叛宗教的，並非自覺而有目的地去動搖封建農奴制度的基礎，因此，他的叛逆行為也就帶有局限性。再說，他採取放蕩的生活方式來對抗宗教的清規戒律，畢竟是一種消極的反抗行為，況且，沉溺酒色，歷來是剝削階級腐朽生活方式的反映，這是他在不得已的情況下採取的鬥爭方式，是不可取的，這種腐朽生活方式是應予批判的。」[77]撇除政治色彩，所言仍頗有道理。而馬麗華說：「對於倉央嘉措特立獨行的品格，當時和後來的人們各有不同的理解，有人看作淨相，有人視為邪見，有說詩歌所傳達的純屬一己之情的，有說是深奧的佛法教義的，有說那是政治抒情詩的。而民間的看法很單純，有一首歌歸納得很精闢，是從拉薩的囊瑪廳裡傳唱開來的──喇嘛倉央嘉措，／別怪他風流浪蕩，／他所追尋的，／和我們沒有兩樣。」[78]而曾緘〈布達拉宮辭〉對於倉央的人物形塑，也有近乎〈長恨歌〉的傾向。他雖然並沒有把倉央改寫成如唐明皇般的專一情人，卻十分強調他的赤子之心和抗爭精神。正因如此，全詩才深具感染力，令讀者有一唱三歎之致。

（一）外觀與內心的描繪

〈宮辭〉對於倉央的背景，有兩方面的敘述。首先是對其出生地及父母的交代：

> 僧王生長窵湖裡，父名吉祥母天女。

---

77 葛桑喇：〈一個宗教叛逆者的心聲──略論六世達賴喇嘛倉央嘉措及其情歌〉，載中國藏學出版社編纂：《六世達賴喇嘛倉央嘉措詩意三百年》，頁355。

78 馬麗華：〈六世達賴喇嘛倉央嘉措的詩化人生〉，載中國藏學出版社編纂：《六世達賴喇嘛倉央嘉措詩意三百年》，頁437。

如于道泉所言，寞湖地乃藏文 mon-mtso-sna 的音譯，而「父曰吉祥
持教，母曰自在天女」，則是意譯。[79]其父母究竟出身平民還是貴族後
裔，至今尚有爭議。但曾緘採用其父母名字之意譯，乃有意烘托倉央
出身不凡。而寞湖雖為音譯，沿用「寞」字也似乎點出了這位僧王遺
世獨立、不苟同於宗教與政治權貴的情操。此洵為曾緘用心之細處。
其次，對於倉央作為第六世達賴喇嘛的身分，曾緘自然也點出了：

> 黃教一花開五葉，第六僧王最少年。[80]

曾氏自云：「『一花開五葉』是禪宗的偈語，這裡用來比喻黃教五世達
賴，由此落到六世達賴，自然極了。」[81]挪用達摩偈語，誠然是神來
之筆。不僅如此，「最少年」一語也可圈可點，此語至少有三層涵
義：首先，前六世達賴中，以倉央最晚降生。其次，活佛以轉世的方
式來承繼，靈童自幼便迎入宮中，故云少年。再者，少年本為人生中
追求愛情的階段，如韋莊〈思帝鄉〉：「春日遊，杏花吹滿頭。陌上誰
家年少，足風流？◎妾擬將身嫁與，一生休。縱被無情棄，不能
羞。」[82]因此，「最少年」一語無疑也隱喻了倉央日後對追求愛情自由
的行為。

倉緘描摹倉央之相好莊嚴，嘗試從外表之美好來隱喻內心之純
潔。曾緘自云：「『莊嚴色相真無比』，『真』字原作『嬌』字，本用李
商隱〈嬌兒詩〉：『衰師我嬌兒』的詩意，男子亦可稱『嬌』。後來想
到『嬌』字與上文『莊嚴』兩字不調和，又改為『英』字。然而

---

79 于道泉：《第六代達賴喇嘛倉央嘉措情歌》，頁183。

80 中國藏學出版社編纂：《六世達賴喇嘛倉央嘉措詩意三百年》，頁507。

81 曾緘：〈我寫〈布達拉宮辭〉〉，曾緘著、寸鐵孫（曾倩）編：《寸鐵堪詩稿》，頁287。

82 〔後蜀〕趙崇祚編著，李保民等注評：《花間集》（上海：上海古籍出版社，2002），
頁114。

『英』字放在這句裡，總覺顯得生硬，又想再改。經過三年，竟找不出一個適當的字來。……經過許久，老友寧鄉程穆庵先生告訴我可改為『真』字，『真』字放在這裡意度渾成，比『嬌』、『英』等字高明得多，程先生真是我的『一字師』。」[83]「真」字此處既可作副詞用，為「誠然」之義，也可作形容詞用，為「得道」之義。如此才能與「如來三十二相」、「八十種隨形好」相應。至於下句「玉雪肌膚繈褓中」僅謂其嬰兒之狀，其成年後之儀容，如〈略傳〉所言「儀容瑋異，神采秀發」，詩序所言「威儀煥發」，皆不復詳細描寫，如此方可留白，為讀者創造想像空間。

此外，「峨冠五佛金銀爛，窣地袈裟氆氌紅」二句，則狀述其衣著。袈裟為法衣，氆氌為修行衣。所謂氆氌為手工織成的毛呢，是加工服裝、鞋靴、冠帽、床毯的主要材料，在藏地非常普及。而清代魏源《聖武記》卷五云：「其下剌麻數百，皆偏袒右肩，紅氆氌為衣。」[84]可見喇嘛常穿的修行紅袍，亦為氆氌所製。而「峨冠五佛金銀爛」一句，康本原作「當頭玉佛金冠麗」，此當為晚年所修改。曾緘自註云：「藏中活佛戴玉佛冠，以金銀為飾。」[85]考五佛冠形如五蓮瓣，各瓣分別有不動佛、寶生佛、無量光佛、不空成就佛、毗盧佛之像，且鑲有寶劍、蓮花、金剛杵、寶輪、火焰等裝飾圖案，下綴長纓。五佛象徵「五智」——法界體智、大圓鏡智、平等性智、妙觀察智、成所作智，只有大德上師才具足，達到菩提正覺。改「玉佛」為「五佛」，改「當頭」為「峨冠」，足見五佛冠之華麗尊貴。「金冠麗」之「麗」，略嫌冗贅，改為「金銀爛」，在色調上與袈裟黃、氆氌

83　曾緘：〈我寫〈布達拉宮辭〉〉，曾緘著、寸鐵孫（曾倩）編：《寸鐵堪詩稿》，頁291。按：程康（1889-1965）字穆庵，湖南寧鄉人，近代著名詩人、書家，師從成都顧印伯，專攻宋詩，有《顧廬詩鈔》。其子為程千帆。

84　〔清〕魏源：《聖武記》（上海：世界書局，1936年）〈國朝綏撫西藏記上〉，頁140。

85　曾緘著、寸鐵孫（曾倩）編：《寸鐵堪詩稿》，頁12。

紅交相輝映，更能襯托倉央身分之高貴。

　　對於倉央的內心活動，曾緘也每有著筆。如：

> 花開結果自然成，佛說無情種不生。
> 只說出家堪悟道，誰知成佛更多情。[86]

曾緘云：「這四句看來平淡無奇，在我卻是慘澹經營而出的。前兩句
引禪宗偈語『一花開五葉，結果自然成。』及『有情來下種，無情種
不生。』作為理論根據，把倉央嘉措的多情說得光明正大，以下鋪敘
倉央嘉措逐漸和女子接觸。」[87]藏人視達賴為觀世音菩薩轉世，故其
所居名「布達拉」，實際上是觀音所居「普陀落迦」之漢語另譯。菩
薩（bodhisattva）一名，意譯「覺有情」，故菩薩能覺悟、同情並解救
有情眾生的痛苦，成為眾生的不請之友，甚至乘願再來，度一切苦
厄。因此，曾緘能將這層含意與倉央的歡情相照應，黏合無跡。這與
傳統「遊戲三昧」之說，某種意義上也是契合的。

　　倉央的冶遊，〈宮辭〉寫得最為詳細：

> 猶嫌少小居深殿，人間佳麗無由見。
> 自闢籬門出後宮，微行夜繞拉薩遍。
> 行到拉薩賣酒家，當壚有女顏如花。
> 遠山眉黛銷魂極，不遇相如空自嗟。
> 此際小姑方獨處，何來公子甚豪華。
> 留髡一石莫辭醉，長夜欲闌星斗斜。
> 銀河相望無多路，從今便許雙星度。

86　中國藏學出版社編纂：《六世達賴喇嘛倉央嘉措詩意三百年》，頁507。

87　曾緘：〈我寫〈布達拉宮辭〉〉，曾緘著、寸鐵孫（曾倩）編：《寸鐵堪詩稿》，頁288。

　　　　浪作尋常俠少看，豈知身受君王顧。

　　　　柳梢月上訂佳期，去時破曉來昏暮。

　　　　今日黃衣殿上人，昨宵有夢花間住。

　　　　花間夢醒眼朦朧，一路歸來逐曉風。

　　　　悔不行空似天馬，翻教踏雪比飛鴻。[88]

曾緘說：「宮中僧眾眼中的倉央嘉措，只知道他是殿上尊嚴的法王，而不曉得前夕他曾經作過風流公子。這樣，前後穿插錯綜，把倉央嘉措的形象刻畫出來，頗有『照花前後鏡，花面交相映』（溫飛卿詞句）的神理。『浪作』、『豈知』、『今日』、『昨宵』等詞也用得比較靈活生動。這一段敘述倉央嘉措追求愛情生活，故事是香豔的，故措辭亦比較香豔。這樣做，難免遭受道學先生的咒罵。」[89]夫子自道，固然可信。曾氏揣摩倉央的心態，以為他之所以微服出遊，乃是因為自幼生長深宮，未曾一睹人間美色。一如于道泉所言：「西藏的酒家多係娼家，當壚女多兼操神女生涯，或撮合癡男怨女使在酒家相會。」[90]酒家女的打扮、情態更能吸引倉央的注意，不難想像。「不遇相如空自嗟」一句，倉本作「豈」，當為形訛。酒家女閱人無數，卻以「不遇相如」為嗟，正為倉央的俊朗多情張本。故兩人歡好，才會「長夜欲闌」而情猶未已。「銀河相望無多路」一聯，套用牛郎織女典故，亟言相見之難得，也側寫出倉央之飽受戒律禁錮之苦。而「悔不行空似天馬」一聯，出句亟言拂曉回宮時心情之急迫，對句則用蘇軾「雪泥鴻爪」的典故，點出事跡之敗露。這一段文字，辭藻綺豔之餘不失冷峻，節奏則時寬時緊、收放有度，足以令讀者心往神馳。

88　中國藏學出版社編纂：《六世達賴喇嘛倉央嘉措詩意三百年》，頁507。

89　曾緘：〈我寫〈布達拉宮辭〉〉，曾緘著、寸鐵孫（曾倩）編：《寸鐵堪詩稿》，頁289。

90　于道泉：《第六代達賴喇嘛倉央嘉措情歌》，頁178。

　　冶遊之事被發現後，倉央備受拷問。他甚至在師父五世班禪羅桑益喜面前呼天搶地，捶胸頓足地大聲疾呼：「你授予我的袈裟我給你，你加在我身上的教戒，我也還給你，我寧願要自由，也不當教主。」[91] 正如王振華所論，他以極大的勇氣把自己從徘徊、低沉、抑鬱、痛苦、纏綿悱惻中解放了出來，以坦蕩的胸懷唱出了他對自由和愛情的嚮往。[92] 這一點，曾緘也顯然注意到了。他在〈宮辭〉中寫道：

> 由來尊位等清塵，懶坐蓮臺轉法輪。
> 還我本來真面目，依然天下有情人。[93]

這兩聯正好呼應著詩序所言：「倉央嘉措被廢，反自以為得計，謂今後將無復以達賴繩我，可為所欲為也。」[94] 曾緘晚年回憶此處：「寫出他輕視名位，重視愛情，大有決破藩籬，昂首天外的氣概。尤其後兩句，不是性情中人決道不出，雖是作者代他立言，不啻若自口出。我寫到此時，感情也十分激動！倉央的戀愛雖然遭到破壞，可是他崇高的生活理想更加堅定了。我以為這樣寫，才能進一步刻劃他的性格，充分表現他的反抗精神。」[95] 由是可見，正因曾緘自覺性情上與倉央有相近之處，才會代他立言，以古人之酒杯澆一己之壘塊。這也正是〈宮辭〉能感動讀者的主要原因。

---

91 王振華：〈倉央嘉措和他的情歌〉，中國藏學出版社編纂：《六世達賴喇嘛倉央嘉措詩意三百年》，頁419。

92 王振華：〈倉央嘉措和他的情歌〉，中國藏學出版社編纂：《六世達賴喇嘛倉央嘉措詩意三百年》，頁419。

93 中國藏學出版社編纂：《六世達賴喇嘛倉央嘉措詩意三百年》，頁507。

94 中國藏學出版社編纂：《六世達賴喇嘛倉央嘉措詩意三百年》，頁506。

95 曾緘：〈我寫〈布達拉宮辭〉〉，曾緘著、寸鐵孫（曾倩）編：《寸鐵堪詩稿》，頁289-290。

（二）寫作手法的運用

　　曾緘說：「我寫作時，事先並未作謀篇布局的打算，只是如蘇東坡所說『行乎其所不得不行，而止乎所當止』。隨著故事情節的發展，自然有波瀾起伏，有時異峰突起，有時又藕斷絲連，全篇用一氣呵成，老實說，並沒有明顯的段落。……這是一首古典式的歌行，寫作方法當然是舊的，然而由於題材比較新鮮，因此寫作中也運用了一些新的手法，有些是未經前人道過的。但是無論怎樣刻意求新，有時不得不乞靈於古人。」[96]他接著舉了兩例：「例如『十載風流悲教主，一生恩怨誤權臣』兩句，完全由〈圓圓曲〉『全家白骨成灰土，一代紅妝照汗青』脫化而來，顯然易見。又如新改的『本期活佛能長活，爭遣能仁遇不仁』兩句，自以為頗具巧思，後來想這種句法似經前人道過，最近重讀王湘綺〈圓明園辭〉，見『即今佛〔福〕海冤若海，誰信神州尚有神』，始知我這兩句仍然越不出他的句法。我認為前人有些寫作手法是可以採取的。」[97]平心而論，曾緘新改的兩句，屬對視王闓運更為工整，可謂後出轉精，不過這也要歸功於其「詩不厭改」的執著。故周嘯天謂此詩：「散行之中，雜以駢語，直令人目不暇接，口舌生香。」[98]

　　然曾緘下筆，固非僅以師古、擬古為務。若說新手法的運用，主要正如其所說，是因為新鮮的題材所導致的。他還提到自己開始寫作以前，曾經考慮詩中應該表現出以下特點：第一，〈長恨歌〉、〈圓圓

---

96 曾緘：〈我寫〈布達拉宮辭〉〉，曾緘著、寸鐵孫（曾倩）編：《寸鐵堪詩稿》，頁292-293。

97 曾緘：〈我寫〈布達拉宮辭〉〉，曾緘著、寸鐵孫（曾倩）編：《寸鐵堪詩稿》，頁293。

98 周嘯天：〈以易傳之事為絕妙之詞——論曾緘歌行〉，「欣託居：周嘯天藝術網」，http://www.xintuoju.com/html/2017/shiwen_0309/250.html?tbclid=IwAR0YnrhSENW6GAtFEmS-ejh5NVF158HfAOcAI2uWTKQJL8tXZftBCFYuDAY。（2020年5月12日瀏覽）

曲〉等描寫的主人公多是女性，而此詩描寫的倉央是男性；第二，他
們所寫的是「在家人」，而此詩所寫的是「出家人」；第三，他們的故
事屬於漢族，而此詩取材於藏族。所有這些特點都要表現出來。[99]進
而言之，曾緘對倉央的艷事，抱持著不同於既有的認知，這也令〈宮
辭〉在夾議夾敘的行文過程中不落傳統懲惡勸善、刻意迴護的窠臼。
因此，「還我本來真面目，依然天下有情人」一聯方能擲地有聲，成
為整篇作品中的最強音。

從細部來看，將佛教典故賦予新的涵義，便是他的一種嘗試，前
文提及之處已多，茲再舉一例。曾緘云：「『浮屠恩愛生三宿，肯向寒
崖依枯木』上句用佛典『浮屠不三宿桑下，恐久生恩愛』。此亦易
明。下句出《傳燈錄偈語》『枯木依寒崖，三冬無暖氣』。言出家人見
女色毫不動心，如寒崖枯木一樣。這個典故比較背僻，因為它切合當
時的情況，將就用了。」[100]不過此處兩典都是反其意而用之，亦不無
新鮮感。

此外值得注意者，曾緘謂〈布達拉宮辭〉主人公特點在於以男
性、出家人、藏族的三重身分，此其不同於前代作品之處。筆者以為
〈宮辭〉中以花來比喻倉央，正好與曾氏所言之前二重身分相呼應。
當然，倉央情詩往往將女性比喻成花朵。如曾譯其七：「清明過了春
歸去，幾見狂蜂戀落花。」[101]Sørensen 即云："Just as in the poetical
tradition of India (i.e. madhukara) and China, the bee is a standard metaphor
for a male-lover."（一如印度及中國詩歌傳統，蜜蜂是男性情人的標準

---

99 曾緘：〈我寫〈布達拉宮辭〉〉，曾緘著、寸鐵孫（曾倩）編：《寸鐵堪詩稿》，頁286-287。

100 曾緘：〈我寫〈布達拉宮辭〉〉，曾緘著、寸鐵孫（曾倩）編：《寸鐵堪詩稿》，頁292。

101 曾緘：〈六世達賴情歌六十六首〉，《康導月刊》第1卷第8期（1939年），頁64。

隱喻。）[102]然而，曾緘說「倉央嘉措是一個天生情種，他的性格和
《紅樓夢》中的賈寶玉差不多」。[103]曹雪芹筆下的寶玉男生女相，「面
如中秋之月，色如春曉之花」，[104]而曾氏將其與倉央相提並論，便成
為他在〈宮辭〉中以花比喻倉央的主因之一。值得參考的是，于譯本
第30首云：「愛我的愛人兒，被別人娶去了。心中積思成癆，身上的
肉都消瘦了。」而劉希武改譯曰：「情人我所歡，今作他人友。臥病
為卿思，清瘦如秋柳。」[105]「秋柳」一詞並不見於原詩，乃劉希武所
增，可知他所認知的倉央外表也一樣具有陰柔氣質。除了外表，曾緘
以花為喻還有佛經的淵源。〈宮辭〉中「一花開五葉」固然是現成典
故，道出了這位僧王內在與外在的美好，乃是出自《六祖壇經》中的
達摩祖師付法偈：「吾本來茲土，傳法救迷情。一花開五葉，結果自
然成。」[106]暗示禪宗共傳六祖。而倉央恰好是第六世達賴，故曾緘遂
將付法偈之典故信手拈出。如此一來，無疑更為花之比喻增入了一層
涵義，與「不負如來不負卿」的相反相成之意更相契合了。

　　下文所謂「花開結果自然成」也出自付法偈，有承上啟下的功
能，不僅進一步強調倉央身上佛法與愛情之雙重構設，也暗示了二者
在未來無可彌和的扞格中難以並存的悲劇，故而為後文留下了地步。
而這些關節，往往仍然以花為喻。如曾氏寫倉央宮中幽歡：「偶逢天
上散花人，有時邀入維摩屋。」此是《維摩詰經‧觀眾生品》中的現

---

102 Sørensen, Per K., 'Tibetan love lyrics: The love songs of the Sixth Dalai Lama', *Indo-Iranian Journal*, 1988, Vol.31(4), p.276.

103 曾緘：〈我寫〈布達拉宮辭〉〉，曾緘著、寸鐵孫（曾倩）編：《寸鐵堪詩稿》，頁286。

104 〔清〕曹雪芹著、里仁出版社校注：《紅樓夢校注》（臺北：里仁書局，1984年）上冊，頁52。

105 劉希武：〈第六世達賴倉央嘉措情歌六十首〉，《康導月刊》第1卷第6期（1939年），頁102。

106 吳宏一：《六組壇經新繹》（臺北：遠流出版事業公司，2018年），頁312。

成典故，謂天女百花仙子散花來試菩薩聲聞弟子的道行，花於菩薩身上落去，到了弟子身上卻不落。此典一用，則宮中幽歡之女便成了測試倉央定力的天女。如花之僧王本是菩薩轉世，遇上散花之天女，情意自然相投。但如此情意究是聖情還是俗意？詩人特地含糊其詞，拓寬了讀者的想像空間。此外復如冶遊一段，謂「當壚有女顏如花」，又云「昨宵有夢花間住。花間夢醒眼朦朧」，又將酒家女比喻為花。詩人在此處顯然要點出：正因為他們都是自由愛情的追求者，都是愛情與花的化身，相互之間能獲得契合與共鳴。可以說，如此比喻更為早已不新鮮的花意象賦予了一種新的象徵性，扣緊了倉央作為男性與僧人的身分。再觀此詩尾聯，康本作「盡回大地花千萬，供養情天一喇嘛」，[107] 寸本作「願將世界花千萬」，[108] 倉本作「願君折取花千萬」，[109] 從修改的過程中可見曾緘思考的變化。康本只是一種客觀的描述，謂世間有情人皆以倉央為師。寸本則謂自身有此願力，期望天下有情人在倉央的庇佑下盡成眷屬。而倉本更以這種願力為勸，希望世間眾生皆能自由追求愛情，更須以同理心對待他人。而花的意象，至此可謂充塞八紘九宇、有情與無情眾生之間了。

　　雖然曾緘自謂創作前並未謀篇，但全篇的脈絡依然很清晰。整體來看，此篇在抒情的框架下採取了夾議夾敘的方法。觀漢代〈陌上桑〉、〈上山采蘼蕪〉乃至〈孔雀東南飛〉等源自民間的長篇樂府詩中，對白固然較多；而唐代以降，文人詩作無論古近體，卻都較少直接對話的內容。如李商隱七古〈韓碑〉中唐憲宗與韓愈的對話，是有意模仿《尚書・堯典》的風格，且只有一來一往而已。再如白居易

---

107 曾緘：〈布達拉宮詞〉，《康導月刊》第1卷第8期（1939年），頁69。

108 曾緘著、寸鐵孫（曾倩）編：《寸鐵堪詩稿》，頁14。

109 中國藏學出版社編纂：《六世達賴喇嘛倉央嘉措詩意三百年》，頁508。

〈長恨歌〉「在天願為比翼鳥，在地願為連理枝」一聯，[110]從文理而言究竟是明皇太真的對話，還是作者的引述？本來就具有曖昧性。元稹〈連昌宮詞〉中宮邊老翁之語，構成了全篇的主體，但其語畢後，作為敘述者的詩人並未以對話式的直接引語作回應，僅以「老翁此意深望幸，努力廟謀休用兵」一聯收結全詩。[111]這種情況在後世作品中也屢見不鮮。如果詩句含有議論和感慨的內容，則每如曾緘所說，「雖是作者代他立言，不啻若自口出」。因此，這些夾議夾敘的詩句，往往可視為新層次的標記。如「花開結果自然成，佛說無情種不生。只說出家堪悟道，誰知成佛更多情。浮屠恩愛生三宿，肯向寒崖依枯木」三聯，既可當成倉央的獨白，也可當成作者的議論。這段文字在詩中具有承上啟下的功能，對倉央十五歲坐床前的經歷加以收束，並開展關於他追求愛情的新層次。再如「人言活佛能長活，爭遣能仁遇不仁。十載風流悲教主，一生恩怨誤權臣」兩聯，曾緘自云：「在這裡我有意下了斬釘截鐵的斷語，指明這一歷史悲劇的造成，應由藏中的亂臣賊子負責，從而揭露了上層統治的黑暗，語氣極為沈痛。」[112]同樣道理，這個議論性甚強的斷語既是作者自身的認知，也未嘗不可當成詩中主角倉央的感嘆。這段議論或感嘆在全詩中的收結功能，是很明顯的。

　　曾緘又說：「倉央嘉措的故事，到此已經寫畢了，以下照例應該盪出一片餘波。」所謂餘波，是指「他所作的情歌深入人心，人民懷念他，直到求得他轉世的後身而已」。[113]敘述完畢，又寫道：「始知聖主

---

110 〔清〕聖祖皇帝敕撰，曹寅、彭定求等主編：《全唐詩》（北京：中華書局，1960）第13冊，卷435，頁4820。

111 〔清〕聖祖皇帝敕撰，曹寅、彭定求等主編：《全唐詩》，第12冊，卷419，頁4613。

112 曾緘：〈我寫〈布達拉宮辭〉〉，曾緘著、寸鐵孫（曾倩）編：《寸鐵堪詩稿》，頁290。

113 曾緘：〈我寫〈布達拉宮辭〉〉，曾緘著、寸鐵孫（曾倩）編：《寸鐵堪詩稿》，頁290。

多遺愛，能使人心為向背。羅什吞針豈誨淫，阿難戒體知無礙。」[114]
曾緘論後一聯云：「當時僧眾傳說倉央嘉措接近女子，是出於『遊戲
神通』，並非淫亂。這種傳說雖然近於荒誕，但從這裡反映出人民對
他的信任，所以作此兩句，也就有必要了。我本意作餘波的描寫，結
果演出一段倉央嘉措身後的許多事來。」[115]從敘事的脈絡而言，這兩
聯處於交代覓得七世達賴之後，自然不再有倉央獨白的可能，但因餘
波部分本已採用比較抽離的旁觀者敘述角度，故而置於其中並無違和
之感。由於時代、宗教和階層的影響，正如葛桑喇所說，倉央的叛逆
行為是帶有局限性的。曾緘代倉央立言，卻也將二十世紀的思想注入
三百多年前的人物身上。因此，他所形塑的倉央縱然血肉飽滿，卻只
是一個藝術形象，未必能完全復一個真實的倉央。這也說明了歷史與
文學之間的鴻溝，畢竟難以彌縫，卻也沒有彌縫的必要。

　　再者，曾緘雖然注意到〈宮辭〉的主角是一位藏族人物，但他在
撰寫時和改譯情詩一樣，採用了大量的歸化手法。如前所言，他所引
用的佛教偈語、典故，大多來自中土，這一方面是基於自身的知識體
系，另一方面則是為了投合漢地讀者的習慣。如「僧院木魚常比目，
佛國蓮花多並頭」一聯，[116]木魚為法器、蓮花為聖物，但曾緘在此基
礎上運用了漢族文學中象徵愛情的「比目魚」、「並頭蓮」的意象，其
對象讀者為漢人，自不待言。又如謂當壚女子「不遇相如空自嗟」，
採用司馬相如、卓文君的典故，且有將倉央喻為相如之意。「悔不行空
似天馬，翻教踏雪比飛鴻」一聯，出句出自明代劉廷振〈薩天錫詩集
序〉：「殆猶天馬行空而步驟不凡。」[117]對句出自宋代蘇軾〈和子由澠

114　中國藏學出版社編纂：《六世達賴喇嘛倉央嘉措詩意三百年》，頁508。

115　曾緘：〈我寫〈布達拉宮辭〉〉，曾緘著、寸鐵孫（曾倩）編：《寸鐵堪詩稿》，頁291。

116　中國藏學出版社編纂：《六世達賴喇嘛倉央嘉措詩意三百年》，頁507。

117　〔明〕劉廷振：〈薩天錫詩集序〉，收於〔元〕薩都拉著，殷孟倫、朱廣祁校點：
　　《雁門集》（上海：上海古籍出版社，1982年），頁403。

池懷舊〉：「人生到處知何似？應似飛鴻踏雪泥。泥上偶然留指爪，鴻飛那復計東西。」[118]平心而論，這些造語非常巧妙，且於性質上語典多於事典，但其強大的隱喻系統無疑使文本在漢藏文化的角力中向漢文化傾側。然而，倉央的形象也正因如此深得漢地讀者的接受與認同。

五　結語

　　曾緘過世後，家人依然珍藏其〈布達拉宮辭〉鈔本，並邀名人題字。如陶世傑（1900-1984）云：「敘永曾慎言先生，文學政事之餘，尤通內典。所作〈布達拉宮辭〉，流傳四十年矣。主四川大學國文系。卒後，〈布達拉宮辭〉仍有以朱絲闌紙莊書徵題者。為賦二絕，用誌哀思。」其一云：「竹帛煙消運會然，梵天花雨有遺篇。也知綺語干清戒，豔跡能無彩筆傳。」其二云：「十笏維摩美且仁，可憐得眾到來生。君雖洩漏空王秘，業力難埋沒世名。」[119]兩詩將倉央嘉措與曾緘之形象重疊，既嘆惋二人遭遇之坎坷，又稱頌其詩篇之動人。

　　周嘯天則認為：「在倉央嘉措成就曾緘的同時，曾緘也成就了倉央嘉措及其情歌。」[120]其言甚是。曾緘在〈布達拉宮辭〉的餘波部分寫道：「剩有情歌六十章，可憐字字吐光芒，寫來舊日兜棉手，斷盡拉薩士女腸。」黃顥、吳碧雲註云：「兜棉：兜羅綿，梵語棉。亦為草木花絮總稱。比喻細軟。趙樸初〈訪雲岡石窟及華嚴寺詩〉：『鑿巖

---

118 〔宋〕蘇軾著，〔清〕王文誥輯注，孔凡禮點校：《蘇軾詩集》（北京：中華書局，1982）卷三，頁96。

119 陶世傑著、楊啟宇編校：《復丁爐餘錄》（合肥：黃山書社，2010年），頁176-177。

120 周嘯天：〈以易傳之事為絕妙之詞——論曾緘歌行〉，「欣託居：周嘯天藝術網」，http://www.xintuoju.com/html/2017/shiwen_0309/250.html?tbclid=IwAR0YnrhSENW6GAtFEmS-ejh5NVF158HfAOcAI2uWTKQJL8tXZftBCFYuDAY。（2020年5月12日瀏覽）

造佛高數丈，示現手如兜羅綿。』」[121]復參《楞嚴經》中釋迦牟尼對阿難說：「我今示汝兜羅棉手，汝眼見時，心分別不？」[122]所謂兜棉就是細軟的佛手。既然倉央是活佛，故曾氏稱其創作之手為兜羅棉手。而曾氏先後為倉央嘉措作傳、譯詩，又創作〈布達拉宮辭〉，對倉央其人加以形塑，甚乃以倉央之代言者自居，妙筆生花，亦何嘗不可謂兜棉之手！自從此詩於一九三九年初發於《康導月刊》後，曾緘便一直有所修改，至一九六〇年代才寫成定本。尋繹曾氏修改情況，自可進一步認識此詩的價值。然因文獻不足徵，在這漫長修改過程中的各種本子，已不易覓得。所幸曾倩主編《寸鐵堪詩稿》附有曾緘晚年撰著的〈我寫〈布達拉宮辭〉〉一文，讓我們較清晰地了解其創作的實況。此外，《寸鐵堪詩稿》、《六世達賴喇嘛倉央嘉措詩意三百年》及《康導月刊》的所收此詩，文字皆各有異同。本章通過比勘，認為倉本比寸、康二本的文字更為圓熟，當是最晚修訂之本。至於詩序方面，則是曾氏增刪點竄〈略傳〉文字而成。然後，本章考察〈宮辭〉與詩序、略傳及譯詩的互文情況，認為這幾種著作都是在于譯本的參照下完成的。〈略傳〉的撰構、〈情歌〉的改譯，是寫作〈宮辭〉必要的前置工作。

在上述考察的基礎上，本章繼而探討〈宮辭〉如何對倉央進行人物形塑。吾人先研究〈宮辭〉如何對倉央的外觀與內心加以描繪，再分析其寫作手法的運用。對於倉央的背景，曾緘嘗試點出其出生地及父母名字來映襯其身世不凡、遺世獨立，繼而描摹其相好莊嚴，從外

---

121 中國藏學出版社編纂：《六世達賴喇嘛倉央嘉措詩意三百年》，頁508。原詩見趙樸初：《趙樸初韻文集》（上海：上海古籍出版社，2003）上冊，頁256。

122 〔唐〕般剌蜜帝譯：《大佛頂如來密因修證了義諸菩薩萬行首楞嚴經》卷一，收入大藏經刊行會編輯：《大正新脩大藏經》（臺北：新文豐圖書公司，1983-1985）第19冊，頁107。

表之美好來隱喻內心之純潔（縱然史料中並未詳細記載其長相）、從衣著之華麗透露其地位之高貴。內心活動方面，曾緘緊扣「成佛更多情」一語，詳細聚焦於兩點，一為微服冶遊的經過，二為事跡敗露後義無反顧的態度，並對此表達了讚許之情。現存倉央嘉措史料頗為零碎，曾緘僅選取這兩點來凸顯其內心思想，卻最具代表性和感染力。寫作手法方面，縱然〈宮辭〉為舊詩體裁，但不僅是新選題，還具有新認知、新觀念，故能不落傳統懲惡勸善、刻意迴護的窠臼。曾緘以花作為倉央的隱喻，強調其美好，也期待世人以其為師，追求、珍惜純潔的愛情，蘄達人性中的至善至美，並透過「歸化」的方式讓漢地讀者對倉央感到可親。以上這些寫作手法，對於倉央之人物形塑，都起了重要作用。在以上兩方面的探析過程中，本章有不少論點皆是透過〈宮辭〉三個版本的比對而得到的。由此可知，曾緘抱持著「詩不厭改」的心態，以近三十年時間不斷完善〈宮辭〉的文本，這不僅令他對倉央嘉措的人物形塑更為完美，也讓吾人窺見他創作不懈的心路歷程，為「清末一代」舊體詩人及作品的研究提供了又一個良佳的範例。

第四章
豔詞還自寫：
盧前〈倉央嘉措雪夜行〉套數探究

一　引言

　　盧前（1905-1951），原名正坤，字冀野，自號飲虹、小疏，南京人，曲學研究者及詩人。年十餘能文章、好韻語。一九二二年入讀國立東南大學（後更名國立中央大學、南京大學）國文系，師從吳梅（1884-1939），並受業於王瀣（1871-1944）、柳詒徵（1880-1956）諸君，與任訥（1897-1991）、汪經昌（1910-1985）並稱吳梅三大弟子。畢業後執教於金陵、河南、暨南、光華、四川、中央等大學，講授文學、戲劇。曾任《中央日報》「泱泱」主編、國民政府國民參政會四屆參議員、國立音樂專科學校校長、南京市文獻委員會主任、南京通志館館長等。一九五一年，病逝於南大醫院。據朱禧所整理之「盧冀野書目」，其著作達五十五種，整理刊印書籍四十三種，此外尚有單篇論文及譯作若干。[1]

　　盧前創作之〈倉央嘉措雪夜行〉套數，[2]是大陸易幟之前，以這位僧王為主題的又一舊體文學作品。一九八二年，歷史學家彭靜中為盧前〈倉央嘉措雪夜行〉作跋，謂這個套數「是一九四一年，金陵盧前冀野在重慶復興關下聽活佛喜饒嘉措大師言六世達賴蒼悉嘉措，因情破戒，坐廢而死一事，所度的散曲套數」，又云：「倉央情事，多形

1　朱禧：《盧冀野評傳》（南京：江蘇古籍出版社，1994年），頁144-160。
2　此曲後文簡稱〈雪夜行〉。

詩詞，以套數為僅見。」[3]若就舊體文學形式而言，大陸易幟以前僅曾織七絕改譯〈六世達賴倉央嘉措略傳〉、〈六世達賴情歌六十六首〉、〈布達拉宮辭〉及劉希武五絕改譯〈第六世達賴倉央嘉措情歌六十首〉四種而已，皆發表於一九三九年的《康導月刊》。盧前這組套數當為第五種。盧氏自序云：「復興關下，夜共喜饒（嘉措）大師談。」[4]並未詳言創作年代。據沈沛霖回憶，一九三八年，國民黨設立中央訓練團，負責分期分批調訓全國黨政軍各級幹部。武漢失守後，中訓團輾轉遷往重慶浮屠關，蔣介石提議易名復興關。[5]查《飲虹樂府》中，〈倉央嘉措雪夜行〉前為〈感逝篇〉，悼念七位國民參政會參議員，其中最晚逝世者為侯樹彤（1905-1941）；後為〈白沙秋思追和東籬〉，作於一九四一年。[6]由此可證，彭靜中所言創作之時間地點大抵不虛。

彭氏據盧前自序所言，謂其創作這組套數，乃是緣於「聽活佛喜饒嘉措大師言六世達賴倉央嘉措，因情破戒，坐廢而死一事」。[7]喜饒嘉措係藏傳佛教高僧，一九三七年加入國民黨，任國民參政會參議員。抗戰爆發後，前往邊區積極宣傳救國抗日，國府因而於一九四〇年冊封其為「輔教宣濟禪師」。盧前亦為國民黨籍的參政會四屆參議員，曾擔任《中央日報》「泱泱」主編，故在大後方得以親炙喜饒嘉措。查盧氏《飲虹樂府》，有兩首致贈喜饒之作。第一首〈仙呂後庭花‧送喜饒嘉措長安寺〉作於一九三八年，記載了他當天與大師暢談

3　中國藏學出版社編纂：《六世達賴喇嘛倉央嘉措詩意三百年》（北京：中國藏學出版社，2011年），頁510。

4　盧前原著、盧偓箋註：《飲虹樂府箋註（套曲）》（揚州：廣陵書社，2011年），頁120。

5　沈沛霖口述、沈建中撰寫：《沈沛霖回憶錄》（臺北：獨立作家〔秀威資訊〕，2015年），頁189。

6　盧前原著、盧偓箋註：《飲虹樂府箋註（套曲）》，頁119、130。

7　中國藏學出版社編纂：《六世達賴喇嘛倉央嘉措詩意三百年》，頁510。

漢藏詩歌的欣喜之情。[8]盧偓指出，盧前《民族詩歌論集》第一章
〈邊疆文學鳥瞰〉有〈西藏詩說〉一節，其內容多來自喜饒所言。[9]
盧偓又云：

> 這天，喜饒大師對來訪的朋友，比較詳盡地介紹了西藏詩歌的
> 源流，重點介紹了印度詩人尤巴和他的《詩鑑》；不僅饒有興
> 致地為朋友誦讀了印度詩人尤巴的《詩鑑》，還把自己用長短
> 相間體所作的《達賴喇嘛傳記》出示給作者看。應該說這天兩
> 位詩人，特別是喜饒大師的談興甚濃，讓完全不懂藏文和藏族
> 詩歌的盧前茅塞頓開並大開眼界，回家後，他按捺不住內心的
> 興奮，於是度曲一首，記錄下這愉快而難忘的一幕。以後，在
> 盧前的〈西藏詩說〉裡，他將喜饒大師的觀點做了比較通俗的
> 闡釋，都寫進了《民族詩歌論集》。[10]

不難猜想，盧前對於倉央的認識，大概也源自喜饒大師的這番談話。
大師所撰《達賴喇嘛傳記》今已難見，但其內容蓋為歷代達賴之故
事，因而涉及倉央。此外，值得一提的是《飲虹樂府》還錄有〈越調
天淨沙‧送喜饒嘉措還拉薩〉一首，自註謂此曲乃「本師見贈之藏文
詩句原意」，[11]可見二人此時已確認了師徒關係。

　　不過觀套數內容，可知盧前在創作時當亦參考過曾緘的相關著
作。如其自序謂倉央：「儀容俊美，文采秀發」，又云「說者謂其『後

8　盧前原著、盧偓箋註：《飲虹樂府箋註（小令）》（揚州：廣陵書社，2009年），頁
　　191-192。

9　盧前：《盧前文史論稿》（北京：中華書局，2006年）《民族詩歌論集》，頁282-283。

10　盧前原著、盧偓箋註：《飲虹樂府箋註（小令）》，頁192。

11　盧前原著、盧偓箋註：《飲虹樂府箋註（小令）》，頁222-223。又見盧前：《盧前詩詞
　　曲選》（北京：中華書局，2006年），頁200。

宮深苑，時具幽歡』」。[12]此大率皆曾緘〈略傳〉中語。[13]盧氏自序且
曰：「南唐後主，北宋道君，得倉央嘉措而三矣。」[14]彭靜中頗不以為
然，謂此言「均為不倫」。[15]然參曾緘追憶初到西康覓得倉央情詩時：
「見它哀感頑艷，和中土詩人李義山、李後主比起來，似無愧色。」[16]
劉希武則云：「概其生平，醋醉於文藝而視尊位如敝屣，其與南唐李
煜何以異？惟不識其辭廟之日，有無揮淚對宮娥之悲；赴京之秋，有
無不堪回首之恨耳？」[17]可見將倉央與李後主相提並論，在「清末一
代」詩人中絕非孤例。故此，盧前所謂「說者」，當即曾緘爾。再觀
套數中〔侍香金童〕幺篇云：「道汪波蕩桑名字別。」[18]查于道泉譯本
作：「在拉薩下面住時，是浪子宕桑汪波。」[19]曾緘譯本作：「夜走拉
薩逐綺羅，有名蕩子是汪波。」[20]劉希武譯本作：「變名為蕩子，下游
拉薩城。」[21]其中僅有于道泉原譯本列出了這個化名的全稱。由此看
來，盧氏於喜饒嘉措處得聞倉央其人其詩後，雖有撰寫套數的念頭，
但正式動筆前，應先參考過于道泉、曾緘等學者的相關著作。

---

12 盧前原著、盧偓箋註：《飲虹樂府箋註（套曲）》，頁120。

13 中國藏學出版社編纂：《六世達賴喇嘛倉央嘉措詩意三百年》，頁51。

14 盧前原著、盧偓箋註：《飲虹樂府箋註（套曲）》，頁121。

15 中國藏學出版社編纂：《六世達賴喇嘛倉央嘉措詩意三百年》，頁510。

16 曾緘：〈我寫〈布達拉宮辭〉〉，曾緘著、寸鐵孫（曾倩）編：《寸鐵堪詩稿》（北京：北京聯合出版公司，2015年），頁285。

17 劉希武：〈第六世達賴倉央嘉措情歌六十首〉，《康導月刊》第1卷第6期（1939年），頁100。

18 盧前原著、盧偓箋註：《飲虹樂府箋註（套曲）》，頁121。

19 于道泉：《第六代達賴喇嘛倉央嘉措情歌》（臺北：老古出版社據中央研究院歷史語言研究所集刊影印，1978），頁150。

20 曾緘：〈六世達賴情歌六十六首〉，《康導月刊》第1卷第8期（1939年），頁65。

21 劉希武：〈第六世達賴倉央嘉措情歌六十首〉，《康導月刊》第1卷第6期（1939年），頁103。

二　〈倉央嘉措雪夜行〉之體式

　　盧前為曲學大師吳梅高足，畢生致力於曲學之研究與創作。他曾撰寫《散曲史》、〈論曲絕句〉，以散曲、套數為正宗。又自言：「甲子之歲（1924），余始治曲，從長洲吳先生遊。既三四年，乃專致力於散曲，以雜劇傳奇粉墨登場者日以少，場上之書案頭置放，轉不若散曲之可抒為性情也。蓋詩道廣而難精，詞境狹，已難闢戶牖，惟散曲為前人未竟之業，且一篇脫手，播諸管樂，亦一樂也。」[22]又引其師兄任訥之說曰：「散曲既無雜劇骨董之嫌，又無傳奇滯重之弊，昔謂傷雅，曾見疏於詞林；今以率真，轉重於文苑。」[23]傳統所以視散曲為「傷雅」，乃由於其以白話入曲，故而流俗。然五四以後，白話文盛行，且盧氏本人也從事新文學創作，故對散曲頗為推崇。盧偓指出，盧前在古今散曲作家群中，是創作數量最多、題材最廣的作家，其散曲且有日記體特徵。[24]舉例而言，一九四六年，他隨元老于右任赴新疆，參加新疆省聯合政府成立典禮之餘，暢遊天山南北，並將見聞填作〈天淨沙〉一百零八首，編成《西域詞紀》。[25]由此足見他對散曲的重視。

　　盧前云：「小令、套數，實為散曲之二體。小令與套數於短長、單復、尾聲有無之間，並不足以識別。而令曲首各一韻，套數套守一韻，分割最顯，無煩申說。」[26]《西域詞紀》乃隨遊隨寫，故採用散

22　盧前：《盧前筆記雜鈔》（北京：中華書局，2006年），頁447。

23　盧前：《散曲史》，載《盧前曲學三種》（北京：商務印書館，2014年），頁11。

24　盧偓：〈盧前與中國曲學〉（代序），盧前原著、盧偓箋註：《飲虹樂府箋註（套曲）》，頁9。

25　盧前：《新疆見聞》（南京：中央日報社，1947年），頁41-56。

26　盧前：《散曲史》，載《盧前曲學三種》，頁4。

曲小令的方式，較具彈性。此即盧氏所謂「重頭」體式。[27]而今人胡
忌指出，南曲、北曲中用聯曲體的長套曲子，一般稱為「套數」，它
的來源主要是宋代的「賺詞」和比「賺詞」略早的「纏令」、「纏
達」。[28]詠倉央事必須有通盤謀劃，單篇小令篇幅過短，重頭過於單
調，套數無疑更為適合。對於套數的體裁與寫作手法，盧前引明代王
驥德《曲律·論套數第二十四》之說云：

> 套數之曲，元人謂之樂府，與古之辭賦、今之時義，同一機
> 軸。有起有止，有開有闔。須先定下間架，立下主意，排下曲
> 調，然後遣句，然後成章。切忌湊插，切忌將就。務如常山之
> 蛇，首尾相應；又如鮫人之錦，不著一絲紕纇。意新語俊，字
> 響調圓。增減一調不得，顛倒一調不得。有規有矩，有色有
> 聲，眾美具矣。而其妙處，正不在聲調之中，而在句字之外。
> 又須煙波渺漫，姿態橫逸，攬之不得，挹之不盡。摹歡則令人
> 神蕩，寫怨則令人斷腸，不在快人，而在動人。此所謂風神，
> 所謂標韻，所謂動吾天機。不知所以然而然，方是神品，方是
> 絕技。即求之古人，亦不易得。〔……〕大略作長套曲，只是
> 打成一片，將各調臚列，待他來湊我機軸；不可做了一調，又
> 尋一調意思。[29]

又引同書〈論章法第十六〉云：

---

27 盧前：《散曲史》，載《盧前曲學三種》，頁5。
28 胡忌：〈沈瀛《竹齋詞》中的套曲〉，《南京師大學報（社會科學版）》1981年第1
   期，頁45。
29 盧前：《散曲史》，載《盧前曲學三種》，頁136-137。參〔明〕王驥德：《曲律》（上
   海：六藝書局，1932），頁71-72。

作曲，猶造宮室者然。工師之作室也，必先定規式，自前門而廳、而堂、而樓，或三進、或五進、或七進，又自兩廂而及軒寮，以至廩庾、庖湢、藩垣、苑榭之類，前後、左右、高低、遠近、尺寸無不瞭然胸中，而後可施斤斧。作曲者，亦必先分段數，以何意起，何意接，何意作中段數衍，何意作後段收煞，整整在目，而後可施結撰。此法，從古之為文、為辭賦、為歌詩者皆然；於曲，則在劇戲，其事頭原有步驟；作套數曲，遂絕不聞有知此竅者，只漫然隨調，逐句湊泊，掇拾為之，非不聞得一二好語，顛倒零碎，終是不成格局。[30]

總結盧前所引用的兩段文字，有三個重要比喻，亦即常山之蛇、鮫人之錦以及造宮室。常山之蛇首尾相應，是指文義上的一氣呵成。鮫人之錦不著一絲紕纇，是指文字亮麗無瑕疵，精煉無枝蔓。造宮室則謂下筆前有通盤謀劃，然每一曲又有其相對獨立的主旨。可以說，與單支的小令相比，套數的篇幅要大得多，音樂和文學表現力也都因而具有更大的發揮空間。

就〈雪夜行〉而言，盧前採用的〔黃鐘侍香金童〕，乃是出自元代關漢卿：

〔黃鐘侍香金童〕春閨院宇，柳絮飄香雪。簾幕輕寒雨乍歇，東風落花迷粉蝶。芍藥初開，海棠才謝。

〔幺〕柔腸脈脈，新愁千萬疊。偶記年前人乍別，秦臺玉簫聲斷絕。雁底關河，馬頭明月。

〔降黃龍袞〕鱗鴻無個，錦箋慵寫。腕鬆金，肌削玉，羅衣寬

30　盧前：《散曲史》，載《盧前曲學三種》，頁137。參〔明〕王驥德：《曲律》，頁63。

微。淚痕淹破，胭脂雙頰。寶鑑愁臨，翠鈿羞貼。

〔幺〕等閒辜負，好天良夜。玉爐中，銀臺上，香消燭滅。鳳幃冷落，鴛衾虛設。玉筍頻搓，繡鞋重擸。

〔出隊子〕聽子規啼血，又西樓角韻咽。半簾花影自橫斜，畫檐間丁當風弄鐵，紗簾外琅玕敲瘦節。

〔幺〕銅壺玉漏催悽切，正更闌人靜也。金閨瀟灑轉傷嗟，蓮步輕移呼侍妾：「把香桌兒安排打快些。」

〔神仗兒煞〕深沉院舍，蟾光皎潔。整頓了霓裳，把名香謹爇。伽伽拜罷，頻頻禱祝：「不求富貴豪奢，只願得夫妻每早早圓備者！」[31]

該套數為黃鐘調，其格式依次為〔侍香金童〕—〔幺〕—〔降黃龍袞〕—〔幺〕—〔出隊子〕—〔幺〕—〔神仗兒煞〕等七曲。學者指出，關漢卿這組套數描寫的是一個思婦對遠別之夫刻骨銘心的思念，筆酣墨飽，自始自終，寫得揮灑淋漓，感情真切。首曲起句「春閨院宇，柳絮飄香雪」，描寫暮春景色，清新雅致。中間五支曲子，採用了排比、誇張等藝術手法，反覆而盡情地渲染思婦寂寞、冷落的生活環境和孤獨、憂傷的心理狀態，給人以飽滿、浩蕩的感覺。如此反復、盡情地渲染還造成一種愁雲迷霧的氣氛，一個情景溶渾的藝術境界，從而把思婦思念之深、思念之苦、思念之切都表達得淋漓盡致。尾句「只願得夫妻每早早圓備者」，結得自然而響亮，具有振起全篇精神的作用。[32]進而言之，這組套數以〔侍香金童〕為引，〔神仗兒煞〕為尾聲，實際上已將主題道出泰半。而〔幺〕—〔降黃龍袞〕—

31 〔元〕關漢卿著、馬欣來輯校：《關漢卿集》（太原：山西人民出版社，1996年），頁457-458。

32 蔣星煜等：《元曲鑒賞辭典》（上海：上海辭書出版社，1990年），頁77-79。

〔幺〕―〔出隊子〕―〔幺〕五曲作為中段，可視為鋪張揚厲之賦筆。

關漢卿此曲，所押為《中原音韻》之車遮韻，而盧前〈雪夜行〉亦然，當有和韻之意，且其現存作品中，此套式所作唯此一篇而已。[33] 茲將全曲迻錄如下：

> 〔侍香金童〕壚邊淺笑，有個人如月。何以投之只一瞥，從茲繞花迷粉蝶。拉薩王城，願無虛夜。
>
> 〔幺〕黃衫白皙，成溫文歡愛絕。不是浪子尋春遊狹邪，道汪波蕩桑名字別。早誓海盟山，並頭香爇。
>
> 〔降黃龍袞〕把百年恩愛，兩心相結。暗中來，更盡去，不肯將春光偷泄。在布宮深處，便門初設。著意安排，十分寧貼。
>
> 〔幺〕誰料的彼蒼搬弄，漫天狂雪。屐齒兒呵印泥塗，留鴻爪，好事一時決徹。受刀唇劍指，萬千言說。竟道是錯失菩提，遇下了這般冤孽。
>
> 〔出隊子〕比個李重光銷魂時節，畫堂東畔些。手提金縷下階疊，夜半搖紅燭影斜，香馥郁的豔詞還自寫。
>
> 〔幺〕更比個道君皇帝金鐶謁，對爐煙錦幄遮。調笙私語聲相協，纖手新橙裝甫卸，勸馬滑霜濃還駐車。
>
> 〔神仗兒煞〕是三生聖哲，歷諸天浩劫。能幾個為著情殉，傳留下蓮花妙舌？算帝王計劣，論文章不拙。唱倉央這回行雪，莫笑是癡呆，普天下不癡呆的哪裡有情種也！[34]

對於套數中七曲的句式和襯字，盧偓皆一一釐清。茲表列如下：

---

33 盧前原著、盧偓箋註：《飲虹樂府箋註（套曲）》，頁122。
34 盧前原著、盧偓箋註：《飲虹樂府箋註（套曲）》，頁120-122。

表一

曲牌	句式	襯字
侍香金童	四五、七七、四四，六句四韻	
幺		忒、不是、道、早
降黃龍袞	四四、三三四、四四、四三，九句三韻	把、不肯將、在、十
幺		誰料的、屜齒兒呵、好事、受、競道是、遇下了這
出隊子	四五、七七七，五句五韻[35]	比個李重光、香、的
幺		更比個道君皇、對、勸
神仗兒煞	四四、四四、四四、七五六，九句八韻	是、歷、能幾個、傳留下、算、論、普天下不癡呆的[36]

總計二十七處，六十字。除了第一曲外，其餘六首皆有襯字。這些襯字不僅豐富了套數的內容，更使節奏更為抑揚頓挫、韻味更為生動活潑。

三 〈倉央嘉措雪夜行〉之謀篇

盧前撰寫〈雪夜行〉之前，已從喜饒嘉措處得知倉央許多掌故，又參考了于道泉、曾緘的相關著作，不難推斷，他對於倉央其人其詩應是頗為了解的。誠如盧偓所言：「作者抱著同情惋惜的態度，把從喜饒嘉措那裡聽來的倉央的故事譜成一組套數，對其事做了生動形象的描述，在當時對於漢藏民族間的文化交流具有積極意義。」[37]盧前

---

35 盧偓此處並未註明句式，茲依其對襯字之認知而推出。

36 盧前原著、盧偓箋註：《飲虹樂府箋註（套曲）》，頁122-124。

37 盧前原著、盧偓箋註：《飲虹樂府箋註（套曲）》，頁125。

出於辨體意識及個人好尚，選擇以套數而非「骨董雜劇，滯重傳奇」為撰寫體裁。倉央的情事雖然備受關注，但情節脈絡亦甚簡單。若要撰成雜劇傳奇，內容殆不足以支持。且他的幾位情人之中，唯有當壚女略知其職業，然姓名、背景卻於史無徵，餘者更不待言。女主角若性格形象模糊，此劇恐怕也算不上成功。且「後宮深苑，時具幽歡」與「易服微行，獵豔拉薩」全部入劇，不僅不能進一步烘托倉央的形象，反而可能貽漢地讀者觀眾非議。情節、主題之不聚焦，尚在第二義。若勉強為之，必須於原事有所修改，並增加大量虛構情節。但這又偏離了向漢地推介倉央其人其詩的本意。故此，倉央故事情節的「先天不足」，也是難以採用戲劇體裁的重要理由。一旦採用套數形式，彈性就大為增加：既可保留戲曲的敘事特徵，又不必撰構對白、揣摩角色的思想和語氣。作者可以站在全知（omniscient）的角度，夾議夾敘，而無須每每將議論與敘事透過角色之口而道出。沒有舞臺的限制，作者便不太需要考量各種技術性細節，一任筆底天馬行空，時在雪山之巔，時在青海之畔，無所不可。

　　不過正因如此，套數作為案頭讀物的性質，也遠甚於表演性。這樣一來，它的體裁特徵便與古詩之歌行體、長短句之慢詞比較接近了。進一步說，選用〔黃鐘侍香金童〕套數而寫成的〈雪夜行〉亦僅含七曲而已，全篇二百九十字，比起曾緘〈布達拉宮辭〉的六百一十六字，不及一半。兼以不同於〈布達拉宮辭〉以文言為主，〈雪夜行〉乃是文白相間，可以承載的內容必然較少，自然不可如歌行體那般從頭開始（ab ovo）進行長篇敘事，並添入「餘波」。即使選取篇幅較長的套數，也無必要：曾緘〈布達拉宮辭〉已珠玉在前，又何必續貂，架床疊屋？因此，盧前在這組套數的主體敘事內容上僅選取了「雪夜行」的環節，至於西藏的時代背景、倉央的成長環境、冶遊動因、罷黜後的下場，皆未入曲。倉央情事中，「雪夜行」的環節固然最為精

彩，以此為主題，能收聚焦之效。且這段情節有倉央本人之情歌為
證，將這些情歌融入套數中，可令全曲別具風致。不難發現，盧前雖
然兼擅詩詞曲創作，卻仍決定以套數方式來創作倉央情事，顯然是要
在曾緘等人的作品之後另闢蹊徑。可以說，無論在體裁還是內容的考
量上，盧前都運用了「避重就輕」的方式，但這也正是〈雪夜行〉成
功的主要因素。

　　由於主旨不同，盧前〈雪夜行〉此作的結構與關漢卿的〔黃鐘侍
香金童〕原作頗有不同。盧偓說：「在散曲套數中，這屬於典型的敘
事體。」[38]第一曲〔侍香金童〕既是引子，也具有敘事功能，承擔了
部分「雪夜行」的內容環節。其中「拉薩王城，願無虛夜」二句，[39]
可謂一個冒頭，揭示了下兩曲的內容。其次〔侍香金童〕幺篇與〔降
黃龍袞〕進一步講述了倉央與情人幽會的故事。幺篇道及倉央改換名
字，微服出遊而有豔遇，〔降黃龍袞〕則談到他時常由布達拉宮旁的
便門外出，晚出早歸，無人知曉。緊接著的〔降黃龍袞〕幺篇寫幽會
之事敗露，遭到指責乃至罷黜。再次的〔出隊子〕與幺篇分別道出李
後主和宋徽宗的幽會故事。最後的〔神仗兒煞〕以「普天下不癡呆的
哪裡有情種也」之議論收結，兼具抒情之意。若從曲牌來看章法，
〔侍香金童〕兩首，第一首為起，第二首為承，內容諧和一致。〔降
黃龍袞〕兩首，第一首承上而來，第二首筆鋒一轉，形成張力。〔出
隊子〕兩首盪開一筆，拉後主、徽宗以作陪襯，雖似橫雲斷山，然而
意緒相連。末了以〔神仗兒煞〕盛讚倉央收結，因為不復有幺篇複沓
在後，故而氣勢一往無前。由此可見，盧前在繼承關漢卿之餘，又別
出心裁，頗有創新。這種體式、方法，與字數劃一之近體詩、句式劃
一之重頭小令相比，自然更為靈動。

---

38 盧前原著、盧偓箋註：《飲虹樂府箋註（套曲）》，頁125。
39 盧前原著、盧偓箋註：《飲虹樂府箋註（套曲）》，頁121。

　　進而言之，〈雪夜行〉固然有夾議夾敘的特色，但細看七曲，又各有不同之處。如前四首作為「雪夜行」及後續故事的主體，其內容既可視為作者的敘事，也可視為倉央的自白，而兩重敘事者的身分差異又有一定的曖昧不清之處。如〔侍香金童〕「拉薩王城，願無虛夜」二句乃是祈使語氣，若是倉央自白，顯然更為貼合身分；但若看作敘事者抱持著對主角的同情，樂其所樂而憂其所憂，故而發出如此感嘆，也未嘗不可。如此更饒鏡花水月之致。又如〔降黃龍袞〕幺篇：「竟道是錯失菩提，遇下了這般冤孽。」這兩句的言說者身分更為複雜，既可看成僧眾的說辭，具有同情之意；也可當作倉央在自白中引用僧眾之說，具有自解之意；還可視為作者徵引倉央或僧眾的敘述，客觀而不失同理心。當這些各各相異的身分同時出現在曲中時，不同的情態都三位一體地渾融無跡，卻又能為讀者開啟更寬廣的解讀空間。

　　至於次二首的〔出隊子〕，乃是拉入李後主、宋徽宗作陪，進一步映襯出倉央的詩人帝王形象，且將之與中土帝系鉤連融入。第一首主要引用李後主詞〈菩薩蠻・花明月暗籠輕霧〉，第二首主要引用周邦彥詞〈少年遊・并刀如水〉。彭靜中認為：「序言比之李後主、宋道君，均為不倫。普天下情種皆癡，指在社會道德範圍內之事，過此以往，不足言矣！」[40]對於盧前如此比擬並不以為然。而盧偓認為：「作者站在中華民族大家庭的立場上，將中國歷史上具有同類性格特點的帝王作了很好的歸納，將南唐後主李煜、北宋徽宗趙佶和達賴六世倉央嘉措並列而三加以評論，這點頗具眼光。其三者雖民族不同，但同屬中華民族大家庭中的古代風流帝王，都有傑出的文才而無治國之力，最終導致國破家亡、個人徹底失敗的可悲下場。這一點不是所有的人都能理解的。比如《倉央嘉措及其情歌研究（資料彙編）》（黃

---

40 中國藏學出版社編纂：《六世達賴喇嘛倉央嘉措詩意三百年》，頁510。

顥、吳碧雲主編，西藏人民出版社一九八二年六月版第五百五十七頁）對這套曲子的評價是：『（引文略）。』此論奢望三百年前的達賴喇嘛倉央嘉措符合『社會道德』，可謂不倫不類，此論突顯文革遺風矣。」[41]實際上，盧前筆下倉央，已先由曾緘等人形塑過；而李後主、宋徽宗相關內容之素材，也主要取自文學作品而非史書。易言之，〈雪夜行〉中的這三位帝王詩人，基本上都是以藝術形象出現的。藝術形象與歷史形象有差異，本屬常態，吾人固不可持歷史上之唐玄宗去苛責白居易、洪昇的描摹不能存真。且如前所言，盧前這組套數僅聚焦於微服冶遊，而不枝蔓於「後宮深苑，時具幽歡」之事（文獻所限也無法足徵），其對於古今道德觀念差異之問題，蓋已有所注意。當然，盧前作為國民黨員、《中央日報》編輯，撰寫這組套數雖以文學動機為主，卻也不無政治考量。站在古代法統觀而言，宋徽宗、李後主皆是亡國之君，卻一居正統、一為閏餘。國民政府雖以歷代法統繼承者自任，但此時已非帝制年代，新說紛起；何況國弱民困之際，不將徽宗、後主之正閏問題剖析毫釐，更能贏取不同地域的民心。因此，將倉央與徽宗、後主並置，當有一定國族意識之考慮——至少盧偓謂其「站在中華民族大家庭的立場」，固屬事實。

尾聲〔神仗兒煞〕總收三人之事，感嘆道：「能幾個為著情殉，傳留下蓮花妙舌？算帝王計劣，論文章不拙。」政治以求利為主，文學以求美為主，因愛情而產生的文學作品更是如此，故盧前稱許為「蓮花妙舌」。正如藏族民歌所唱：「喇嘛倉央嘉措，別怪他風流浪蕩。他所追尋的，和我們沒有兩樣。」[42]倉央對愛情的追求能令藏民產生共鳴與親切感，不再將之視為高高在上的異類。李後主、宋徽宗

---

41 盧前原著、盧偓箋註：《飲虹樂府箋註（套曲）》，頁125。
42 中國藏學出版社編纂：《六世達賴喇嘛倉央嘉措詩意三百年》，頁114。

之於漢人亦庶幾近之。否則以超過三分之一的珍貴篇幅來講述後主、徽宗的故事，豈非附贅懸疣？因此，將三位帝王詩人美化後之藝術形象向讀者展示，自有在漢藏文化之間尋求溝通共鳴之意。

四　〈倉央嘉措雪夜行〉之互文

　　如前節所論，盧前在撰寫〈雪夜行〉時，主要參考了曾緘等人的相關作品。因此，尋繹〈雪夜行〉與其前文本（pre-text）之間的互文關係，以見其構築的方式，是有必要的。首先，吾人可考察其與倉央情詩的互文。如〔侍香金童〕幺篇：

> 不是浪子尋春遊狹邪。道汪波蕩桑名字別。

此倉央冶遊化名之事，即來自于道泉情詩譯本第50C首：「在拉薩下面住時，是浪子宕桑汪波。」而曾緘譯本第54首則作：「夜走拉薩逐綺羅，有名蕩子是汪波。」又〔降黃龍袞〕：

> 暗中來，更盡去，不肯將春光偷泄。

即于譯本第50A首：「不要告訴人我薄暮出去，不要告訴人我破曉回來。」[43]曾譯本第52首作：「莫道夜深吾出去，莫言破曉我歸來。」[44]「不肯將春光偷泄」，亦即告密之意。〔降黃龍袞〕幺篇：

---

43 于道泉：《第六代達賴喇嘛倉央嘉措情歌》（南京：中央研究院歷史語言研究所單刊甲種，1930），頁146。

44 曾緘：〈六世達賴情歌六十六首〉，《康導月刊》第1卷第8期（1939年），頁68。

誰料的彼蒼搬弄，漫天狂雪。屐齒兒呵印泥塗，留鴻爪，好事
一時決徹。

則來自于譯本第50C首：「秘密也無用了，足跡已印在了雪上。」及曾
譯本第54首則作：「而今秘密渾無用，一路瓊瑤足跡多。」為了配合
句式長短不一的風格，盧前在文字上作了不少調整，茲不一一比對。

除了倉央情詩外，盧前蓋亦參考了曾緘的〈六世達賴倉央嘉措略
傳〉。如〔降黃龍袞〕：

在布宮深處，便門初設。著意安排，十分寧貼。

〈略傳〉云：「於所居布達拉宮別為便門，躬掌鎖鑰，夜則從便門
出。」[45]而同曲幺篇：

受刀唇劍指，萬千言說。竟道是錯失菩提，遇下了這般冤孽。

當來自〈略傳〉所言：「諸不慊於第巴桑結者，故疑所立達賴為偽，
至是稔其無行，愈譁言其非真達賴。」又：「康熙四十四年，拉藏汗
〔……〕召大寺喇嘛雜治倉央嘉措，諸喇嘛惟言倉央嘉措迷失菩提而
已，無議罪意。」[46]菩提代表覺醒，無覺便是迷失。盧氏改「迷失」
為「錯失」，乃因平仄安排之故。值得一提的是，盧前與曾緘、劉希
武等人一樣，在創作時嘗試尋找漢藏文學中的相通意象。如〔侍香金
童〕：

---

45 曾緘：〈六世達賴情歌六十六首〉，《康導月刊》第1卷第8期（1939年），頁51。
46 曾緘：〈六世達賴情歌六十六首〉，《康導月刊》第1卷第8期（1939年），頁51-52。

壚邊淺笑，有個人如月。何以投之只一瞥，從茲繞花迷粉蝶。

此蓋來自情詩于譯本第32首：「若當壚的女子不死，酒是喝不盡的。」[47]
曾譯本第34首則作：「傳語當壚諸女伴，卿如不死定常來。」[48]不過，
熟悉詩詞的讀者不難發現，前兩句也與五代韋莊〈菩薩蠻・人人盡說
江南好〉互文：「壚邊人似月，皓腕凝霜雪。」進而言之，「似月」的
意象卻又回到了倉央情詩上。于譯本第1首：「從東邊的山尖上，白亮
的月兒出來了。『未生娘』的臉兒，在心中已漸漸地顯現。」[49]曾譯本
則作：「心頭影事幻重重，化作佳人絕代容。恰似東山山上月，輕輕走
出最高峰。」[50]如是一來，短短兩句竟然紀錄了幾種前文本的合唱，
可謂妙絕。又如「繞花迷粉蝶」一句，雖是漢文學常見之語，然亦與
倉央情詩相應。如于譯本第15A 首：「有力的蜀葵花兒，『你』若去作
供佛的物品，也將我年幼的松石蜂兒，帶到佛堂裡去。」[51]曾譯本註
云：「葵花比意中人，細腰蜂所以自況也。」[52]可見藏族文學中的蜜
蜂，亦有狂蜂浪蝶之意象。而盧前選用「粉蝶」而非蜜蜂，乃是出於
韻腳之考量。又如〔侍香金童〕幺篇：

黃衫白皙，成溫文歡愛絕。

「黃衫」固然指喇嘛袍服為黃，然於唐代亦另有言及。如《新唐書・
禮樂志》：「（玄宗時）樂工少年姿秀者十數人，衣黃衫、文玉帶，立

47　于道泉：《第六代達賴喇嘛倉央嘉措情歌》，頁110。

48　中國藏學出版社編纂：《六世達賴喇嘛倉央嘉措詩意三百年》，頁61。

49　于道泉：《第六代達賴喇嘛倉央嘉措情歌》，頁44。

50　曾緘：〈六世達賴情歌六十六首〉，《康導月刊》第1卷第8期（1939年），頁66。

51　于道泉：《第六代達賴喇嘛倉央嘉措情歌》，頁72。

52　曾緘：〈六世達賴情歌六十六首〉，《康導月刊》第1卷第8期（1939年），頁65。

左右。每千秋節，舞於勤政樓下，後賜宴設酺，亦會勤政樓。」[53]又
杜甫〈少年行二首〉其二：「黃衫年少來宜數，不見堂前東逝波。」[54]
黃衫於唐代既為少年所常穿，故盧前此處拈出該詞，可謂一語雙關，
兼言其喇嘛身分及青春年華也。至於〔降黃龍袞〕幺篇「留鴻爪」一
語，出自蘇軾「雪泥鴻爪」的典故，也參考了曾緘〈布達拉宮辭〉，
甚為熨貼，不贅。

　　如前文所論，〔出隊子〕二首，第一首主要引用李後主〈菩薩蠻·
花明月暗籠輕霧〉，第二首主要引用周邦彥〈少年遊·并刀如水〉。相
對而言，漢地讀者對這兩首詞作應該頗有認識。而李後主詞云：

　　花明月暗籠輕霧，今宵好向郎邊去。刬襪步香階，手提金縷鞋。
　　◎畫堂南畔見，一向偎人顫。奴為出來難，教君恣意憐。[55]

據陸游《南唐書·昭惠傳》所記，後周顯德元年（西元954），李煜納
昭惠后，是謂大周后。十年後，大周后病重。一日見小周后在宮中，
「驚曰：『汝何日來？』小周后尚幼，未知嫌疑，對曰：『既數日
矣。』后恚怒，至死，面不外向。」[56]這首〈菩薩蠻〉乃是小周后尚
未扶正時與李後主偷情的實證。盧前所作「畫堂東畔些，手提金縷下
階疊」兩句，正是來自〈菩薩蠻〉詞。蒲仁、梅龍指出：「這首小詞
在藝術上有較強的魅力，詞作通過優美的環境，主人公的行動、語

53 〔宋〕宋祁、歐陽修主編：《新唐書》（北京：中華書局，1997年）卷二十二，志第
　　十二，頁477。
54 〔清〕聖祖皇帝敕撰，曹寅、彭定求等主編：《全唐詩》（北京：中華書局，1960年）
　　冊7卷226，頁2447。
55 〔南唐〕李璟、李煜撰，蒲仁、梅龍輯注：《南唐二主詞全集》（北京：中國文聯出
　　版公司，1997年），頁34。
56 〔南唐〕李璟、李煜撰，蒲仁、梅龍輯注：《南唐二主詞全集》，頁33。

言，烘托出一位天真可愛的小姑娘的形象，少女的嬌媚，大膽，熱情，都躍然紙上！〔……〕正是這種恣肆之筆，使人忘卻了她的非禮；一種純發於內心的真摯的情，深深打動了讀者，足見出後主詞藝術技巧的精妙。」[57]不僅如此，即使在這首詞中作為配角和敘述者的後主，也同樣分享了這份真摯，在讀者乃至評論者心目中形成了「不失其赤子之心」（王國維語）的藝術形象。

　　而周邦彥〈少年遊〉云：

> 并刀如水，吳鹽勝雪，纖指破新橙。錦幄初溫，獸香不斷，相對坐調笙。◎低聲問：向誰行宿？城上已三更。馬滑霜濃，不如休去，直是少人行。[58]

張端義《貴耳錄》載：「道君幸李師師家，偶周邦彥先在焉。知道君至，遂匿床下。道君自攜新橙一顆，云江南初進來。遂與師師諧語。邦彥悉聞之，隱栝成〈少年游〉云。」[59]黃顥、吳碧雲指出，此係南宋附會為宋徽宗艷聞，寫入筆記，王國維在《清真先生遺事》中已考證此附會傳說之謬妄。[60]然而，可見這段宋徽宗的軼聞被視為周邦彥〈少年遊〉的本事，由來已久。盧前所作中「爐煙錦幄」、「調笙私語」、「纖手新橙」、「馬滑霜濃」等語，皆出自該詞。而所謂「金鐶」，則指李師師所住的金鐶巷。

　　以上二詞分別牽涉兩位帝王的情事，故盧前特意拈出，與倉央之「雪夜行」相比擬。然而二詞雖然著名，查其本事，一為偷香竊玉，

57　〔南唐〕李璟、李煜撰，蒲仁、梅龍輯注：《南唐二主詞全集》，頁34。

58　〔宋〕周邦彥、姜夔著，葉紹均選註：《周姜詞》（上海：商務印書館，1930年）〈周邦彥詞〉，頁22。

59　〔宋〕張端義：《貴耳錄》（上海．中華書局，1937）卷下，頁46。

60　中國藏學出版社編纂：《六世達賴喇嘛倉央嘉措詩意三百年》，頁510。

一為眠花宿柳，在現代人看來未必沒有道德瑕疵。吾人固然不能以現代之道德來衡量古人，然盧前這組套數的對象讀者既然是現代人，就必須迎合現代之道德觀念，或者至少讓現代讀者了解古人瑕疵之餘，繼而產生共鳴。如此卻非一蹴即就之事。何況宋徽宗縱然是才子，〈少年遊〉卻非其手筆，檃栝其辭後又讚嘆其「蓮花妙舌」，不無張冠李戴之嫌。這些大抵都是彭靜中批評為「不倫」的原因。但無論如何，後主、徽宗皆是「帝王計劣」、「文章不拙」的亡國之君，而倉央也遭罷黜，且三人皆以情事知名，故盧前相提並論，無可厚非。再觀「是三生聖哲，歷諸天浩劫」之語，當非虛發，且同樣出自張端義《貴耳錄》之〈徽宗即江南李主〉條：「神宗幸秘書省，閱江南李主圖，見其人物儼雅，再三歎訝，繼時徽宗生。生時夢李主來謁。所以文彩風流，過李主百倍。及北狩，女真用江南李主見藝祖故事。」[61] 換言之，南宋民間已盛傳南唐當年亡於宋太祖之手，故李後主轉世成為宋徽宗來討債，而宋徽宗之才藝與李後主如出一轍，下場之悲慘更甚。因此，盧前此曲顯然把倉央視作宋徽宗轉世，故云「三生」；後主、徽宗、倉央皆文采風流之帝王詩人，故云「聖哲」；三人皆遭遇罷黜之難，故云「歷諸天浩劫」爾。此雖信手拈來的不經之談，卻將漢地讀者印象比較陌生之倉央與後主、徽宗牽合起來，就藏民角度觀之又有納入華夏法統、中華民族大家庭之感，兩廂拉近了心理距離。古今文學創作多端，但能夠達致最具純文學色彩、最不帶功利性的作品，首推以愛情為主題者。如果作者胸中沒有一段纏綿癡情，絕對寫不出上佳的文字。曾緘〈略傳〉云：「故倉央嘉措者，佛教之罪人，詞壇之功臣，衛道者之所疾首，而言情者之所歸命也。」[62] 如是觀

---

61 〔宋〕張端義：《貴耳錄》卷中，頁25。

62 曾緘：〈六世達賴倉央嘉措略傳〉，載中國藏學出版社編纂：《六世達賴喇嘛倉央嘉措詩意三百年》，頁52。

之，後主、徽宗亦庶幾矣。而盧前「普天下不癡呆的哪裡有情種也」之結語，正是承曾緘之論發展而來。

五　結語

　　喜饒嘉措離別重慶之際，盧前贈以散曲〈天淨沙·送喜饒嘉措還拉薩〉，其詞云：「靈襟漸染風沙，詩心早愧蓮華，貝葉先裝駱馬。額非峰下，望中旗滿岡洼。」[63] 這次相聚中，盧前不僅皈依佛法，且從喜饒嘉措處得悉倉央的故事。其套數〈倉央嘉措雪夜行〉是繼曾緘歌行〈布達拉宮辭〉以後，又一篇以倉央為主題的舊體韻文作品。故本章嘗試以此篇為對象，從這組套數之體式、謀篇、互文三方面入手，管窺盧氏之創作成就，以及倉央其人其詩在漢地所接受的情況。本章認為，盧氏寫作的契機固然是與喜饒嘉措的一夕對談，而他正式動筆時則參考了曾緘的著作。在書寫策略上，他雖與曾緘一樣看重倉央微服出遊、行蹤敗露而遭罷黜的事蹟，卻採取了不同的敘述方式。作為曲家，他選用套數的體式，又在主題上發展了曾緘「佛教罪人，詞壇功臣」的論點，先聚焦於倉央這段故事，再以李後主、宋徽宗的掌故作陪襯，將他們並稱「三生聖哲」，更宣稱只有這一類「癡呆情種」才能寫出上佳的文學作品。無可否認，從現代道德觀念來看，這三位歷史人物在私生活上都不無瑕疵。但盧前要塑造的「三生聖哲」，卻是懷著赤子之心、一往情深，故而能創作出最美好的文學作品的藝術人物形象。這種富於感染力的形象，足以溝通漢藏文化的異同，乃至把倉央納入華夏法統，打破民族的隔閡，團結一致，對抗外敵，這才是盧前的創作旨趣。然而，盧前以圓熟的曲學造詣，別樹一幟地以套數體

---

63 盧前：《盧前詩詞曲選》（北京：中華書局，2006年），頁200。

式、綺麗而靈動的語言，描繪出一個鮮活的倉央嘉措。如果說曾緘〈宮
辭〉中的倉央像一個遺世獨立的烈士，盧前〈雪夜行〉中的倉央則更
像一個活潑親民的凡人。在盧前筆下，敘述者顯性的個人情感與隱性
的家國情感極為熨貼地結合在一起，這正是這組套數令人玩味之處。
盧前不僅嘗試讓漢地讀者進一步對倉央產生認同感，也嘗試讓藏族讀
者對中國的概念加強歸屬感。在中日戰爭擴大為太平洋戰爭的時間
點，盧氏透過〈雪夜行〉，曲折地向自己所從屬的國族作出了回應。

結語
星斗彌天認得清：徘徊於信達雅之間的倉央嘉措舊體譯述

　　張曼儀就近人嚴復（1854-1921）的相關論述而指出，譯事中的「達和信是二而一，達是為信服務的」，而「信達雅不是三者分立，達和雅都統攝在一個信字之下」。[1]可是，實際情況往往並非如此。如西漢劉向《說苑·善說》記載了中國文學史上最早的譯詩。大約在春秋後期楚康王在位時（前559-前545），康王的四弟子皙被封為鄂君。受封當日，鄂君乘坐著華麗的畫船巡遊，侍從如雲，鐘鼓齊奏。這時，有位越人一邊搖櫓一邊唱出一首歌曲，歌詞記音為：「濫兮抃草濫予昌枑澤予昌州州𩜱州焉乎秦胥胥縵予乎昭澶秦逾滲惿隨河湖。」鄂君覺得十分悅耳，卻又不懂越語，於是請左右翻譯成楚語。譯作是一首楚歌的形式：

> 今夕何夕兮，搴洲中流。
> 今日何日兮，得與王子同舟。
> 蒙羞被好兮，不訾詬恥。
> 心幾頑而不絕兮，知得王子。
> 山有木兮木有枝。心說君兮君不知。[2]

1　張曼儀：《翻譯十談》（香港：石磐文化事業有限公司，2015年），頁12-13。
2　〔漢〕劉向著，向宗魯校證：《說苑校證》（北京：中華書局，1987年），頁277-279。

　　鄂君聽到後非常感動，於是將繡被披在越人身上，以示友好。而《說苑》記載的這條對音語料，不少現代語言學家都嘗試據以重構此詩的古越語原文。其中鄭張尚芳依照古音，用侗臺語中文字形式較古的泰文為主，進行譯解，分原文為五句：

濫兮抃草濫	夜啊，歡樂會晤的夜晚！
予昌枑澤、予昌州	我多麼害羞啊，我又很能搖船。
州䱷州焉乎、秦胥胥	慢悠悠地搖船橫渡啊，滿懷喜歡！
縵予乎、昭澶秦逾	污穢的我啊，尊貴的王子殿下竟然相識了，
滲惿隨河湖	藏在心底的，是我始終不渝的思戀。[3]

　　如果鄭張尚芳的研究成果可信，古越語版的內容畢竟比楚歌版質樸許多。或者說，楚譯的踵事增華就是一種投合楚地讀者期待視野的歸化手法。此外，竊以為「羞」、「饈」二字相通，「被」、「披」二字相通，因此「蒙羞被好」也可解釋為「蒙您讓我品味珍饈、披上華衣」。船員的工作餐是否珍饈，不得而知，但多半是他們平時不大有機會吃到的東西。至於身上的服飾，為了儀衛的外觀之美，當然要華麗。（更何況後來聽畢深受感動的鄂君還「舉繡被而覆之」？）因此「蒙羞被好」四字對應的原文，意思縱然簡單質樸，但楚譯卻因應當下情況而將之變成雙關語，可謂不動聲色中的大手筆。至於楚歌版的最後兩句，更顯然經過潤色乃至再創造，才成了千古絕唱。清人張玉轂評這兩句道：「收到冀彼鑒我之心，卻憑空以山木有枝，眼前共知景象，折出心藏之悅，未必能知，反筆咽住。曼聲婉調，直足使聽者

3　鄭張尚芳著，孫琳、石鋒譯：〈《越人歌》解讀〉，南開大學中文系《語言研究論叢》編委會編：《語言研究論叢》第七輯（北京：語文出版社，1997年），頁62。

神移。」[4]但「山有木兮木有枝」之意，並不存在於古越語版本，可見是譯者依照詩六義之法所作的起興，如此方能烘托出「心說君兮君不知」的情意。而這興中又帶有比，把自己比喻成樹杪的小枝，把鄂君比喻成一座大山，枝憑依於樹、樹憑依於山，山、木、枝層層遞進，把越人謙卑而仰慕的情愫極富張力地表現出來。可以說，古越語版原本真摯純樸，一經楚譯竟更上一層樓，朗麗哀婉，足以移人心魂。楚歌版對古越語版的潤色固然是增益其「雅」，然而前者將後者原有的情感進一步強化，是否仍可目為傳「信」？值得吾人再三玩索。

再如梵文佛經的漢譯，學界也認為可能無法傳達原本意旨。日本學者稻津紀三認為主要原因在於：「梵語中，文法就那樣地與邏輯相結合，在每個概念的文法變化與文句的文法構造之中，包含著哲學性的問題，但漢譯無法對其作充分的再現。」[5]黃國清進而以《法華經・普門品》為例，指出：

> 這種詞語之間的邏輯連結關係，在漢語中主要透過語序和虛詞來表達。問題是〈普門品〉偈頌的漢譯為了滿足「四句五言」的形式，常因為所能運用的字數太少，使譯出的文句趨於晦澀，甚至易作出錯誤的解讀。[6]

儘管傳統漢譯佛偈摒棄格律、韻腳的規條，以便盡量涵納原文內容，但梵文繁複的文法構造所表達的語意，五言漢偈的呈現卻依然捉襟見肘，甚至令受眾產生誤讀。相傳鳩摩羅什（334-413）當年翻譯

4　〔清〕張玉穀：《古詩賞析》（北京：中華書局，2017年），頁41。

5　〔日〕稻津紀三：《佛教人間學としての世親唯識說の根本的研究》（東京：三寶出版株式会社，1988年），頁2。

6　黃國清：〈《觀世音菩薩普門品》偈頌的解讀──漢梵本對讀所見的問題〉，《圓光佛學學報》第五期（2000年7月），頁144-145。

《法華經》各品時，僅譯前半的長行（散文部分），而不包括後半的偈頌（韻文部分），大抵正是鑑於譯事之難。抑有進者，一如汪東萍所論，鳩摩羅什的翻譯思想主要體現在不可譯論、文派翻譯、翻譯誠實誓、譯文簡約、摒棄格義等方面，其中不可譯論反映了什公追求盡善盡美的翻譯思想；刪削原文、潤飾譯文，主張譯文文麗、簡約。[7]換言之，什公為能保留佛經原意，並使語言文字帶有趣味性，主張可對原文和譯文加以刪削、潤飾，其「傳信」便非僅留於文字對譯的層面。

至於晚清之世，翻譯風尚以意譯為主，這種情況到民國依然延續。陳平原主要從譯者入手，認為這一代翻譯家的外語水平不甚高明，筆者雖然未必盡解原書，卻更可能參以己意武斷其間。此外譯者和讀者對域外小說可能存在偏見，不尊重原作的表現技巧，甚至以竄改處優於原作者。[8]而王宏志又在此基礎上補充了兩個原因。首先是晚清翻譯活動的政治性：經過梁啟超（1873-1929）等人大力提倡，人們把翻譯外國作品視為維新救國的出路，因此人們盡量挑選與中國時勢相關的作品來翻譯。即使與政治無關的作品，如科學小說、偵探小說等，也被闡釋為具備政治功能。其次是讀者的問題。經過長期封閉，晚清絕大部分讀者對於西方的認識非常有限，饒是譯者自己能完全理解原文的意義，也往往無法填平譯出語和譯入語的鴻溝。其次，中國有著悠久的歷史文化，中國讀者當時的意識形態以及由此產生的種種價值觀，與西方文學所表現的迥異，因而對西方文化中某些元素可能有所抗拒。但任何文本都是為了讀者才能生存，為了遷就讀者、保證銷路，譯者的選擇要麼是加入大量說明和註解，要麼採取「換例

7　汪東萍：〈回歸翻譯本質：解讀鳩摩羅什的翻譯思想〉，《學術研究》2018年第12期，頁173。

8　陳平原：《二十世紀中國小說史》（北京：北京大學出版社，1989年）第1卷（1897-1916年），頁38-40。

譯法」，把外國的東西換上中國的物件，不然便是索性把這些國人所不能理解或不能接受的部分刪去。但無論選擇哪一種譯法，結果也無可避免地是一種大刀闊斧式的意譯。[9]一九三〇年代，先後出現五種倉央情歌譯本，依次是于道泉譯本（1930）、劉家駒譯本（1932）、婁子匡譯本（1937）、劉希武譯本（1939）和曾緘譯本（1939）。王宏志歸結的晚清翻譯情況，放在一九三〇年代依然具有現實意義。

　　張曼儀又認為：「譯者不只是精通雙語（源語和譯入語）的人，還應是熟習兩種文化的，最好在兩種文化中都生活過。」[10]若就民國時期翻譯倉央情歌的諸君而言，僅漢藏混血的劉家駒是精通漢藏雙語，但其《西藏情歌》（西本）並未將倉央情歌全譯，也沒有為翻譯工作留下任何註釋。于道泉譯本雖然最為精詳，然其投入譯事時畢竟初學藏語，在譯文中不無瑕疵，因此，Per K. Sørensen 在其註解中頗有補正。至於曾緘、劉希武乃至婁子匡皆不諳藏語，曾、劉僅因短期任職於西康省會而接觸到倉央情歌，並在于譯本的基礎上從事改譯（或改寫）。不難發現，于本瑜瑕互見，往往也為曾、劉二本所沿襲。于本自註內容，多為曾、劉二本轉錄，甚至斟酌吸納至譯文中。而于本忽略之處，曾、劉二本也隨而無所措意。如其34中「狼雖有成堆的肉和皮給它」一句，Sørensen 指出皮肉乃是指情人的軀體，而食肉是性愛的隱喻。于道泉似乎並未注意到這層並不太文雅的涵義，故曾緘也僅改譯為「成堆血肉留難住」，「血肉」一語就距離情慾的涵義更遠了。再者，即使在藏族文化語境中，相關知識在民間的傳播也可能出現盲點或分歧。如第28首提及的藝桌拉茉，于道泉云：「我所認識的藏族人士又都不知道這個故事，所以不能將故事中的情節告訴讀者。」[11]

9　王宏志：《二十世紀中國翻譯研究》（上海：東方出版中心，1999年），頁203-205。

10　張曼儀：《翻譯十談》，頁17。

11　于道泉：《第六代達賴喇嘛倉央嘉措情歌》（南京：中央研究院歷史語言研究所單刊甲種，1930年），頁178。

如于氏所言，其藏族友人之一降巴曲汪是十三世達賴派駐北京的三位喇嘛官之一，但博學如降巴者竟也不知藝桌拉茉的故事。又第39首：「初六和十五日的明月，到是有些相似；明月中的兔兒，壽命卻消磨盡了。」于氏就明月與兔兒的意象論云：「據一位西藏友人說這一節中的明月是比為政的君子，兔兒是比君子所嬖幸的小人。」[12]故曾緘註云「譏小人小得意便志得意滿」，又改譯為：「腹中顧兔消磨盡，始是清光飽滿時。」[13]儼然有小人道消、君子道長之意。且以為：「此與杜子美『斫卻月中桂，清光應更多』同意。藏中學者，謂此詩以月比君子，兔比小人，信然。」[14]實際上，于道泉引用西藏友人之說，猶有或然之意，而曾緘卻云「信然」，恰可援為王宏志所言「參以己意武斷其間」之例。觀 Sørensen 所論：

Combining the occurrence of the prudent hare with the auspicious prospect of having a tryst with one's beloved, it is evident that when the poet mentions that the hare's life had expired, the meaning is clear: although the day apparently appears to be the day of the fullmoon, the prospect and outcome of a tryst with his lover will prove fatal, because the hare is not in sight.[15]

詩人既然把謹慎兔兒的出沒與幽會情人的吉祥期望相結合，可見他筆下兔兒死去的涵義是：雖然這一天似乎是滿月，但與愛人幽會的前景和結果將很凶險，因為兔子已經找不到了。如果Sørensen的詮釋

---

12 同前註。

13 曾緘：〈六世達賴情歌六十六首〉，《康導月刊》第1卷第8期（1939年），頁67。

14 同前註。

15 Sørensen, Per K., 'Tibetan love lyrics: The love songs of the Sixth Dalai Lama', *Indo-Iranian Journal*, 1988, Vol.31(4), p.284.

可信，那麼于道泉西藏友人的解釋無乃求之過深的引申義，且此義也為曾緘所承襲了。而這位西藏友人如此解釋，可見即使在藏區膾炙人口的倉央作品，也一樣有因晦澀難明而在自身文化語境中產生歧義的情況。

　　于道泉譯本為第一種英漢雙譯，採用逐字翻譯與串譯，並配上大量的註釋和說明，乃是從學術研究的角度進行譯事。于本發行之際，正值國民政府的蒙藏委員會設置未幾，國人對邊疆問題興趣大增，所以其書「三千本在幾日內便完全賣淨了，一時是曾風行於世的」，[16]不難想像。但是，從學術研究的角度進行譯事無疑是兩刃之劍，要忠於藏文原作的內容與風格，就多半會犧牲詞藻之美，難有雙全之法；更何況，倉央情歌的異域風情雖富吸引力，但其看似質樸的文字是否能左右逢源地討好新舊兩派的漢地讀者，猶是未知之數。劉家駒於于本問世不到兩年間出版由藏文直譯的《西藏情歌》，大概也有與于本對話之意。劉家駒既認為詩歌原詞「婉曲微妙，細膩動人」，又承認這種天籟「愈不雕琢，愈有價值」，[17]但整體而言，西本恬淡靜美的語感毋寧比于本更勝一籌，似乎劉家駒在譯事中曾有意識地加強譯文之文學性。且西本一百首作品中雜糅了一些非倉央名下的民歌，而于本的六十餘首倉央之作也未全部錄入西本，這一方面殆緣於所據版本之不同，另一方面劉家駒可能僅將西本定位為于本之補充，而非一種競爭本。

　　一九三七年，不諳藏文的民俗學家婁子匡將于本改譯（或改寫）為吳歌，這為倉央情歌的傳播提供了另一種選擇。倉央原作既然本為藏區民歌體裁，故婁氏遂以江浙民歌的形式來對應。不過，所謂吳歌

16　于道泉：〈倉洋嘉錯情歌〉（一），《藝術與生活》第1卷第2期（1939年），頁5。
17　劉波：〈劉家駒的康藏民歌研究〉，《中國藏學》2013年第4期（總第111期），頁166-170。

未必有定式，如南朝吳歌中的子夜歌為五言古絕，〈白石郎〉、〈華山
畿〉等則為雜言。晚明馮夢龍蒐集的《掛枝兒》多為七言四句，究其
形式大抵與竹枝詞相近，且多有襯字而近雜言，文字則以蘇白為主。
婁本大抵受到《掛枝兒》影響，採用單純的七言句式，雖甚少運用江
浙方言詞彙，但語感仍以吳語為基調。婁本劃一採用七言句，即使原
作中少數篇幅為三、五、六句的作品，也全然忠實於其句數。婁氏雖
然「以俗譯俗」，不過江浙方言號稱「吳儂軟語」，吳歌向以靈活俏皮
著稱，與質樸沉著的藏語、藏歌在風格上相去較遠。婁氏如此安排的
得失何在，仍待學者進一步探討。

　　劉希武、曾緘於一九三九年初同在康定，皆以舊體絕句改譯倉央
情歌，脫稿時間相去不過二十餘日。二人在譯事、乃至體裁的選擇上
是否有過協商、共識，不得而知。劉希武於一九三九年元旦抵達康
定，隨即在友人黃靜淵鼓勵下開始改譯倉央情歌。劉氏選擇五絕的體
裁固有「存真」之動機，但筆者甚至懷疑，他在黃靜淵處除了讀過于
本、西本以外，是否也看到婁本——婁本雖為七言體式，卻不難令人
聯想到五言古絕的子夜吳歌，而劉希武譯本中恰好是五言古絕佔了主
流。至於曾緘在一九三八年年中來到康定，雖有「陳詩觀樂」的念
頭，但當時主要仍在蒐集相關資料，並為倉央作傳。此間雖有試譯，
但所為或是不合格律的竹枝體，或是〈蝶戀花〉等詞牌，參照之原作
甚至包括了西本中並非倉央名下的作品。也許劉希武完成五絕譯本
後，才促使曾緘全面以七絕重譯——更何況，劉氏棄譯了幾首他認為
以佛理為主旨的作品，而曾氏卻全部納入；劉氏五言古絕以「存真」
為旨，曾氏七言律絕以「求美」為宗，則劉、曾二本兼具互補性與競
爭性，可以得見。

　　根據前文所舉佛經翻譯的例子，漢語的語意密度未必比得上梵
文，卻依然為許多語言所不及，若觀以文言為基調的舊體詩就更不在

話下。余光中說得好：

> 中國文法的彈性和韌性是獨特的。主詞往往可以省略，例如「卻下水精簾，玲瓏望秋月」。甚至動詞也可以不要，例如「雨中黃葉樹，燈下白頭人」。在西洋文法上不可或缺的冠詞、前置詞、代名詞、連繫詞等等，往往都可以付諸闕如，例如「吾愛孟夫子，風流天下聞」兩句，如果是英文，恐怕中間就免不了要加一個關係代名詞；而「誰愛風流高格調，共憐時世儉梳妝」兩句，也顯然缺少了兩個所有格代名詞。中國文字，又往往一字數用，極經濟之能事。〔……〕乃使中國古典詩在文法上和意義上獲致最大的彈性與可能性。[18]

如筆者於前文所論〈越人歌〉中「蒙羞」之「羞」，便可能是一字兩用，既為愧惡之意，也兼有珍饈之意。而本書第一章所言曾緘改譯于本第41首，使用「迷陽」一語，既有「迷途的太陽」之意，也有《莊子·人間世》中的荊棘之意。再看日本俳句，雖也以短小精鍊著稱，但日文作為多音節詞彙的語言，也令一首俳句的語意密度受到限制。飛白說：「由於一個漢字往往相當於日語的兩三個音節，所以若把日語的5, 7, 5音譯成漢語的5, 7, 5字，就勢必大大增加俳句的容量，導致在譯文中添加許多水分。反之，如果完全就事論事地譯，則往往會把三行俳句譯成兩行或甚至一行。我採取的是折中方案：照原樣譯成三行，既不加水分也不加韻腳，自然形成『短，長，短』三行結構（基本節奏是3, 4, 3），以求在內容和形式上都比較近似原文。」[19]如

18　余光中：〈中國古典詩的句法〉，載氏著：《余光中談翻譯》（北京：中國對外翻譯出版公司，2002年），頁4-5。

19　飛白：《詩海──世界詩歌史綱·傳統卷》（桂林：漓江出版社，1989年），頁253。

松尾芭蕉（1644-1694）俳句中「蛙飛びこむ」一句，讀成*kaerutobi-komu*，恰好七個音節，但*kaeru*（蛙）已有三個音節，佔了整句的一小半篇幅。近人趙樸初在俳句的基礎上創製了漢俳，其言云：「俳句，是日本詩體之一。每首三句，共十七音節，首尾各五，中七。〔……〕用漢文寫俳句，或是余首創，余名之曰『漢俳』。所不同於日本俳句者，余所作，句句有韻，而日本俳句則無是也。」[20]茲舉趙氏所作漢俳一首為例：

> 殷勤一卷經，隋唐恩澤到如今。庭前古木春。[21]

　　末句「庭前古木春」在日語讀作 *Niwamae no furui ki haru*，便已有將近十個音節，是漢語音節數的一倍，由此可見漢語的語意密度之高。類似情況也出現在倉央嘉措情歌的舊體翻譯中。如前所言，藏語詞彙中每個基本詞根音往往有前後的字母的黏著成分，可賦予該詞語以新內涵。而倉央情歌一般是每首四句六綴音，共二十四個音節，大致可翻譯成二三十字左右的白話漢文，篇幅可謂旗鼓相當。然而舊體絕句以文言文為基調，而文言文單字詞多，較語體文為精簡。因此，一首二十字的五絕基本足以承載一首藏語短歌的內容，而七絕二十八字更似乎饒有餘裕。然而，漢語舊體詩歌的範式卻使吾人無法僅就從篇幅長短的量化角度進行考慮。近人張夢機從對偶的角度，將絕句歸納為「散起散結」、「對起對結」、「散起對結」、「對起散結」四類。[22]然如王之渙〈登鸛雀樓〉雖是「對起對結」，但尾聯採用流水對，故而此聯出句就章法觀之仍有轉折之感。茲依本書第一、二章所論，將

---

20 趙樸初：《無盡意齋詩詞選》（北京：北京圖書館出版社，2006年），頁100。
21 同前註。
22 張夢機：《思齋說詩》（臺北：華正書局，1977年），頁108。

二者之基本特徵表列於下：

表一

	五絕	七絕
篇幅	二十字	二十八字
語言	文言基調而不忌俗語	文言基調而不忌俗語
引語	不宜對話	不宜對話
風格	質樸真切	高華風逸
韻腳	平仄不拘	以平聲為主
格律	古近體皆可	以近體為宜
章法	並無定法	四句一般各自有起承轉合之用（或分為兩個「雙句單位」），而第三句最為重要

　　近人邵祖平謂「七絕清空如話，不忌當時通俗語」。[23]七絕如此，五絕更不在話下。因此，劉希武、曾緘選用絕句轉譯倉央情歌，除因篇幅與原作相近，大概也有語言基調之考量。由於絕句不忌白話用語，故文字得以更為活潑，而無硬澀之感。又明代胡應麟論五七言絕句之異同云：

> 五言絕尚真切，質多勝文。七言絕尚高華，文多勝質。五言絕昉於兩漢，七言絕起自六朝，源流迥別，體製亦殊。至意當含蓄，語務舂容，則二者一律也。[24]

23　邵祖平：《七絕詩論・七絕詩話合編》（北京：華齡出版社，2009年），頁16。
24　〔明〕胡應麟：《詩藪》（香港：中華書局，1958年），頁107。

　　然而正因五絕質勝於文，縱然筆觸未必如七絕之靈動飛揚，讀者
對於其美感之期待也未必如七絕之高。如此一來，五絕縱然篇幅較
短，卻能承載較為多樣化的內容及章法。倉央情歌的改譯，甚至進一
步展現了五絕章法的變化之態。復如前章所言，倉央詩作中至少有十
八首為排偶形式，前後兩半各為一意，接近隔句對或扇面對。宋代胡
仔《苕溪漁隱叢話》前集卷九云：

> 律詩有扇對格，第一與第三句對，第二與第四對，如少陵〈哭
> 台州鄭司戶蘇少監詩〉云：「得罪台州去，時危棄碩儒。移官
> 蓬閣後，穀貴歿潛夫。」東坡〈和鬱孤臺〉詩云：「解后陪車
> 馬，尋芳謝朓洲。淒涼望鄉國，得句仲宣樓。」又唐人絕句亦
> 用此格，如「去年花下留連飲，暖日天桃鶯亂啼。今日江邊容
> 易別，淡煙衰草馬頻嘶」之類是也。[25]

　　杜甫、蘇軾之扇對句，大率皆從五言排律中截取出來。五排使用
扇對，自然能另句法產生變化，但這兩組扇對原本並未構成絕句。再
觀胡仔所引這首佚名佚題的唐人絕句，今人魯華峰就論道：「一、三
句是抒情，二、四句是寫景。首句直接抒情，次句以寫景來烘托；第
三句又轉為直接抒情，第四句同樣以寫景烘托，這使得全詩自然形成
了兩個情景交融的境界，這兩個境界之間原本很容易脫節，變成關係
不大的兩個獨立部分，通過『扇對』的方式就可以將二者巧妙地勾連
起來，使全詩成為一個水乳交融的整體。因此，這是一種很巧妙、很
縝密的結構方式。」[26]話雖如此，但使用扇面對的絕句歷來畢竟為數

25　〔宋〕胡仔：《苕溪漁隱叢話》（上海：商務印書館，1937年）前集卷九，頁55。
26　〔元〕范梈著、魯華峰評註：《木天禁語・詩學禁臠》（北京：中華書局，2014年），
　　頁91。

不多。如元代范梈《木天禁語》論絕句篇法亦有「扇對」，然其所舉杜甫〈存歿口號〉二首，其一云：「席謙不見近彈棋，畢曜仍傳舊小詩。玉局他年無限笑，白楊今日幾人悲。」其二云：「鄭公粉繪隨長夜，曹霸丹青已白頭。天下何曾有山水，人間不解重驊騮。」[27]實際上皆是首、尾聯各自對仗，而非一三句、二四句兩兩相對，並不屬於扇對，而係范氏所謂「四句兩聯」或張夢機所謂「對起對結」（如「兩個黃鸝鳴翠柳」）之類。由此亦可見，所謂扇面對大抵多出現於律詩或排律的中段，而極少用於文人絕句（尤其是七絕），因此范梈也不易舉出絕句採用扇對之詩例。不過，由於七絕以律絕為主流，章法縱不局限於起承轉合，卻也講求單行之氣，又不易重複使用相同文字，因此使用扇面對的難度較高。但五絕中的古絕、拗絕可謂淵源久遠、司空見慣，並不在意文字重複使用（如王獻之〈桃葉歌〉、李白〈靜夜思〉等），即使律絕也不主於單行之氣。再觀倉央情歌的藏文原版接近民歌體式，同樣不在意文字重複，更無太多格律掣肘，因此便能如魯華峰所言，將兩個關係不大、容易脫節的獨立部分通過排偶章法的使用而將二者巧妙勾連、水乳交融。因此如前所論，劉希武的五絕譯詩往往能遵從倉央原詩排偶之章法。這種「扇對式偶絕」的首尾兩聯採取事理或意象並置的方式，尾聯出句自然不像其他散結的絕句般容易具備承上啟下的樞紐作用，只能透過話題的移轉而令讀者略為感到變化，如「我欲順伊心，佛法難兼顧。我欲斷情絲，對伊空辜負」（于本編號22）即是。而七絕不僅講求平仄格律，四句還往往有起承轉合之類的單行章法，如此一來，曾緘以七絕改譯倉央情歌，遇上排偶句式時多半將之解散，如：「曾慮多情損梵行，入山又恐別傾城。世間安得雙全法，不負如來不負卿。」尾聯二句歸結全詩之旨，其辭采、情致與功能幾可與前引〈越人歌〉「山有木兮木有枝，心說

---

27 同前註，頁85-86。

君兮君不知」二句相比埒。然曾緘譯筆固然曼妙動人，但讀者僅憑曾本，恐怕甚難想見原作淳樸敦實之貌。

　　于道泉、劉家駒的譯本，無疑是一種「語間翻譯」（interlingual translation），而婁子匡、劉希武和曾緘的譯本乃是以于本為基礎，大體屬於「語內翻譯」（intralingual translation）。根據德里達（J. Derrida, 1930-2004）的解釋，語內翻譯是用同一種語言的一些符號闡釋另一些語言符號。這顯然假定必須懂得如何有力地斷定一種語言的統一性和同一性，其各種極限的可判斷形式。[28]婁子匡本的基調語言是語體文和吳語的混合體，二者皆是現代語言。而劉希武、曾緘二本則以文言為基調而間以語體，古今交糅。余光中說：「和英國文學相比之下，中國文學的『文字障』遠不如西洋文學的那樣嚴重。英國文學史的長度大約相當於中國文學史的三分之一，可是六百年前的喬叟已經古色斑斕，不易卒讀了。我們讀元末明初的詩，可說是毫無困難。連三百多年前莎士比亞的作品，也不是一般英美學生容易了解的，所以詩人佛洛斯特曾經半帶戲謔地說：『要教莎士比亞嗎？那不難──也不容易，你得把莎士比亞的原文翻譯成英文。』」[29]由此可知，劉、曾二本的「古今交糅」基本上並不形成太大的「文字障」。不過，劉希武云「夫余之所譯，蓋據拉薩本，並參證時賢英譯及漢譯語體散文」，[30]曾緘則自謂抵達西康後，「頃始從友人借得于道泉譯本讀之，于本敷以平話，余深病其不文，輒廣為七言，施以潤色。」[31]于道泉的翻譯動

28　〔法〕德里達：〈巴別塔〉，收入陳永國主編：《翻譯與後現代性》（北京：中國人民大學出版社，2005年），頁19。

29　余光中：〈中國古典詩的句法〉，載氏著：《余光中談翻譯》，頁4。

30　劉希武：〈第六世達賴倉央嘉措情歌六十首〉，《康導月刊》第1卷第6期（1939年），頁100。

31　曾緘：〈六世達賴倉央嘉措略傳〉，中國藏學出版社編纂：《六世達賴喇嘛倉央嘉措詩意三百年》，頁17。

機，劉、曾二人不可能不知曉。二人皆以于本為主要依據，卻病其「語體」、「平話」之「不文」，蓋不僅標榜自家譯本之後出轉精，亦隱微流露了對文白之爭的態度。再者，劉、曾皆不諳藏語，但仍表明在譯事中依據「拉薩本」，顯係強調原文版的重要性。可惜的是，他們雖並不滿足於「語內翻譯」，卻也無法在短期內熟習藏語。聊可補救者，一如曾緘在于本以外復參以西本，取長補短而已。前引張曼儀所言，譯事之「信」、「達」為兩位一體，姑此依1930年代這五種倉央情歌譯本的特徵取向製成圖表，以見其「信、達」與「雅」，數字越大表示其績效越高（然1至4僅就諸本相對而言之，並非絕對值）：

表二

		信、達			
		1	2	3	4
雅	1				于本
	2			婁本	
	3		劉本		西本
	4	曾本			

　　于、西二本的譯者皆通曉漢藏二語，故於「信、達」方面不須置疑。但于本因主「信」而貽「不文」之誚，西本文字雖更「細膩」，卻仍以「不雕琢」為標榜，故在「雅」方面或未臻極致。婁、劉、曾三氏皆不諳藏語，改譯以依從于本為主，故於「信、達」方面或有欠缺。婁氏重視民歌，故以吳歌對應藏歌體裁，其用心值得稱許，但兩種民歌在語言風格上差異甚達，是以漢地讀者在接受方面，未必能體會到藏歌質樸沉實的面貌。劉本選用五言古絕體裁，所受掣肘較少，若就舊詩體而言可謂更得原作三昧，但畢竟採用了一些包括「換例翻

譯」在內的歸化手法，如此雖「雅」，卻未必能達到白話語譯的傳「信」程度。至於曾本因選用律體七絕，不但在句法、章法上多所重組，大量採用歸化手法，更增入了不少自擬的文字。如「曾慮多情損梵行，入山又恐別傾城」兩句已經涵納了第22首的全部內容，「世間安得雙全法，不負如來不負卿」雖仍可視為倉央詩意，卻並非其詩句。此聯饒是膾炙人口，嚴格來說卻畢竟「述」多於「譯」，也就是屬於飛白所謂「水分」，而「述」或「水分」的比重竟達全詩的一半篇幅。因此，曾本於「雅」為最高，而於「信、達」卻難免遜色於其餘諸本了。

再者，縱然倉央情歌容或有晦澀難明的片段，但整體仍偏向淺白；曾緘所謂「病其不文」，大抵並非止於針對于道泉譯本──既然于本保存了藏文原作的文風。倉央因其活佛身分及傳奇經歷，乃至五四、抗戰之時代背景，其質樸之文辭在當時漢地固能引發嚮往藏區之新派人士的好奇，但于氏這種忠於原作而「不文」的譯本是否也能符合涵泳古書之讀者的期待視野，大概頗有疑問。因此，曾緘、劉希武的舊體改譯本才會應運而生。值得比較的是一九九六年，國府外交官吳南如（1898-1975）、胡慶育（1905-1970）以古體合譯伊朗駐華大使南漢儀（Ghods Nakhai, 1894-1977）之魯拜體詩作一百四十餘首。[32]同為外交官詩人之王家鴻（1896-1997）在其《外交詩話》中論道，南氏詩中頗多見道之語，此類造意在中國詩壇不算稀奇，但南氏被西方人譽為二十世紀之奧瑪珈音（Omar Khayyám, 1048-1131，即《魯拜集》〔Rubáiyát〕之作者），大約是因為其原文用英文寫出，又做過部長和大使，容易在國際上獲得知音。「吳胡兩大使在漢譯方面，用字造句，運用高超技巧，可稱繙譯典範。就原詩內涵而論，並不覺得外

---

32 〔伊朗〕南漢儀原著，吳南如、胡慶育合譯：《南漢儀四行詩》（臺北：臺灣商務印書館，1966年）。

國月亮比中國大。南詩譯漢，多少含有外交因素。南漢儀何修而得此，他真算幸運詩人。」[33]王家鴻對於南漢儀之作並未十分推崇，且認為其詩有賴吳、胡兩位著名外交官詩人運用高超詩藝，成為譯作之典範。如是觀之，劉希武、曾緘兩種改譯本於1939年數月間先後刊登於《康導月刊》，一尚「存真」，一尚「求美」，在于道泉「主信」的譯本以外提供了更多閱讀選擇，可以並存合觀。而曾緘七絕譯本受歡迎程度遠勝劉希武五絕譯本，可見當時漢地讀者喜聞樂見之倉央嘉措其人其詩，既要具備異域風情以滿足好奇心，又要呼應漢地社會之新變而成為叛逆青年偶像，還要契合「綜緝辭采，錯比文華」的文學傳統。因此，曾本在漢地流傳最廣，誠然不為無因。

回觀十九世紀英國費茲傑羅的《魯拜集》英譯，雖然長期以來深受歡迎，但當代伊朗裔學者Bentolhoda Nakhaei作出了嚴厲批評：

> This study illustrated the multiple deletions and misunderstanding of Khayyamian's images in FitzGerald's translation, which caused the destruction of underlying networks of significance of the Rubaiyat. The deformation of Persian images in the key metaphors in his translation resulted in the qualitative impoverishment of the source text. In addition, with his free choice of images and lexis, and his attempt to make Khayyam's work conform to the Victorian conventions of his era, FitzGerald deformed the metaphorical web of the Persian work […]. This could also be considered as an act of ethnocentrism and ennoblement of Khayyam's style is also deformed.[34]

33　王家鴻，《外交詩話》（臺北：臺灣商務印書館，1986年），頁137-138。
34　Nakhaei, Bentolhoda, 'How Khayyam Got Lost in Translation: Cultural Errors and the

在 Nakhaei 看來，費氏在翻譯時多次刪減、誤解奧瑪珈音原有的意象，破壞了《魯拜集》的潛在意義網絡。對一些關鍵隱喻，費氏扭曲了波斯意象，導致源文本的質量惡化。再者，費氏對意象和語彙選用得過於自由，力圖使奧瑪珈音作品符合維多利亞時代格套，因而扭曲了作品的隱喻網絡。這甚至可被視為一種民族中心主義的行為，奧瑪珈音高貴的風格也變異了。以上 Nakhaei 的評論未免過於激烈，或帶有後殖民主義批判色彩，但若將之緩和化後放諸曾緘乃至劉希武的改譯本上，恐怕也不無合理之處。與尚諳波斯語的費氏相比，曾氏完全不諳藏語；他雖有于本、西本的幫助，但畢竟不無「使倉央作品符合他所熟悉之漢語格律詩的企圖」，甚至可能「扭曲了藏族作品的隱喻網絡」。然而Nakhaei所批評費氏之處，在大陸當代學者吳笛眼中卻視為「強化合成翻譯，著眼經典重生」；[35]如此一來，吳笛對費氏的稱許，可否也放諸曾緘身上──更何況曾緘以前至少已有四種採取不同策略的漢譯本，而曾本面世的動機只是聊備一格、與前四種譯本共存？可以說，婁、劉、曾三氏的改譯接近於藝術史上所謂仿、臨、摹，距離源文本遠近不一；正因為曾本的距離最遠，故而也擁有了最大的發揮空間，並最為漢地讀者所青睞。

抑有進者，既然曾緘本中已有頗多篇幅係其再創造，那麼持之與曾氏〈布達拉宮辭〉乃至盧前〈倉央嘉措雪夜行〉相勘，吾人是否仍可涇渭分明第判定孰為翻譯、孰為創作？換言之，儘管這兩種文本號稱創作，但內容卻仍與諸譯本乃至倉央的藏文源文本具有高度互文性。那麼，這些譯述的文本似乎形成了一個光譜，盡量遵從原文內

Translators of *Rubaiyat*', Edited by NiRiordain, Cliona, & Schwerter, Stephanie: *Speaking like a Spanish Cow: Cultural Errors in Translation*, (New York, NY: Columbia University Press, 2019), pp.131-132.(113-135)

35 吳笛：〈菲茨傑拉德《魯拜集》翻譯策略探究〉，《安徽師範大學學報（哲學社科學版）》第45卷第6期（2017年11月），頁761-762。

容、風格的于本居其左端，西本及婁、劉二譯本偏左，兼具譯述性質的曾譯本居中，〈布達拉宮辭〉及〈倉央嘉措雪夜行〉偏右，而迄今申發以至假託倉央之名的創作則居其右端（如今人伊沙之潤色版、廖偉棠之《尋找倉央嘉措》、Caiyros Arlen Strang 與 Moulee de Salm Salm 以宗教靈修為依歸的英譯本等等）。由左端至右端，乃是源文本風貌（包括內容、文字與風格）漸次弱化的走向；縱使風貌弱化，其文本卻依然指向倉央其人其詩。此外，大量以情歌或道歌角度加以詮解之著作，尚不在其列。如此陸離之光譜，足以讓吾人得見倉央其人其詩在接受過程中的諸光掩映、眾聲喧嘩。然而，回觀這個接受過程的早期——亦即「清末一代」如日方中的民國年間，舊體詩壇為倉央其人其詩的傳播起到了很大作用。今人榮立宇以〈布達拉宮辭〉與〈倉央嘉措雪夜行〉為漢語文化圈內以倉央嘉措本事及情歌為主題進行文學創作的濫觴，又指出二十世紀四十年代之後的六十年間再無這樣的創作問世。[36]豈徒唯是，如劉希武、曾緘般的舊體重譯也極為罕見。唯一的例外大概是今人于貞志的一種「七絕」譯本。如其翻譯第一首：「東山崔嵬不可登，絕頂高天明月生。紅顏又惹相思苦，此心獨憶是卿卿。」頗有警句，惜「山」字出律。又如第七首次句「西風多」犯三平尾，且與第三句失黏。如此大抵只能視作近乎竹枝詞的七言古絕。再如第十二首韻腳，「幡」、「安」為平聲，「畔」為去聲。平去通押，《詩經》作品容或有之，唐宋以降之七言律絕、古絕皆極罕見。第十七首韻腳「多」、「何」為平聲，「佛」為入聲，平入通押，接近元曲入派三聲之貌，而去絕句體式益遠。換言之，該種譯本雖能投合當今大眾，採用的實際上是一種現代的、略帶古典風韻的、七言四句的新體詩，以「七言絕句」來概括，恐未盡然。

---

36 榮立宇：〈倉央嘉措詩歌在漢語文化圈中的傳播及經典化〉，《民族翻譯》2016年第1期（總第98期），頁13。

　　回觀劉希武、曾緘、盧前諸位「清末一代」舊體詩人的身影，早已漸行漸遠。在一般讀者眼中，他們關於倉央其人其詩的譯述也許不過是滿天星斗中的寥寥幾粒而已。他們的譯述雖以「語內翻譯」為原點而向外擴充，但其文體選擇無論存真（劉本五絕）、求美（曾本七絕）、創新（曾氏宮辭）、弘體（盧氏套數），皆辨體甚嚴，的是當行本色。他們承繼漢地古典詩歌傳統而放眼漢地之外，在倉央嘉措譯述的光譜上扮演的角色、嘗試的經驗，不僅對相關主題在未來的傳播與接受具有深遠的意義，也為跨文體、跨學科、跨文化的譯述工作起到了無可替代的示範作用。他們留下的星輝，無疑仍舊值得吾人仰望。

附錄一
倉央情歌民國時期譯本及相關資料彙編

本彙編所錄諸本，簡稱如下：

于本：于道泉《第六代達賴喇嘛倉央嘉措情歌》譯本
西本：劉家駒《西藏情歌》譯本
婁本：婁子匡〈喇嘛之謠：凡六二曲〉改譯本
劉本：劉希武〈第六世達賴倉央嘉措情歌六十首〉改譯本
曾本：曾　緘〈六世達賴情詩六十六首〉改譯本

于本、西本，因係專書，序跋不復迻錄。婁、劉、曾三本，皆於期刊雜誌單行，且有序文，故附載於彙編之末。婁子匡於《歌謠周刊》第三卷第三期（1937年）發表〈談喇嘛之謠──序倉央底情歌〉，可知此文係〈喇嘛之謠：凡六二曲〉之序。（婁氏之譯詩及序文，長期不為人知，茲匯集於此，以備讀者采覽。）劉希武改譯本，原載《康導月刊》第一卷第六期（1939年），前有譯者序。曾緘改譯本（附自註），與〈六世達賴倉央嘉措略傳〉及〈布達拉宮辭〉同刊於《康導月刊》第一卷第八期（1939年）。傳末云「略為此傳，冠諸篇首」，知該傳於譯詩有代序之功能。黃顥、吳碧雲《倉央嘉措及其情歌研究》冠此傳於譯詩之前，得作者原意矣。故劉氏譯序、曾氏略傳，依次臚列於婁序之後。此外，M. H. Duncan、Mark Tatz等人譯本及Per K. Sørensen校註本中值得注意之新解，亦撮要附註之，以資讀者參考。

1

于本

> 從東邊的山尖上，
> 白亮的月兒出來了。
> 「未生娘」*的臉兒，
> 在心中已漸漸地顯現。
> 註：「未生娘」係直譯藏文之ma-skyes-a-ma一詞，為「少女」之意。

> From the mountain peaks in the east,
> The silvery moon has peeped out.
> And the face of that young maiden,
> Has gradually appeared in my mind.

西本第30首[1]

> 東山上，
> 現出了皎潔的月光；
> 這時慈母容顏，
> 不禁縈繞著儂的心腸。

妻本

> 月亮出來白如霜，昇起東邊山頭上。
> 小小姑娘白白臉，深深印進我胸膛。

---

1 劉家駒《西藏情歌》一百首，乃自藏文直譯，一九三二年由上海《亞細亞月刊》出版。據筆者統計，其中有二十三首作品與于譯本內容大致相同，五首內容相關而可資參考。茲將這批作品一併逐錄於此，若係內容相關者則標以「參」字。

劉本

明月何玲瓏，初出東山上。
少女面龐兒，油然縈懷想。

曾本

心頭影事幻重重，化作佳人絕代容。
恰似東山山上月，輕輕走出最高峰。[2]
註：此言倩影之來心上，如明月之出東山。

2

于本

去年種下的幼苗
今歲已成禾束；
青年老後的體軀，
比南方的弓*還要彎。
註：制弓所用之竹，乃來自南方不丹等地。

The young sprouts planted last year,
(Have become) bundles of straw this year.
The aged bodies of (former) youths,
Are more bent than the bows from the south.

2　曾緘手稿本原作：「心頭幻出彼姝容，道是無形卻有蹤。恰似東山山上月，輕輕走
　　上最高峰。」又有側批修訂：「幻出彼姝容」，側批「影事幻重重」；次句側批「化
　　作佳人絕代容」；末句「走上」，側批「升到」。

婁本

舊年種的是秧苗，今年已結黃黃稻。
年青到老身子彎，弓兒還沒這般凹。

劉本

去歲種禾苗，今年未成束。
韶華忽衰老，佝僂比弓曲。

曾本

轉眼菀枯便不同，昔日芳草化飛蓬。
饒君老去形骸在，彎似南方竹節弓。
　註：藏南、布丹等地產良弓，以竹為之。

3

于本

自己的意中人兒，
若能成終身的伴侶，
猶如從大海底中，
得到一件珍寶。

If the one in whom I have lost heart,
Can become my lifelong companion.
It would be just like getting a jewel,
From the bottom of the sea.

婁本

自己意中人兒好，能得終身在一道。
猶如下到大海底，摸得一件珍珠寶。

劉本

倘得意中人，長與共朝夕。
何如滄海中，探得連城璧。

曾本

意外娉婷忽見知，結成鴛侶慰相思。
此身似歷茫茫海，一顆驪珠乍得時。

4

于本

邂逅相遇的情人，
是肌膚皆香的女子，
猶如拾了一塊白光的松石*，
卻又隨手拋棄了。
註：「松石」乃是藏族人民最喜歡的一種寶石，好的價值數千元。
在西藏有好多人相信最好的松石有避邪護身的功用。

The lover from whom I met and parted by chance,
Is a girl with a perfumed body.
It is like picking up a turquoise of whitish luster,[3]
And throwing it away off-hand.

3　M. H. Duncan認為，西藏出產兩種綠松石，一種色暗而珍稀，一種色白而常見；此處將女子比喻成白色綠松石，暗喻其本來水性楊花。

婁本

路上碰著美多嬌，身前身後香飄飄。
猶如撮得白松石＊，卻又隨手拋啦掉。[4]
註：松石是西藏人最喜歡的一種寶石，好的價值幾千元。西藏人以
牠有避邪護身的功用。

劉本

邂逅遇佳人，肌膚自香膩。
方幸獲珍珠，轉瞬復捐棄。

曾本

邂逅誰家一女郎，玉肌蘭氣鬱芳香。
可憐璀粲松精石，不遇知音在路旁。
註：松石藏人所佩，云可避邪，為寶石之一種。

5

于本

偉人大官的女兒，
若打量伊美麗的面貌，
就如同高樹的尖兒，
有一個熟透的果兒。

If one looks at the beautiful appearance of the daughter,
Of a great man and high official;
It is like looking at a ripened fruit,

---

4 「又」，原文作「有」，當誤，逕改。

On the top of a tall tree.[5]

西本第1首

貴族們的姑娘，
好似仙桃的核兒；
但是高樹上的桃，
也有成熟期吧？

妻本

大官大府女孩兒，看她美人好風度。
像那高樹枝頭上，一個紅熟鮮蘋果。

劉本

侯門有嬌女，空欲窺顏色。
譬彼瓊樹花，鮮豔自高立。

曾本

名門嬌女態翩翩，閱盡傾城覺汝賢。
比似園林多少樹，枝頭一果鵲鮮妍。
註：以枝頭果狀伊人之美，頗有別致。

6

于本

自從看上了那人，
夜間睡思斷了。

5　Sørensen以果實為桃杏，西藏文化中以其為女德及女容之象徵。

因日間未得到手，
想得精神累了吧！

Since I lost heart in that person,

I have suffered from sleeplessness during the night.

Is it because I was unable to get her in the daytime,

So I have become tired in spirit?

妻本

自從看上那個人，夜裡簡直不能睏。

日裡又難得到手，想得我來用力盡。

劉本

自從見佳人，長夜不能寐。

相見不相親，如何不憔悴。

曾本

一自魂消那壁廂，至今寤寐不能忘。

當時交臂還相失，此後思君空斷腸。

7

于本

花開的時節已過，

「松石蜂兒」*並未傷心，

同愛人的因緣盡時，

我也不必傷心。

註：據藏族人民說在西藏有兩種蜜蜂，一種黃色的叫作黃金蜂gser-
　　sbrang，一種藍色的叫作松石蜂gyu-sbrang。

The season of flowers has passed,

And the turquoise-colored bee does not moan,

When fate has separated me from my lover,

I should (also) not moan.

西本第3首

　　鮮花開過了，

　　蜜蜂不用愁；

　　情緣既斬斷，

　　又何悲之有？

婁本

　　過了開花好時令，藍身蜂兒*勿悲恨。

　　情人斷了因緣時，我也勿必傷了心。

　　註：藍蜂兒，藏人叫松石蜂。

劉本

　　已過花朝節，黃蜂不自悲。

　　情緣今已斷，何用苦哀思。

曾本

　　我與伊人本一家，情緣雖盡莫咨嗟。

　　清明過了春歸去，幾見狂蜂戀落花。

8

于本

> 草頭上嚴霜的任務*，
>
> 是作寒風的使者。
>
> 鮮花和蜂兒拆散的，
>
> 一定就是「它」啊。
>
> 註：這一句意義不甚明了，原文中Rtsi-thog一字乃達斯氏《藏英字
> 典》中所無。在庫倫印行的一本《藏蒙字典》中有rtstog一
> 字，譯作蒙文tuemuesue（禾）。按thog與tos本可通用，故rtsi-
> tog或即rtsi-thog的另一拼法。但是將rtsi-thog解作（禾）字，
> 這一行的意義還是不明。最後我將rtsi字當作rtswahi字的誤
> 寫，將kha字當作khag字的誤寫，乃勉強譯出。這樣辦好像有
> 點過於大膽，不過我還沒有別的辦法能使這一行講得通。

The business of Hoar-frost on the grass,

(Is to be) the messenger of the north-wind;[6]

(He) is indeed the very person,

Which separates the bees from the flowers.

妻本

> 青草頭上有霜露，牠做冷風惡僕奴。
>
> 一定是這壞東西，累得花蜂分了路。

6　Sørensen認為藏文「寒風」（skya ser rlung）一詞中含有skya ser一詞，此詞傳統上可
　　指涉兩類人——俗人（白衣）和僧人（黃衣）。透過該雙關語，詩人想描摹這樣一
　　個形象：此人偽裝成使者，卻強力阻礙自己投入感情生活。

劉本

　　皚皚草上霜，翔風使之來。

　　為君遽分散，蜂花良可哀。

曾本

　　青女欲來天氣涼，蒹葭和露晚蒼蒼。

　　黃蜂散盡花飛盡，怨殺無情一夜霜。

　　註：意謂拆散蜂與花者霜也。

9

于本

　　野鵝同蘆葦發生了感情，

　　雖想少住一會兒。

　　湖面被冰層蓋了以後，

　　自己的心中乃失望。

A goose having become attached to the reed,

And wanted to stay a little while;

But the lake froze all over,

Then he became quite disappointed.

西本第4首

　　淺水邊的情雁，

　　願長此留連；

　　奈冰堅湖凍，

　　只好毅然斷絕！

婁本

野雞蘆葦好感情，想在水面留一陣。
湖面卻給冰層蓋，熱熱心中多煩悶。

劉本

野鵝戀蘆荻，欲此片時立。
湖面結層冰，惆悵情何極。

曾本

飛來野鶩戀叢蘆，能向蘆中小住無。
一事寒心留不得，層冰吹凍滿平湖。

10

于本

渡船*雖沒有心，
馬頭卻向後看我；
沒有信義的愛人，
已不回頭看我。

註：在西藏的船普通有兩種：一種叫作ko-ba的皮作的，只順流下
　　行時用。因為船身很輕，到了下游後撐船的可以走上岸去，將
　　船背在背上走到上游再載著客或貨往下游航行。另一種叫做
　　gru-shan是木頭作的，專作擺渡用。這樣的擺渡船普通都在船
　　頭上安一個木刻的馬頭，馬頭都是安作向後看的樣子。

Although a ferry-boat is heartless,
The horse-head turns its head and looks at me,

But that unfaithful lover (of mine),

No longer turns her head to look at me.

西本第5首

　沒有知覺的船兒，

　馬頭尚向我頻頻回顧；

　無情的你啊，

　就這樣別了嗎？

妻本

　渡船本來沒有心，馬頭*卻要向我盯。

　沒信沒義人兒呀，早不向我過來問。

　註：渡船的船頭上，多有一個木刻的馬頭，作向後看的樣子。

劉本

　野渡舟無知，馬頭猶向後。

　獨彼負心人，不我一回首。

　註：西藏渡船上有一木刻馬頭，置船頭，若後顧然。

曾本

　莫道無情渡口舟，舟中木馬解回頭。

　不知負義兒家婿，尚解回頭一顧不。

　註：藏中渡船皆刻木為馬，其頭反顧。

11

于本

　　我和市上的女子

　　用三字作的同心結兒，

　　沒用解錐去解，

　　在地上自己開了。

　　I and the girl of the market place,

　　Made that "true love knot" in three words.

　　I did not try to unite it with an awl,[7]

　　It became untied of its own accord.

妻本

　　我跟街上有情人，用的三字結同心。

　　雖沒解錐去解牠，地面之上自離分。

劉本

　　我與城市女，共作同心結。

　　我未解同心，何為自開裂。

曾本

　　遊戲拉薩十字街，偶逢商女共徘徊。

　　匆匆綰箇同心結，擲地旋看已自開。

7　此句于本作 "khra bohi hgrul la ma rgyab"，以"khra bohi" 為堅固之意。Sørensen本則
　　作 "khra bo'i sbrul la ma rgyab"，以 "khra bo'i sbrul" 為斑點蛇，並指出：若想在斑點
　　蛇身上以繩打結，乃至於直接將蛇打結，牠都可以順利自解逃離。

12

于本

從小愛人的「福幡」*
豎在柳樹的一邊，
看柳樹的阿哥自己，
請不要「向上」拋石頭。

註：在西藏各處的屋頂和樹梢上邊都豎著許多印有梵、藏文咒語
　　的布幡，叫作rlung-bskyed或dar-lcog。藏族人民以為可以借此
　　祈福。

The fortune-bringing flag of my lover,

Is hoisted on one side of the willow tree.

Brother the willow keeper,

Do not throw stones at it your-self I pray.

婁本

我底愛人有福幡*，豎在柳樹那旁邊。
請你管樹哥哥呀！不要拋弄石子片。

註：西藏各處的屋頂和樹杪上邊，都豎著許多印有梵文的咒語的布
　　幡，借此祈福，所以叫福幡。

劉本

伊人豎福幡，祈禱楊柳側。
寄語守樹兒，投石勿高擲。

註：西藏樹杪常豎印有梵文或藏文之經幡，以為借此可以祈福。

曾本

長干生小最可憐，為立祥幡傍柳邊。

樹底阿哥需護惜，莫教飛石到幡前。

註：藏俗於屋前多豎經幡，用以祈福。此詩可謂君子之愛人也，因
及於其屋之幡。

13

于本

寫成的黑色字跡，

已被水和「雨」滴消滅；

未曾寫出的心跡，

雖要拭去也無從。

Words written with black ink,

Have been effaced by water drops.

Unwritten designs in the mind,

(You) cannot erase them even if (you) want to.

婁本

寫好黑色墨字跡，已給雨水來消滅。

沒有寫的心中意，就是要去也難拭。

劉本

黑字已書成，水滴即可滅。

心字不成書，欲拭安可得。

曾本

手寫瑤箋被雨淋，模糊點畫費探尋。

縱然滅卻書中字，難滅情人一片心。

14

于本

嵌的黑色的印章，

話是不會說的。

請將信義的印兒，

嵌在各人的心上。

The black seal printed with a stamp,

Does not know how to speak,

Please stamp the seal of faith,

On the heart of each of us.

西本第29首

黑汁寫的字，

有時要被雨水浸蝕，

只有心版上的筆痕，

再也抹它不去。

婁本

嵌鑲黑紋小圖章，不會開口來讀講。

請把信義這印子，嵌在兩人胸膛上。

劉本

　佩章印黛痕，默默不可語。
　請將義與誠，各印深心處。

曾本

　小印圓勻黛色深，私鈐紙尾意沉吟。
　煩君刻畫相思去，印入伊人一片心。
　註：藏人多用圓印，其色作黛綠。

15A

于本

　有力的蜀葵花兒，
　「你」若去作供佛的物品，
　也將我年幼的松石峰兒，
　帶到佛堂裡去。

That powerful mallow flower,

If you go and become an offering article,

Please also bring me, the youthful turquoise-colored bee,

To the temple of the gods.[8]

西本第6首

　美麗的鮮花，
　你將到佛前供獻。

8　Duncan認為該廟供奉男女神祇，故所謂「佛前奉獻」具有性暗示。

朝夕依依的黃蜂，

望你引入殿前！

妻本

有氣有力蜀葵花，去做供佛的東西。

小小巧巧松石蜂，我帶她到佛堂去。

劉本

君如折葵花，佛前常供養。

請將我狂蜂，同帶佛堂上。

曾本

細腰蜂語蜀葵花，何日高堂供曼遮。

但使儂騎花背穩，請君馱上法王家。

註：曼遮，佛前供養法也。

15B

于本

我的意中人兒*

若是要去學佛，

我少年也不留在這裡，

要到山洞中去了。

註：達斯本作「意中的女子」。

If the one in whom I have lost heart do not stay,

And goes in for the religion of the gods,

Neither I, the youth, will remain here,

But will go to the hermit's cavern in the hills.

西本第15B首

我心愛的人兒啊，

你厭世而學佛嗎？

青春年富的我，

可否同去參禪？

妻本

我底情人留勿住，要去禮佛虔皈依。

我又年輕留勿住，也到山洞修行去。

劉本

倘我意中人，繡佛青燈屋。

我亦無留連，遺世避空谷。

曾本

含情私詢意中人，莫要空門證法身。

卿果出家吾亦逝，入山和汝斷紅塵。

　註：此上二詩，于本分之為二，言雖出世，亦不相離。前詩葵花，

　　　比意中人，細腰蜂所以自況也。其意一貫，故前後共為一首。

16

于本

我往有道的喇嘛面前，

求他指我一條明路。
只因不能回心轉意，
又失足到愛人那裡去了。

I went to a holy Lama,
And asked for spiritual advice.
But I was unable to change my mind,
So again I drifted to (my) lover's side.[9]

婁本

我去喇嘛居住處，求他示我一條路。
為的不肯轉心意，又到情人那裡去。

劉本

我過高僧前，求指光明路。
塵心不可轉，又往情人處。

曾本

至誠皈命喇嘛前，大道明明為我宣。
無奈此心狂未歇，歸來仍到那人邊。

17A

于本

我默想喇嘛底臉兒，
心中卻不能顯現；

---

9 Mark Tatz指出，此詩體現了詩人調和自己神聖與世俗兩重身分的嘗試。

我不想愛人底臉兒，
心中卻清楚地看見。

The Lama's face which I try to meditate upon,
Does not appear in my mind.
The lover's face which I do not meditate upon,
Appears in my mind clear and distinct.

西本第8首
　那無上的佛像，
　雖堅強地在默念，
　還是不入我的腦邊；
　但，她那嬝嬝的嬌姿，
　卻時時隱約地在我眼前。

婁本
　我想喇嘛仁慈臉，心裡想著又勿見。
　勿想情人的面孔，心裡清楚又出現。

劉本
　我念喇嘛容，百思不能記。
　我不念情人，分明入夢寐。

曾本
　入定修觀法眼開，祈求三寶降靈臺。
　觀中諸聖何曾見，不請情人卻自來。

17B

于本

　　若以這樣的「精誠」，

　　用在無上的佛法，

　　即在今生今世，

　　便可肉身成佛。

　　If one's mind is so (inclined)

　　Toward the sublime doctrine.

　　He could with this very body

　　Obtain Buddhahood in this very life.

西本第9首

　　對你真誠懇摯的心，

　　若是學佛，

　　此生此禮，

　　何愁不成仙呢！

姚本

　　肯把這樣真誠心，皈依佛法去修行。

　　就在這生這世間，肉身便可修成神。

劉本

　　未翻譯

曾本

靜時修止動修觀，歷歷情人掛眼前。

肯把此心移學道，即生成佛有何難。

註：以上二詩亦為一首，于分為二。藏中佛法最重觀想，觀中之佛菩薩，名曰本尊。此謂觀中本尊不現，而情人反現也。

昔見他本情歌二章，余約其意為〈蝶戀花〉詞云：「靜坐焚香觀法像，不見如來，鎮日空凝想。只有情人來眼上，婷婷鑄出姣模樣。◎碧海無言波自盪，金雁飛來，忽露驚疑狀。此事尋常君莫悵，微風皺作鱗鱗浪。」前半闋所詠即此詩也。

18

于本

潔淨的水晶山上的雪水，

鈴蕩子*上的露水，

加上甘露藥的酵「所釀成的美酒」，

智慧天女*當壚。

若用聖潔的誓約去喝，

即可不遭災難。

註一：「鈴蕩子」藏文為klu-bdud-rde-rje，因為還未能找到它的學名，或英文名，所以不知道是什麼樣的一種植物。

註二：「智慧天女」原文為Ye-shes-mkhah-hgro。乃Ye-shes-kyi-mkhah-hgro-ma之略。Ye-shes意為「智慧」。mkhah-hgro-ma直譯為「空行女」。此處為遷就語氣故譯作「智慧天女」。按mkhah-hgro-ma一詞在藏文書中都用它譯梵文之dakini一字，而dakini在漢文佛經中譯音作「荼吉泥」，乃是能盜食人心的夜叉鬼（參看丁氏《佛學大辭典》1892頁中）而在西藏傳說

中「空行女」即多半是絕世美人。在西藏故事中常有「空行女」同世人結婚的事，和漢故事中的狐仙頗有點相似。普通藏族人民常將「空行女」與「救度母」（sgrol-ma）相混。

The snow water from the pure Crystal Mountain,

And dew drops from the klu-bdud-rdo-rje grass.

When elixir is used as yeast, (and brewed into wine),

(and let the) wine seller be the Goddess of wisdom.

So if we drink such wine with a sacred vow,

We shall never have to taste the waters of bitterness.

妻本

水晶山頂泉雪水，鈴蕩子*上冷露水。

加些甘露酵酒藥，智慧天女*來釀酒，

說了誓言拿去喝，不會碰到大禍祟。[10]

註一：鈴蕩子，是西藏的一種植物。

註二：智慧天女，西藏傳說叫空行女，和中國的狐仙略相似。

劉本

山雪調草露，香冽成美酒。

天女且當壚，飲罷愁何有。

曾本

醴泉甘露和流霞，不是尋常賣酒家。

---

10 「大」，原文作「木」，當誤，逕改。

空女當爐親賜飲，醉鄉開出吉祥花。
註：空行女是諸佛眷屬，能福人。

19

于本

當時來運轉的際會，
我豎上了祈福的寶幡。
就有一位名門的才女。
請我到伊家去赴宴。*
註：這一節乃是極言寶幡效驗之速。

When fortune smiles at me,
I hoisted a fortune-bringing flag.
The I am invited to the feast,
By a girl of a good family.

婁本

幸運跑到我前邊，我的門前豎寶旛。
就有名門多才女，請我到去設酒宴。
註：這裡極頌寶旛的神效。

劉本

福幡立中庭，果爾降榮幸。
名姝設華筵，召我伊家飲。

曾本

　　為豎幡幢誦梵經，欲憑道力感娉婷。

　　瓊筵果奉佳人召，知是前朝佛法靈。

20

于本

　　我向露了白齒微笑的女子們的*

　　座位間普遍地看了一眼，

　　一人羞澀的目光流轉時，

　　從眼角間射到我少年的臉上。

　　註：在這一句中藏文有lpags-pa（皮）字，頗覺無從索解。

I cast a glance at a bevy of sitted lasses,

With white teeth and smiling looks,

(One of them) looked at my face bashfully,

From the corner of her eyes.

婁本

　　我朝美女座位前，轉過頭去看一眼。

　　有位羞轉明眸女，眼用斜看我紅顏。

劉本

　　座中有一女，皓齒復明眸。

　　含笑偷覷我，羞情眼角流。

曾本

貝齒微張笑靨開，雙眸閃電座中來。

無端覷看情郎面，不覺紅渦暈兩腮。

21

于本

因為心中熱烈的愛慕，

問伊是否願作我的親密的伴侶？

伊說：「若非死別，

決不生離。」

Because (I) desperately fell in love with (her),

(I) asked whether (she) would care to become (my) intimate companion.

"Unless we are separated by death,

We should never part alive." Was (her) answer.

西本第10首

親愛的人兒，

能否同我長相聚？

她說「除非死別，

決不生離。」

妻本

為得心裡多愛慕，問她願做我密侶？

她說「除非是死別，活時不願分兩處」。[11]

---

11 「活」，原本作「話」，當誤，逕改。

劉本

　情癡急相問，能否長相依。

　伊言除死別，決不願生離。

曾本

　情到濃時起致辭，可能長作玉交枝。

　除非死後當分散，不遣生前有別離。

　註：前二句是問詞，後二句是答詞。

22

于本

　若要隨彼女的心意，

　今生與佛法的緣分斷絕了；

　若要往空寂的山嶺間去雲遊，

　就把彼女的心願違背了。

　If I reciprocate with the feelings of the girl,

　My share in religion during this life will be deprived.

　If I wander among the solitary mountain ranges,

　It would be contradictory to the wishes of the girl.

西本第11首

　接受了她一顆赤熱的心，

　我卻犧牲了佛緣；

　若毅然地入山修道，

　又辜負了她的心了！

婁本

要隨情人心和意，該把佛法丟了去。

要到空山去頂禮，該把情人心丟棄。

劉本

我欲順伊心，佛法難兼顧。

我欲斷情絲，對伊空辜負。

曾本

曾慮多情損梵行，入山又恐別傾城。

世間安得雙全法，不負如來不負卿。

23

于本

工布少年的心情，

好似拿在網裡的蜂兒。

同我作了三日的宿伴，

又想起未來與佛法了。*

註：這一節是一位女子譏諷伊的愛人工布少年的話，將拿在網裡的
蜂兒之各處亂撞，比工布少年因理欲之爭而發生的不安的心
情。工布kong-po乃西藏地名，在拉薩東南。

The mind of the young man from Kong-po,

Is like a bee captured in a net,

He has been (my) sleeping companion for three days,

(And now he) is pondering about the future and religion.[12]

婁本

工布哥兒怪心緒，好像羅網藍蜂兒。

跟我三天做宿伴，又把佛法重記起。

劉本

工布有少年，性如蜂在網。

隨我三日遊，又作皈依想。

曾本

絕似花蜂困網羅，奈他工布少年何。

圓成好夢才三日，又擬將身學佛陀。

註：工布藏中地名，此女子誚所歡男子之辭。

24

于本

終身伴侶啊，我一想到你，

若沒有信義和羞恥，

頭髻上帶的松石，

是不會說話的啊！*

註：這一節是說女子若不貞，男子無從監督，因為能同女子到處去

　　的，只有伊頭上戴的松石。

---

12 與于道泉不同，Duncan認為此詩乃詩人以己之身分地位與一位學友相比較之詞。

(When I) think about you ,(my) permanent consort,

If (you are) unfaithful and shameless,

The turquoise (which you) wear on you head,[13]

Dose not know how to speak.

婁本

終身伴侶想到你，假如人沒信和義。

松石戴在頭髻上，不會說出是和非。

劉本

念我同衾人，是否長貞節。

寶釵雖在頭，默默不能說。

曾本

別後行蹤費我猜，可曾非議赴陽臺。

同行只有釵頭鳳，不解人前告密來。

註：此疑所歡女子有外遇，而致恨釵頭鳳之緘口無言也。原文為髻
上松石，今以釵頭鳳代之。

25

于本

你露出白齒兒微笑，

是正在誘惑我呀？

心中是否有熱情，

請發一個誓兒！

---

13 Sørensen指出，藏人訂婚時以綠松石下聘。

(You are) smiling with your teeth shown out,

And is enticing (me) the youth.

Whether you have warmth in your heart,

Please prove it by an oath.

婁本

你露白齒微微笑，正在向我媚誘倒。

心中是否多熱情？請你先發個誓條。

劉本

微笑露瓠犀，似有逗人意。

芳懷真不真，請卿發盟誓。

曾本

微笑知君欲誘誰，兩行玉齒露參差。

此時心意真相屬，可肯儂前舉誓詞。

26

于本

情人邂逅相遇，*

被當壚的女子撮合。

若出了是非或債務，

你須擔負他們的生活費啊！

註：這一句乃是藏人民常說的一句成語，直譯當作「情人猶如鳥同
　　石塊在露上相遇」；意思是說鳥落在某一塊石頭上，不是山鳥
　　的計畫，乃係天緣。以此比情人的相遇全係天緣。

lovers who met each other by chance,

Are united by mother the wine seller,

If troubles and debts should result from this,[14]

You must take care of them.

婁本

有情人兒相接觸，酒家之女為撮合。

要是出了債和孽，你該養著過時日。

劉本

多謝當壚女，撮合雙鴛鴦。

兩情苟構怨，此責卿須當。

曾本

飛來一對野鴛鴦，撮合勞他賣酒娘。

但使有情成眷屬，不辭辛苦作慈航。

註：拉薩酒家撮合癡男怨女，即以酒肆作女閭。

27

于本

心腹話不向父母說，

卻在愛人面前說了。

從愛人的許多牡鹿*之間，

---

14 Sørensen認為藏文「債務」（bu lon）為雙關語，也有產子之意。故所謂「債務」乃是情人幽會後誕下的嬰兒。

秘密的話被仇人聽去了。

註：此處的牡鹿，係指女子底許多「追逐者」。

One does not confide his secrets to his parents,

But tells them to his lover.

And from the lover's many "stage",

His secret sayings are heard by his enemy.

西本第16首（參）

　　滿腔愁緒，

　　不足為他人道；

　　怕的是仇家歡喜，

　　愛人傷悼！

婁本

　　私話不向爸媽說，愛人前面滔滔出。

　　許多敵情在四旁，他卻聽去漏祕密。

劉本

　　親前道不得，伊前盡其詞。

　　耳邊心上語，又被情敵知。

曾本

　　密意難為父母陳，暗中私說與情人。

　　情人更向情人說，直到仇家聽得真。

28

于本

情人藝桌拉茉*，

雖是被我獵人捉住的。

卻被大力的長官

訥桑嘉魯奪去了。*

註一：此名意譯當作「奪人心神的仙女」。

註二：有一個故事藏在這一節裡邊，但是講這個故事的書在北平打

　　　不到，我所認識的藏族人士又都不知道這個故事，所以不能

　　　將故事中的情節告訴讀者。

My lover Yid-hphrog-lha-mo,

Was captured by me the hunter,

(But she) was robbed from me,

By Nor-bzang-rgya-lu the powerful officer.[15]

西本第12首

嬌豔的意卓那母，

是獵人捉獲的，

不料那強暴的洛桑，

竟自奪了去！

---

15 Sørensen 指出，此詩提到的人物出自印度佛教傳說《善財譬喻》（Sudhana

　　avadāna），藏人將此故事發展成戲劇，名為《訥桑王子傳奇》（Prince Nor-bzan's

　　Romance）。故事略謂訥桑王子以魔法長繩縛獲仙女藝桌拉茉，兩情相悅，幾經波折

　　而終成眷屬的故事。

妻本

我的情人**娓婥拉**，雖被獵人捉將著。

他從大力官家吏，訥桑嘉魯處奪得。

劉本

美人如仙女，嬌豔自活潑。

雖為我所擒，又被權貴奪。

曾本

膩婥仙人不易尋，前朝遇我忽成禽。

無端又被盧桑奪，一入侯門似海深。

註：膩婥拉茉，譯言為奪人魂魄之神女。盧桑人名，當時有力權貴
　　也。藏人謂此詩有故事，未詳。

29

于本

寶貝在手裡的時候，

不拿它當寶貝看；

寶貝丟了的時候，

卻又急的心氣上湧。

When the jewel is in one's own possession,

One does not appreciate it as a jewel.

But when the jewel has passed into other hands,

Then one's heart aches with distress.

西本第13首

珠寶在我家時，

不知有這般珍貴；

現在失落在他人手中，

才顯出他的萬能！

妻本

珍寶在手好時候，不當珍寶去獲守。

到得珍寶丟了去，卻又心氣冒上嘔。[16]

劉本

明珠在握時，不作明珠看。

流落他人手，嗟焉長遺憾。

曾本

明知寶物得來難，在手何曾作寶看。

直到一朝遺失後，每思奇痛徹心肝。

30

于本

愛我的愛人兒，

被別人娶去了。

心中積思成癆，

身上的肉都消瘦了。

---

16 于本第62首，妻本排在此首之前，編號二九；故此首於妻本編號為三〇，此後各首
編號類推，不贅。

The lover who loves me,

Has gone to become another's companion.

So I became sick of consumption,

And my body has become emaciated.

妻本

喜歡我的美多嬌，別人伴著遠遠跑。

害我成癆肚又病，身上肉兒都瘦小。

劉本

情人我所歡，今作他人友。

臥病為卿思，清瘦如秋柳。

曾本

深憐密愛誓終身，忽抱琵琶向別人。

自理愁腸磨病骨，為卿憔悴欲成塵。

31

于本

情人被人偷去了，

我須求籤問卜去罷。

那天真爛漫的女子，

使我夢寐不忘。

(My) lover has been stolen and lost,

It is time for me to draw lot and consult fortune tellers.

That candid minded girl,

Has haunted my dreams.

妻本

情人被人奪去了，我去求籤又拜禱。

那個天真活潑女，就在夢中難忘掉。

劉本

美人失蹤跡，問卜且焚香。

可憐可憎貌，夢寐何能忘。

曾本

盜過佳人便失蹤，求神問卜冀重逢。

思量昔日天真處，只有依稀一夢中。

註：此盜亦復風雅，唯難乎其為失主耳。

32

于本

若當爐的女子不死*，

酒是喝不盡的。

我少年寄身之所，

的確可以在這裡。

註：西藏的酒家多係娼家，當爐女多兼操神女生涯，或撮合癡男怨
女使在酒家相會。可參看第26節。

If that girl does not die,

Then wine is inexhaustible.

So it is in deed possible for (me) the youth,

To make this a place of refuge.

西本第51首

　　只要我心裡的她常在，

　　那濃郁的美酒是不會缺乏的。

　　青年們幸福之花，

　　全繫在她的身上啊！

婁本

　　祗要她是留此身，喝的甜酒永不盡。[17]

　　我們青年寄身地，就在這個好處境。

劉本

　　當爐女不死，酒量我無涯。

　　少年遊蕩處，實可在伊家。

　　註：西藏酒店多係娼家，當爐女操神女生涯，或撮合癡男怨女，使

　　　　在酒家相會。

曾本

　　少年浪跡愛章臺，性命唯堪寄酒杯。

　　傳語當爐諸女伴，卿如不死定常來。

　　註：一云：「當爐女子未死日，杯中美酒無盡時。少年一身安所

　　　　託，此間樂可常棲遲。」

　　　　此當爐女，當是倉央嘉措夜出便門私會之人。

17 「喝」，原文作「渴」，當誤，逕改。

33

于本

> 彼女不是母親生的，
> 是桃樹上長的罷！
> 伊對一人的愛情，
> 比桃花凋謝得還快呢！

> Is that girl not born from a mother,
> And was produced on a peach tree?
> (Her) love towards a man withers up,
> Even quicker than those peach flowers.

婁本

> 生她不是她母親，她像桃樹枝上生。
> 她對人們情和愛，要比桃花早凋零。

劉本

> 伊非慈母生，應長桃花梢。
> 對我負恩情，更比花落早。

曾本

> 美人不是母胎生，應是桃花樹長成。
> 已恨桃花容易落，落花比汝尚多情。
> 註：此以桃花易謝，比喻彼姝之情薄。

34

于本

我自小相識的愛人，

莫非是與狼同類？

狼雖有成堆的肉和皮給它，

還是預備住在上面。

註：這一節是一個男子以自己底財力不能買得一個女子永久的愛，

　　怨恨女子的話。

Is my sweetheart whom I know from my boyhood,

Not of the same species with the wolf?

(The Wolf) would make preparations for running up to the mountain,

Even if heaps of meat and skin are given to it.[18]

妻本

從小就跟熟人愛，莫非她是狼同類。

給她肉皮疊成堆，還要預備上山寨。

劉本

美人雖相愛，性同狼與犴。

狼犴飲食肉，終欲還故山。

---

18 Sørensen指出，將女子比喻為狼，而所謂皮肉乃是指其情人的軀體，故而食肉是性
愛的隱喻。Tatz則認為，這正是女子不願長期與詩人同居的原因。

曾本

　生小從來識彼姝，問渠家世是狼無。

　成堆血肉留難住，奔走荒山何所圖。

　　註：此章以狼況彼姝，惡其野性難馴。

35

于本

　野馬往山上跑，

　可用陷阱或繩索捉住；

　愛人起了反抗，

　用神通力也捉拿不住。

When a wild horse goes up a mountain,

It can be captured with a snare or lasso.

But when a lover has become rebellious,

She cannot be captured even by supernatural powers.

西本第52首

　野馬奔逃到郊外去了，

　有韁繩可以繫回來的；

　愛人負了我，

　又哪裡來的韁繩呢！

婁本

　野馬朝著山上跑，[19]陷阱繩索捉得牢。

19　「跑」，原文作「跪」，當誤，逕改。

情人有時違了心，神通之力挽不牢。

劉本

野馬馳荒山，羈縻尚可挽。
美人變芳心，神力不可轉。

曾本

山頭野馬性難馴，機陷猶堪制彼身。
自歎神通空具足，不能調伏枕邊人。
註：此又以野馬況之。

36

于本

躁急和暴怒聯合，
將鷹的羽毛弄亂了；
詭詐和憂慮的心思，
將我弄憔悴了。

Anger and ill humour combined，
Have made the feathers of the vulture disheveled.
Intrigues and worldly cares,
Have completely worn me out.

婁本

急性怒氣和著擣，好像蒼鷹弄亂毛。
欺騙憂愁來混合，把我弄得憔瘦了。

劉本

秋鷹為暴怒，羽毛遂凌亂。

我因常憂傷，容顏暗偷換。

曾本

羽毛零亂不成衣，深悔蒼鷹一怒非。

我為憂思自憔悴，那能無損舊腰圍。

註：鷹怒則損羽毛，人憂亦虧形容，此以比擬出之。

37

于本

黃邊黑心的濃雲，

是嚴霜和災雹的張本；

非僧非俗的班第，

是我佛教法的仇讎。

註：藏文為ban-dhe，據葉式客（Yäschke）的《藏英字典》有二
   義：（1）佛教僧人；（2）本波bon-po教出家人。按「本波教」
   為西藏原始宗教，和中國的道教極相似，在西藏常和佛教互相
   排斥。此處ban-dhe似作第二義解。

The cloud which has a yellow brim and a black center,

Is the foreboding of frost and hail.

A ban-dhe which is nether monk nor layman,

Is an enemy of the Teachings of Buddha.[20]

---

20 于本將原文第四句之"sangs rgyas"對譯作「佛」，實為僧伽之義。而Sørensen認為

西本第53首

　黃邊黑心的雲兒，

　是冰雹的策源地；

　不僧不俗的人，

　是佛門唯一的仇敵。

妻本

　黃圈黑心密密雲，寒霜冰雹快來臨。

　青僧非俗朋波徒，是我教裡大仇人。

劉本

　未翻譯

曾本

　浮雲內黑外邊黃，此是天寒欲雨霜。

　班弟貌僧心是俗，明明末法到滄桑。

　註：班弟，教名。此藏中外道，故倉央嘉措斥之。

38

于本

　表面化水的冰地，

　不是騎牡馬的地方；

　秘密愛人的面前，

　不是談心的地方。

"sangs rgyas"一詞表面上指佛法或僧伽，實際上指涉的乃是倉央自幼年以來的監護者、攝政王桑結嘉措。

The ground which is melted on the surface and frozen at the bottom,

Is not a place to send a mare,

In the presence of a secret paramour,

Is not prudent to express one's heart.

妻本

浮面化水冰陷地，不是騎馬好地址。

親密情人面座前，也非談心幽密處。

劉本

地上冰初融，不可以馳馬。

秘密愛人前，衷情不可泄。

曾本

外雖解凍內偏凝，騎馬還防踏暗冰。

往訴不堪逢彼怒，美人心上有層冰。

註：謂彼美外柔內剛，惴惴然常恐不當其意。

39

于本

初六和十五日的明月，*

到是有些相似；

明月中的兔兒，

壽命卻消磨盡了。

註一：這一句藏文原文中有tshes-chen一字為達斯氏《字典》中所

無，但此字顯然是翻譯梵文mahātithiyi一字。據威廉斯《梵

英字典》796頁謂係陰曆初六日。

註二：這一節意義不甚明了。據我看，若將這一節的第1、2兩行和
　　　第42節的1、2兩行交換地位，這兩節的意思好像都要較為通
　　　順一點。據一位西藏友人說這一節中的明月是比為政的君
　　　子，兔兒是比君子所嬖幸的小人。

The moon of the sixth and the fifteen day,

Appear very much alike.

And the life of the hare in the center of the moon,

Has become completely exhausted.

婁本

初六月兒亮堂堂，十五月兒同面龐。

明月之中有白兔，壽命慢慢消磨光。

劉本

連霄秋月明，清寒正相似。

月中蟾兔兒，應已消磨死。

曾本

弦望相看各有期，本來一體異盈虧。

腹中顧兔消磨盡，始是清光飽滿時。

註：此與杜子美「斲卻月中桂，清光應更多」同意。藏中學者，謂
　　此詩以月比君子，兔比小人，信然。原文甚晦，疑其上下句有
　　顛倒，余以意通之，譯如此。

40

于本

　這月去了，

　下月來了。

　等到吉祥白月的月初*，

　我們即可會面。*

　註一：印度曆法自月盈至滿月謂之（白月）。見丁氏《佛學大辭
　　　　典》904頁下。

　註二：這一節據說是男女相約之詞。

　This month passes away,

　And the nest month comes.

　(I) will come to visit you at the beginning,

　Of that auspicious "light half of the month".[21]

妻本

　這個月兒過去了，下個月兒就來到。

　等到吉祥白月初，就好會面在一道。

劉本

　此月因循去，下月奄忽來。

　待到上弦夜，攜手共徘徊。

21 Sørensen指出，此歌係藏人在宴會結束時所唱，期待早日再相會。

曾本

前月推移後月行，暫時分手不須哀。

吉祥白月行看近，又到佳期第二回。

註：藏人依天竺俗，謂月滿為吉祥白月。

41

于本

須彌不動住中央*，

請牢穩地站著不動。

日月旋轉的方向，

並沒有想要走錯。

註：「彌盧山王「藏文為ri-rgyal-lhun-po。ri-rgyal意為「山王」，
　　lxunpo意為「積」，乃譯梵文之Meru一字。按Meru普通多稱作
　　Sumeru，漢文佛化中譯意為「善積」，譯音有「須彌山」「修
　　迷樓」「蘇迷盧」等，但世人熟知的，只有「須彌山」一句。
　　在西藏普通稱此已為ri rab。古代印度人以為須彌山是世界的
　　中心，日月星辰都繞著它轉。這樣的思想雖也曾傳入我國內
　　地，卻不像在西藏那樣普遍。在西藏沒有一個不知道ri rab這
　　個名字。

Meru the king of mountains in the middle,

Please firmly stands there without swerve.

The sun and moon have no wish,

To go astray in their course of revolving around.

西本第55首

中央的須彌山，

請不動地坐著；

太陽，月兒，

決不會轉出軌道的。

婁本

彌盧山王坐中央，穩穩站定不蕩颺。

日月施轉有軌路，從來沒有錯方向。

劉本

未翻譯

曾本

中間的彌盧山王，日月遊行繞四方。

各駕輕車投熟路，未須卻腳歎迷陽。

註：日月皆繞須彌，出佛經。

42

于本

初三的明月發白，

它已盡了發白的能事，

請你對我發一個

和十五日的夜色一樣的誓約。*

註：這一節意義不甚明了。

The moon on the third day is bright,

And it has done its best to be bright,

(I) beg that you make (me),

A promise like the night of the 15th day.[22]

西本第49首

十五夜般的月兒，

我雖然是沒有的，

但像初三那麼娥眉似的新裝，

我是很能夠的。

婁本

初三月亮發了白，件件事體都照出。

請你對我下一誓，又是光明又皎潔。

劉本

初三月色明，其明盡於此。

十五月更明，卿盟類如是。

曾本

新月才看一線明，氣吞碧落便橫行。

初三自詡清光滿，十五何來皓魄盈。

註：謂小人小得意便志得意滿。

---

22 于本藏文原詩第四句之"zal"，于氏譯為「誓約」。而Sørenson指出此字為雙關語，既指滿月幽會之「約定」，也指月亮或所歡之「露面」。

43

于本

　　住在十地*界中的

　　有誓約的金剛護法，

　　若有神通和威力，

　　請將佛法的冤家驅逐。

　　註：菩薩修行時所經的境界有十地：（1）喜歡地（2）離垢地（3）
　　　　發光地（4）焰慧地（5）極難勝地（6）現前地（7）遠行地
　　　　（8）不動地（9）善慧地（10）法雲地。見丁氏《佛學大辭
　　　　典》225頁中。護法亦係菩薩化身，故亦在十地界中。

The oath-bound Diamond Protector of religion,

Who lives in the realm of the "Ten stages".

If you have supernatural powers,

Then please get rid of the enemies of the teaching.

婁本

　　十地界中居住客，金剛護法有誓約。

　　若有神通權威力，請把佛仇都趕卻。

劉本

　　未翻譯

曾本

　　十地莊嚴住法王，誓言訶護有金剛。

神通大力知無敵，盡逐魔軍去八荒。

註：此讚佛之詞。

44

于本

　　杜鵑從寞地來時，

　　適時的地氣也來了；

　　我同愛人相會後，

　　身心都舒暢了。

When the cuckoo comes from the country Mon,

Then the seasonable essence of the soil also comes.

Since I have met my lover,

My body and mind have become relaxed.[23]

妻本

　　寞地飛來杜鵑鳥，大地春回時候到。

　　我跟情人會晤後，身心快活多逍遙。

劉本

　　杜鵑歸來後，時節轉清和。

　　我遇伊人後，心懷慰藉多。

---

23 Sørensen據Duncan之說，指出杜鵑在西藏被尊為鳥中之王，而寞地的山林是杜鵑棲
　　息之處。杜鵑在其他鳥類巢中產卵的現象，藏人早已了解。倉央採用杜鵑的意象，
　　有對自己身居僧王之錯位表達嘆惋之意。

曾本

杜宇新從漠地來，天邊春色一時回。

還如以外情人至，使我心花頃刻開。

註：藏地高寒，杜宇啼而後春至，此又以杜宇況其情人。

45

于本

若不常想到無常和死，

雖有絕頂的聰明，

照理說也和呆子一樣。

If a man does not think of transientness and death,

Even if he be exceedingly clever,

He is like a fool in a sense.

婁本

若勿想到無常死，雖有絕頂好才智，

照理說來像呆子。

劉本

未翻譯

曾本

不觀生滅與無常，但逐輪迴向死亡。

絕頂聰明矜世智，歎他於此總茫茫。

註：謂人不知佛法，不能觀死無常，雖智實愚。

46

于本

　　不論虎狗豹狗，

　　用香美的食物喂它就熟了；

　　家中多毛的母老虎，*

　　熟了以後卻變得更要兇惡。

　　註：指家中悍婦。

(No matter whether) it is a "lion dog" or "leopard dog",

We can tame it by giving delicious things to it.

But the "hairy lioness" (which we keep) at home,

Would become more malicious after she has been tamed.

婁本

　　不論虎狗和豹狗，香美食物養得服。

　　家裡多毛雌老虎，熟了以後變兇惡。

劉本

　　獒犬縱猙獰，投食自親近。

　　獨彼河東獅，愈親愈忿忿。

曾本

　　君看眾犬吠猞猁，飼以雛豚亦易馴。

　　只有家中雌老虎，愈溫存處愈生嗔。

　　註：此又斥之為虎，且抑虎而揚犬，讀之可發一笑。

47

于本

　　雖軟玉似的身兒已抱慣，

　　卻不能測知愛人心情的深淺。

　　只在地上畫幾個圖形，

　　天上的星度卻已算準。

Although (I have become) familiar with (her) tender body,

(I am) unable to fathom the heart of (my) lover.

(But we only have to) scratch a few figures on the ground,

And the distances of the stars on the skies are correctly computed.

西本第57首

　　以指畫地，

　　還可以算清天空的星兒；

　　這般熱戀的愛人，

　　卻不能猜出她的心地。

婁本

　　軟玉身兒已慣抱，不測情人心奧竅。

　　地上直得幾個圖，天空星度算準了。

劉本

　　日規置地上，可以窺日昃。

　　纖腰雖抱慣，深心不可測。

曾本

抱慣嬌軀識重輕，就中難測是深情。

輸他一種占星術，星斗彌天認得清。

註：天上之繁星易測，而彼美之心難測。然既抱慣嬌軀，識輕重
　　矣，而必欲知其情之深淺，何哉？我欲知之，而彼偏不令我知
　　之，而我彌欲知之。如是立言，是真能勘破癡兒女心事者。此
　　詩可謂妙文，嘉措可謂快人。

48

于本

我同愛人相會的地方，

是在南方山峽黑林中，

除去會說話的鸚鵡以外，

不論誰都不知道。

會說話的鸚鵡請了，

請不要到十字路上去多話！*

註：這一句在達斯本中作「不要洩露秘密」。

The place of rendezvous of me and my lover,

Is inside the dark forest in the Southern valley.

Except Parrot the talker,

There is no one who knows (the fact).

Parrot the talker I beg you,

Do not tell (people) on the crossroad.

妻本

　我跟愛人晤一道，是在南方深山奧。

　除出能言鸚鵡鳥，無論誰多不知道。

　能說能講鸚鵡鳥，請在路口勿宣告。

劉本

　幽會深林中，知情惟鸚鵡。

　叮嚀巧鸚哥，莫向街頭語。

曾本

　鬱鬱南山樹草繁，還從幽處會嬋娟。

　知情只有閒鸚鵡，莫向三叉路口言。

　註：此野合之詞。

49

于本

　在拉薩擁擠的人群中，

　瓊結*人的模樣俊秀。

　要來我這裡的愛人，

　是一位瓊結人哪！

　註：據貝爾氏說西藏人都以為若是這位達賴喇嘛娶了他那從瓊結來
　　　的愛人，他的子孫一定要強大起來，使中國不能統治，所以中
　　　國政府乃早把他去掉了。(《西藏之過去及現在》39頁。按：貝
　　　爾著作中有很錯誤的言論，讀者要注意。) 據貝爾氏說瓊結
　　　Chung rgyal 乃第五代達賴生地，但是他卻沒有說是在什麼地
　　　方。據藏族學者說是在拉薩東南，約有兩天的路程。我以為它

或者就是hphyong-rgyas（達斯氏字典852頁）因為這兩字在拉
薩方言中讀音是相似的。

Among the crowded multitude of Lhasa,

Those from Chung-rgyal are handsome in appearance.

My lover who is coming to me,

Is one of those among the Chung-rgyal people.

西本第71首（參）

　　高尚的人士們，

　　一起往曲孔結去了；

　　那末曲孔結的主婦，

　　是我也好啊！

妻本

　　拉著人群擁擠鬧，瓊結人兒模樣好。

　　要來我處情愛人，就是一位瓊結嬌。

劉本

　　拉薩多名花，有女最俊秀。

　　我愛即伊人，正欲來相就。

曾本

　　拉薩遊女漫如雲，瓊結佳人獨秀群。

　　我向此中求伴侶，最先屬意便為君。

　　註：瓊結地名，佳麗所自出。杜少陵詩云：「燕趙休矜出佳麗，後
　　　　宮不擬選才人。」此適與之相反。

50A

于本

　　有腮鬍的老黃狗，

　　心比人都伶俐。

　　不要告訴人我薄暮出去，

　　不要告訴人我破曉回來。

　　(You) old bearded yellow dog,

　　(Who) is more sagacious than man in intelligence,

　　Do not tell (people) that I went out at nightfall,

　　Do not tell (people) that I came back at daybreak.

婁本

　　腮鬚蓬鬆老黃狗，牠比人還心靈巧。

　　別告人們我晚出，回來時候剛破曉。

劉本

　　聰明老黃犬，告密慎莫為。

　　薄暮我出外，黎明我還歸。

曾本

　　龍鍾黃犬老多髭，鎮日司閽仗爾才。

　　莫道夜深吾出去，莫言破曉我歸來。

　　註：此黃犬當是為倉央嘉措看守便門者。

50B

于本

薄暮出去尋找愛人，

破曉下了雪了。

住在布達拉時，

是瑞晉倉央嘉措。

I went to seek for lover at nightfall,

And snow has fallen at daybreak.

When I live at Potala,

I am rig-hdsin-mTshan-dbyangs-rgya-mtsho.

婁本

薄暮出去找情人，破曉飛得雪紛紛。

布達拉宮住著的，[24]倉央嘉措那個人。

劉本

薄暮出尋豔，清晨飛雪花。

情僧原是我，小住布達拉。

曾本

為尋情侶去匆匆，破曉歸來積雪中。

就裡機關誰識得，倉央嘉措布拉宮。

註：以上二首原本為一首，而于本分之。

---

24 「宮」，原文作「室」，當誤，逕改。

50C

于本

在拉薩下面住時，
是浪子宕桑汪波，
秘密也無用了，
足跡已印在了雪上。*

註：當倉央嘉措為第六代達賴時在布達拉官正門旁邊又開了一個旁
門，將旁門的鑰匙自己帶。等到晚上守門的把正門鎖了以後，
他就戴上假髮，扮作在家人的模樣從旁出去，到拉薩民間，改
名叫作宕桑汪波，去過他的花天酒地的生活。待破曉即回去將
旁門鎖好，將假髮卸去，躺在床上裝作老實人。這樣好久，未
被他人識破；有一次在破曉未回去以前下了大雪，回去時將足
跡印在雪上。宮中的侍者早起後見有足跡從旁門直到倉央嘉措
的臥室，疑有賊人進去。以後根究足跡的來源，直找到蕩婦的
家中；又細看足跡乃是倉央嘉措自己的。乃恍然大悟。從此這
件秘密被人知道了。

When I stay at the Lhasa city below,
I am Dang-bzang-dbang-po the libertine,[25]
There is no use to keep it secret (now),
Footprints have been left on the snow.

婁本

拉薩下面居住時，宕桑汪波這蕩子。[26]
要想祕密也無用，雪上足跡清清楚。

---

25 Sørensen謂宕桑汪波為俊秀大能者之意。
26 「宕」，原文作「巖」，當誤，逕改。

劉本

變名為蕩子，下遊拉薩城。

行蹤隱不住，足跡雪中生。

註：倉央嘉措為達賴時，在布達拉宮側，闢一旁門，自管鎖鑰。夜
　　則從旁門出，更名宕桑旺波，至拉薩尋芳獵艷，破曉仍從旁門
　　歸。一夜大雪，晨歸足跡印雪上，直至臥室。宮人溯足跡所
　　自，至蕩婦家，於是祕史盡露。

曾本

夜走拉薩逐綺羅，有名蕩子是汪波。

而今秘密渾無用，一路瓊瑤足跡多。

註：此記更名宕桑汪波，遊戲酒家，踏雪留痕，為執事僧識破事。

51

于本

被中軟玉似的人兒，

是我天真爛漫的情人。

你是否用假情假意，

要騙我少年的財寶？

(You) tender skinned girl in the beddings,

Who is my candid-minded sweetheart.

Are you not playing a trick,

In order to rob my money and treasures?

妻本

錦被軟玉美多嬌，是我天真好寶寶。
假情假意你用否，騙去我底財和寶。

劉本

衾中眠軟玉，溫柔實可人。
得毋賣假意，賺我珠與銀。

曾本

玉軟香溫被裹身，動人憐處是天真。
疑他別有機權在，巧為錢刀作笑顰。

52

于本

將帽子戴在頭上，
將髮辮拋在背後。
他說：「請慢慢地走！」
他說：「請慢慢地住！」
他問：「你心中是否悲傷？」
他說：「不久就要相會！」
註一：「慢慢地走」和「慢慢地住」乃藏族人民離別時一種通常套
　　　語，猶如漢人之「再見」。
註二：這一節據說是倉央嘉措預言他要被拉藏汗擄去的事。

(He) put his hat on (his) head,
And threw (his) queue on (his) back,

"Go slowly please"? said (the one),

"Stay slowly please"? said (the other).

"Will you not be sad"? asked (the one),

"(We shall) soon come together"! answered (the other).

西本第19首（參）

　　走——是長官的命令；

　　別——是前生註定；

　　不要流淚吧，

　　怕傷著我的心啊！

妻本

　　把這帽子戴上頭，把這髮辮拋向後。

　　他說「請你緩緩走」。他說「請你慢慢留」。

　　問你心中悲傷否，又說「相會總不久」。

劉本

　　一言慢慢行，一言君且住。

　　問君悲不悲，不久還相遇。

曾本

　　輕垂辮髮結冠纓，臨別叮嚀緩緩行。

　　不久與君須會合，暫時判袂莫傷情。

　　註：倉央嘉措別傳言夜出，有假髮為世俗人裝，故有垂髮結纓之事。

　　　　當是與所歡相訣之詞，而藏人則謂是被拉藏汗逼走之預言。

53

于本

白色的野鶴啊，

請將飛的本領借我一用。

我不到遠處去耽擱，

到理塘去一遭就回來。

註：據說這一節是倉面嘉措預言他要在理塘轉生的話。藏族朋友還
　　告訴了我一個故事，也是這位達賴要在理塘轉生為第七代達賴
　　的預言。現在寫它出來。據說倉央嘉措去世以後，西藏人民急
　　於要知道他到哪裡去轉生，先到箭頭寺去向那裡的護法神請
　　示，不得要領。乃又到噶瑪沙（skar-ma-shangi）去請示。那
　　裡的護法神附人身以後，只拿出了一面銅鑼來敲一下。當時人
　　都不明白這是什麼意思，等到達賴在理塘轉生的消息傳來以
　　後，乃都恍然大悟。原來作響鑼的銅藏文作li（理）若把鑼一
　　敲就發thang（塘）的一聲響，這不是明明白白地說達賴在要
　　理塘轉生麼！

Oh you white crane,

Please Lend me your power to fly.

I will not linger at far away places,

But shall make a trip to Litang and come back.

西本第83首

白羽的仙鶴，

你的雙翅借給我吧。

我不飛往遠處，
只到理塘就要折回的。

妻本

白毛白羽白野鶴，飛天本領借借我。
不到遠方去耽擱，裡塘一轉就飛落。

劉本

求汝雲間鶴，借翼一高翔。
飛行不在遠，一度到裏塘。
註：據西藏人言，此是倉央嘉措生為第七代達賴之預言，因第七代
達賴生於裏塘也。倉央嘉措既死，藏人懷念不置，後聞已在裏塘轉
生，眾皆歡躍。

曾本

跨鶴高飛意壯哉，雲霄一羽雪皚皚。
此行莫恨天涯遠，咫尺裏塘歸去來。
註：七世達賴轉生裏塘，藏人謂是倉央嘉措轉世，即據此詩。

54

于本

死後地獄界中的，
法王*有善惡業的鏡子，*
在這裡雖沒有準則，
在這裡須要報應不爽，*
讓他們得勝啊！*

註一：「法王」有三義：（1）佛為法王；（2）護持佛法之國王為法
　　　王；（3）閻羅為法王。（見達斯氏字典430頁）。此處係指閻
　　　羅。

註二：「善惡業鏡」乃冥界寫取眾生善惡業的鏡子。（可參看丁氏
　　　《佛學大辭典》2348頁上。）

註三：這一節是倉央嘉措向閻羅說的話。

註四：「讓他們得勝啊」，原文為dsa-yantu，乃是一個梵文字。藏文
　　　字在卷終常有此字。

(After) death in the realm of hell

The "King of law" has a "mirror of deeds"

(Retribution) is not certain here.

But there you must make it certain

Let them be victorious.

婁本

死了以後到地獄，法王有鏡照善惡。

這裡雖是看不出，那裡報應不會錯。

讓著他們得勝啊。

劉本

未翻譯

曾本

死後魂遊地獄前，閻王業鏡正高懸。

一囚階下成禽日，萬鬼同聲唱凱旋。

55

于本

　卦箭中了鵠的以後，

　箭頭鑽到地裡去了；

　我同愛人相會以後，

　心又跟伊去了。

　註：係用射的以占卜吉凶的箭。（參看達斯氏《藏英字典》673頁b）

　After the "arrow of luck" has tit the mark,

　It penetrated into the earth,

　After I have met my lover,

　My mind has (gone and) followed (her).

婁本

　卦箭中巧鵠的地，箭頭鑽到地裡去。

　我和情人相會後，我底心兒跟他去。

劉本

　彎弓射鵠的，箭頭深入地。

　自我一見伊，魂魄隨裙帔。

曾本

　卦箭分明中鵠來，箭頭顛倒落塵埃。

　情人一見還成鵠，心箭如何挽得回。

　註：卦箭，卜筮之物，藏中喇嘛用以決疑者。此謂卦箭中鵠，有去

　　　無還，亦如此心馳逐情人，往而不返也。

56

于本

印度東方的孔雀，

工布谷底的鸚鵡，

生地各各不同。

聚處在法輪拉薩。

註：「法輪」乃拉薩別號，猶如以前的北京稱為「首善之區」。

Peacocks from the east of India,

Parrots from the valley of Kong-yul,

Their birth places are not the same,

(But) their meeting place is Lhasa (called) the "Wheel of Religion".

西本第57首

東印度的孔雀，

工布城的鸚哥，

生雖不是一塊兒，

聚卻能在一個佛地——拉薩。

註：據說這一節是倉央嘉措的秘密被人曉是了以後，有許多人背地
　　裡議論他，他聽到以後暗中承認的話。

婁本

鸚鵡生在工布谷，孔雀出在印度東。

生產地方各不同，聚的同在拉薩中。

劉本

印度有孔雀，工布出鸚鵡。

本來異地生，拉薩同聚處。

曾本

孔雀多生印度東，嬌鸚工布產偏豐。

二禽相去當千里，同在拉薩一市中。

57

于本

人們說我的話，

我心中承認是對的。

我少年瑣碎的腳步，

曾到女店東家裡去過。

What people say about me,

(I) privately admit it to be true

(I), the youth, with my graceful steps,

Indeed went to the house of the hotel-mistress.

妻本

人們談論說到我，我心承認沒有錯。

年青兩條腳頭散，曾到女人店裡過。

劉本

人言皆非真，訾我我何怨。

行跡素風流，實過女郎店。

註：祕史發覺後，被人訾議，倉央嘉措自認不諱，故為此歌。

曾本

行事曾叫眾口嘩，本來白璧有微瑕。

少年瑣碎零星步，曾到拉薩賣酒家。

58

于本

柳樹愛上了小鳥，

小鳥愛上了柳樹。

若兩人愛情和諧，

鷹即無隙可乘。

The willow fell in love with the small bird,

The small bird fell in love with the willow.

If (they) love (each other) in harmony,

The hawk will be unable (to get a chance).

西本第58首

綠柳愛護著黃鶯，

黃鶯眷戀著綠柳；

牠倆這樣的相處，

何須怕那殘忍的飛鷂！

妻本

柳樹愛上小小鳥，小鳥愛上柳絲條，

兩人若是情義好，那怕蒼鷹來取巧。

劉本

小鳥戀垂楊，垂楊親小鳥。

但願兩相諧，蒼鷹何足道。

曾本

鳥對垂楊似有情，垂楊亦愛鳥輕盈。

若教樹鳥長如此，何隙蒼鷹那得攖。

註：雖兩情繾綣，而事機不密，亦足致敗，倉央嘉措於此似不無噬

　　臍之悔。

59

于本

在極短的今生之中，

邀得了這些寵倖；

在來生童年的時候，

看是否能再相逢。

I have asked so much (favour),

During this short lifetime,

(We) will see whether (I shall) have the honor to meet (you),

During our childhood in the next life.

妻本

短促之間此生中，得了這些光榮寵。
下世生來童子時，看她能否再相逢。[27]

劉本

餘生雖云短，承恩受寵多。
來生再年少，所遇復如何。

曾本

結盡同心締盡緣，此生雖短意纏綿。
與卿再世相逢日，玉樹臨風一少年。

60

于本

會說話的鸚鵡兒，
請你不要做聲。
柳林裡的畫眉姐姐，
要唱一曲好聽的調兒。

(You) parrot the talker,
Please hold your tongue.
Sister Thrush in the willow grove,
Is going to sing a sweet song.

---

27 「她」，原文作「牠」，逕改。

西本第44首（參）

　城頭上的神柏，

　棲著一隻烏鴉；

　我不願你絮語煩人，

　只求你哼出一首愛的歌調。

妻本

　會說會話鸚鵡鳥，請你勿要向人道。

　柳林之中畫眉姊，要唱一曲悠美調。

劉本

　能言小鸚哥，君言暫結束。

　柳上黃鶯兒，正欲歌清曲。

曾本

　吩咐林中解語鶯，辯才雖好且休鳴。

　畫眉阿姊垂楊畔，我要聽他唱一聲。

　註：時必有以不入耳之言，強聒於倉央嘉措之前者。

61

于本

　後面兇惡的龍魔*，

　不論怎樣厲害；

　前面樹上的蘋果，

　我必須摘一個吃。*

　註一：龍有西藏傳說中有兩種：一種叫做klu，讀作「盧」，是有神

通，能興雲作雨，也能害人的靈物。一種叫做hbrug，讀作「朱」，是夏出冬伏，只能隨同klu行雨，無甚本領，而也與人無害的一種動物。藏族人民通常都以為下雨時的雷聲即系hbrug的鳴聲，所以「雷」在藏文中叫做hbrug-skad。klu常住在水中，或樹上。若住在水中，他的附近就常有上半身作女子身等等的怪魚出現。若是有人誤在他的住處捕魚，或拋棄不乾淨的東西，他就使那人生病。他若在樹上住時，永遠是住在「女樹」（mo-Shing）上。依西藏傳說，樹也分男女，凡結鮮豔的果子的樹是女樹。因為他有神通。所以他住在樹上時我們的肉眼看不見他。不過若是樹上住著一個klu，人只可拾取落在地下的果子，若是摘樹上的果子吃，就得風濕等病，所以風濕在藏文中叫klu病（Klu-nad）。

註二：這一節是蕩子的話。枝上的蘋果是指蕩子意中的女子。後面的毒龍是指女子家中的父親或丈夫。

No matter how terrible,

Is the powerful dragon-demon behind,

I have determined to pluck

An apple (hanging on the) front of the tree.

西本第23首（參）

　　猿猴般的技能，

　　我雖然沒有；

　　但高樹上的鮮果兒，

　　倒還有法去摘呢！

婁本

後面兇狠惡龍魔，怎樣利害不必怕，
前面樹上甜蘋果，一定要去摘一個。

劉本

毒龍在我後，雖猛我不畏。
蘋果正當前，摘下且嘗味。

曾本

縱使龍魔逐我來，張牙舞爪欲為災。
眼前蘋果終須吃，大膽將他摘一枚。
註：龍魔謂強暴，蘋果謂佳人，此大有見義不為無勇之慨。

62

第一最好是不相見，
如此便可不至相戀；
第二最好是不相識，
如此便可不用相思。
註：這一節據藏族學者說應該放在29節以後。

In the first place it is best not to see,
(Then there) is no chance to fall in love.
In the second place it is best not to become intimate,
(Then you will) not be forlorn (when you) miss.

妻本

第一好是未曾見，這樣便能不相戀。[28]

第二好是勿曾識，這樣便可不相思。

劉本

最好不相見，免我常相戀。

最好不相知，免我常相思。

曾本

但曾相見便相知，相見何如不見時。

安得與君相決絕，免教辛苦作相思。

註：強作解脫語，愈解脫，愈纏綿，以此作結，悠然不盡，或云當
移在二十九首後，則索然矣。

---

28 「相」，原文作「想」，當誤，逕改。按：此首妻本編號為二九，當係據于道泉自註
及〈譯者小引〉所言：「據一位西藏人說……在第29節後，應有：『第一最好是不相
見，如此便可不至相戀。第二最好是不相識，如此便可不用相思』一節。今將此節
寫在第61節後，作補遺。」

談喇嘛之謠──序倉央底情歌[*]　　婁子匡

　　有過這樣的事實，宗教的宣託，有時是靠著情歌作輔助。《舊約》自〈創世紀〉而降，多是頌敬上帝型人於教的古記載。其中夾雜著八章〈沙羅門之歌〉Song of Solomon（雅歌）是獨特的綺麗的戀歌，宗教者和非宗教者對牠的批判，雖的各就各立場把牠下論斷，多半超然的評定，我以為與其以〈雅歌〉中的人物而喻之於教義，不如說宗教的宣托是靠著這輔助的。

　　把問題牽到本身，我以為這倉央底六十二曲宗教的秀美的情歌，也是脫不了作喇嘛宣教的輔力。情歌和教義，至少是前者容易得大眾的感應。本書大部份的歌曲，並不能看出倉央是如何沉湎於醇酒婦人，就是作一般的情歌比較觀，也可說是「正當」的情歌，我覺這祇是對教義的襯托，並不是真的在倉央整個的身心，完全沉醉在淫佚的境界所謳歌出來的，我們有第十六曲的首二句：

　　　　我到喇嘛居住處，求他示我一條路。

和第十七曲下段：

　　　　肯把這樣真誠心，去依佛法苦修行，
　　　　就在這世這世間，便可肉身修成神。

再看五十四曲：

---

[*]　原發表於《歌謠週刊》第3卷第3期（1937年）。

　　　　死了以後到地獄，法王有鏡照善惡，

　　　　這裡雖是看不出，那裡報應不會錯。

就覺得喇嘛的戀歌，三昧就在這幾曲。個中真義，不是說和「舊約」
的「沙羅門之歌」各不相謀，寔在是異曲同功的。

　　故事的傳誦，形成箭垛的式勢，是普通的一回事。歌謠的演唱，
也是一律的吧。中國的歌謠，事寔上就有射到羅隱，陳三妹……的垛
上，西藏的這些情歌，也難說不是以倉央嘉措作箭垛呢。說起來事實
又不如此的簡單。聽說倉央有過這樣的事蹟：拉藏汗想用和平的手段
應新喇嘛，欲使各寺喇嘛審判倉央嘉措犯戒的罪狀，召集了一個喇嘛
會議，但參加會議的喇嘛意見不同，多數是認倉央「迷失菩提」，沒
有一個人表示願廢新喇嘛的意見的一段故事。更有人是意念到倉央是
一位多情多慾放蕩不羈的風流少年，尋芳獵艷，作了不少風流佳事。
相反的也有人說「天才」的倉央是喇嘛中博學的人兒，他著許多「正
經」的書本。他平時豪放，是「遊戲三昧」，並未破了戒體。更有人
說他「沒有女子作伴，從來未曾睡過；雖有女子作伴，從來未有沾
染」。許多西藏人都一致信他，所以拉藏汗要廢倉央嘉措，立伊喜嘉
錯為達賴時，西藏人都極端反對。依據上面的兩種說法，仿佛刺倉央
不守清規的矛，卻戳不破他眾人崇敬的盾。所以我們可以說，一曲一
曲的情歌，實在祇是輔助宣托教義的產物，把「天才」的倉央卻做成
了歌謠的箭垛。

　　再述西藏的歌謠，大概是分：

民歌 ┌ 祈禱歌──歌者一排坐下而唱，歌詞多吉祥之意，在新年中
　　　│ 　　　　婚姻時同來祈福。
　　　│ 農事歌──鄉間農民農事完了，大家宴樂時所唱。
　　　└ 遊戲歌──唱時男女携手成大環，左右旋轉。

　　情歌有二種：一類是以藏文三十字母，依次作歌詞中各句之第一字，詞以三十句為限，多男女相慕的調兒；一類是短歌，並通四句，每句六個綴音，平時和跳舞時唱的。

　　這冊戀歌，是屬於西藏情歌的第二類，西藏人大半都能夠傳唱，而且唱得非常的純熟。於此也洵可看出歌底本身的普遍性。

譯者序[*]　　劉希武

　　二十八年一月五日，余始至康定之第四日，訪吾友黃靜淵於西康
省政府之後樓，靜淵適在病中，形容憔悴，而學者之精神未少衰，坐
爐旁與余論康藏事，數小時不倦。余疑康藏開化已久，其文藝必多可
觀，靜淵久居此，必先有所得，因以質之。靜淵抽案頭藏英文合璧羅
桑瑞晉倉央嘉措情歌一冊以示余，曰：「試譯之，此西藏文藝之一斑
也。」倉央嘉措者，第六代達賴喇嘛而西藏之南唐後主也，倜儻不
拘，風流自喜，寄情聲歌，沉湎酒色，或謂其迷失菩提，或謂其為遊
戲三昧，或謂其夜無女伴則終夜不能眠，然雖與婦女為伍而實無所
染。康熙四十年，拉藏汗等否認其為黃教教主，彼亦恬然自願棄其教
主尊位。康熙四十五年，以奉詔獻北京圓寂於途，僅二十有五。概其
生平，醉醉於文藝而視尊位如敝屣，其與南唐李煜何以異？惟不識其
辭廟之日，有無揮淚對宮娥之悲；赴京之秋，有無不堪回首之恨耳？
今觀其情歌，其事奇，其詞麗，其意哀，其旨遠，讀而喜之，因攜歸
寓，譯為漢文，凡六十首。夫余之所譯，蓋據拉薩本，並參證時賢英
譯及漢譯語體散文，其於藏文原意有無出入，余不可得而知，然余固
求其逼真者矣。康定邱秉忠之夫人，原籍德格，精藏文，余執詢之，
則又似嫌其為情歌，不欲為余深解。惜哉余之不諳藏文也。譯竟求正
於靜淵，靜淵病已平復，一讀大笑。

戊寅仲冬江安劉希武序於康定白家鍋莊

---

[*]　原發表於《康導月刊》第1卷第6期（1939年）。

六世達賴倉央嘉措略傳[*29]　　曾緘

　　六世達賴名羅桑瑞晉倉央嘉措，[30]康熙二十二年正月十六日生於西藏寞地，[31]父曰吉祥持教，[32]母曰自在天女。五世達賴阿旺羅桑脫緇未久而倉央嘉措誕生，時第巴桑結專政，匿阿旺羅桑之喪，[33]而陰奉倉央嘉措為六世。[34]康熙三十六年聖祖仁皇帝有詔責問，[35]第巴桑結具以實對，始受敕坐床，即達賴位。倉央嘉措既長，儀容瑋異，神采秀發，賦性通脫。雖履僧王之位，[36]不事戒持，雅好狎邪，[37]鍾情少艾。後宮祕苑，時具幽歡。又易服微行，獵豔於拉薩城內。初猶自祕，於所居布達拉宮別為便門，躬掌鎖鑰，夜則從便門出，易名宕桑汪波，[38]趨拉薩酒家與當壚女會，以為常，未曉潛歸，宮中人無知之者。一夕值大雪，歸時遺履跡雪上，為執事僧所見，事以敗露。諸不慊於第巴桑結者，故疑所立達賴為偽，至是稔其無行，愈讙言非真達賴。[39]會拉藏汗與第巴桑結有郤，[40]以聞於朝，清聖祖下詔廢之。[41]倉

---

*　原發表於《康導月刊》第1卷第8期（1939年）。

29　本書此傳以倉本為底本，參以康本、寸本及《斯文》半月刊本（下稱斯本）。此傳
　　於斯本中係作為〈布達拉宮辭〉之詩序而刊載。◎康本作「倉洋嘉錯」，逕改，後
　　同。

30　斯本無「羅桑瑞晉」四字。

31　「地」，斯本作「湖」。

32　「祥」，斯本作「羊」。

33　斯本「喪」字後有「不發」二字。

34　斯本「六世」二字後有「主」字。

35　斯本、寸本無「仁皇帝」三字。又斯本作「二十六年」，誤。

36　斯本無「雖履僧王之位」六字。

37　寸本無「雅好狎邪」四字。

38　「宕」，斯本作「蕩」。

39　斯本「讙」字脫落。

央嘉措怡然棄其尊位，[42]益縱情恣慾，無所諱飾。聖祖、[43]拉藏汗、諸蒙古王公先後戒諫之，不聽。康熙四十四年，拉藏汗以兵攻第巴桑結，殺之，召三大寺喇嘛雜治倉央嘉措。[44]諸喇嘛惟言倉央嘉措迷失菩提而已，無議罪意。拉藏汗無如何，乃上奏聖祖，[45]以皇帝詔，檻送倉央嘉措北京，命心腹大臣率蒙古兵監其行。道經哲蚌寺，寺中喇嘛出不意，遽奪倉央嘉措。大臣引兵攻破寺，復獲之。行至青海納革雛喀間，遂發病死。世壽二十五歲，[46]時康熙四十五年也。

倉央嘉措既走死，藏人深憐之。[47]拉藏汗更立伊西嘉措為新達賴，[48]眾不之信，[49]而思倉央嘉措彌篤。迨七世達賴轉生理塘之說傳至拉薩，[50]合於倉央嘉措詩中預言，藏人皆大歡喜，[51]以為倉央嘉措再世。[52]迎立之日，不期而會，瞻仰膜拜，蓋十餘萬人云。[53]

倉央嘉措雖不檢於行，然學瞻才高，[54]在諸世達賴中最為傑出，故屢遭挫辱，猶為藏人愛戴。[55]甚有目其淫亂為遊戲三昧，[56]謂倉央

---

40 「卻」，斯本作「卻」，誤。

41 斯本無「清」字。

42 「尊」，斯本作「真」。

43 康本、斯本、倉本此處無「聖祖」二字，從寸本補入。

44 「三」，康本、倉本無，寸本作「諸」。從斯本。

45 斯本無「乃」字。

46 斯本無「世壽二十五歲」六字。

47 寸本「深憐」前有「既」字。

48 「西」，斯本作「喜」。

49 「眾」，斯本作「藏人」。

50 「理塘」，康本、斯本作「裡塘」，從倉、寸二本。

51 康本無「歡」字。斯本此處作：「藏人以為合於倉央嘉措生時預言，皆大歡喜。」

52 「以為」，斯本作「云是」。

53 「十餘萬」，斯本作「數萬」。

54 「瞻」，康本、寸本皆作「瞻」，誤。從斯、倉二本。

55 「藏」，斯本作「眾」。

56 「目」，斯本作「稱」。「淫亂」，寸本作「所為」。

嘉措非女人伴宿，夜不成寐，而戒體清淨，於彼女曾無染也。所著有《色拉寺法會獻茶頌贊》、[57]《色拉遮院馬頭觀音供養法及成就訣》、[58]《答南方人問馬頭觀音供養法書》、《無生纈唎法》、[59]《黃金穗故事》等書，[60]及箋啟歌曲等。而歌曲流傳至廣，環拉薩數千里，家弦而戶誦之，世稱為六世達賴情歌。所言多男女之私，而頌揚佛法者時亦間出，流水落花，美人香草，情辭悱麗，[61]餘韻欲流，試於大雪山中高吟一曲，[62]將使萬里寒光，融為暖氣，芳菲靈異，誠有令人動魄驚心者也。倉央嘉措為達賴而好色，已奇矣。好色而宣之於詩，尤奇。[63]故倉央嘉措者，佛教之罪人，詞壇之功臣，衛道者之所疾首，而言情者之所歸命也。西極苦寒，[64]人歆寂滅，[65]千佛出世，不如一詩聖挺生。世有達人，必去彼取此。

中華民國二十八年，[66]余重至西康，網羅康藏文獻，求所謂情歌者，久而未獲。[67]頃始從友人借得于道泉譯本讀之，于譯敷以平話，余深病其不文，輒廣為七言，施以潤色。移譯既竟，因剌取舊聞，略為此傳，冠諸篇首，其有未逮，以俟知言君子。[68]

57　「頌贊」，斯本作「讚」。

58　斯本無「及」字。

59　「唎」，斯本、寸本作「利」。

60　斯本、寸本無「等書」二字。

61　「辭」，斯本作「詞」。

62　「試」，康、寸、倉三本皆無，從斯本補入。「山」，康、倉二本皆無，據斯、寸二本補入。「吟」，斯本作「歌」。

63　「倉央嘉措為達賴」至此二十二字，康、倉二本皆無，據寸本補入。

64　「苦」，斯、寸二本作「荒」，從康、倉二本。

65　「人」，斯本作「士」。

66　斯本無「民國」二字。康、倉二本作「民國十八年」，不確，據寸本。

67　「獲」，斯本作「得」。

68　斯本無「其有未逮以俟知言君子」十字，易為「而繫之以布達拉宮詞云耳」十一字。

布達拉宮詞并序[*69]　　曾緘

敘曰：六世達賴喇嘛羅桑瑞晉倉央嘉措，西藏寞湖人也。其父名吉祥持教，母號自在天女。五世達賴阿旺羅桑薨，而倉央嘉措適生，岐嶷出眾，見者目為聖童。當五世達賴之薨也，大臣第巴桑吉專政，匿其喪不報，陰立倉央嘉措布達拉宮中為儲君，[70]其教令仍假五世達賴之名行之，如是者有年。後清康熙帝微有聽聞，傳詔責問，始以實對。康熙三十五年，乃從班禪額爾德尼受戒，奉敕坐床，即六世達賴。正位時，年十五，[71]威儀煥發，色相壯嚴，四眾瞻仰，以為如來三十二妙相，八十種隨形，不是過也。正位之後，法輪常轉，玉燭時調，三藏之民，罔不愛戴。

黃教之制，達賴住持正法，不得親近女人。而倉央嘉措，情之所鍾，雅好佳麗，粉白黛綠者，往往混跡後宮，侍其左右，意猶未足，自于後宮辟一籬門，夜中易服，挾一親信侍者，從此門出，更名蕩桑汪波，微行拉薩街衢，[72]偶入一酒家，覿當壚女郎殊色也，悅之，女郎亦震其儀表而委心焉。自是昏而往，曉而歸，俾夜作晝，周旋酒家者累月，其事甚秘，外人無知之者。一夕值大雪，歸時遺履跡雪上，為人發覺，事以敗露。

有拉藏汗者，亦執政大臣，故與第巴桑吉爭權，至是借為口實，言其所立，非真達賴，馳奏清廷，以皇帝詔廢之。倉央嘉措被廢，反

---

* 　原發表於《康導月刊》第1卷第8期（1939年）。

69 本書以倉本為底本，參以康本、斯本、寸本及曾氏〈我寫〈布達拉宮辭〉本（下稱自述本）。◎「詞」，康本同，寸本作「辭」。康本無「并序」二字。

70 「立」，寸本作「內」。

71 「即六世達賴。正位時，年十五」，寸本作「即六世達賴位，時年十五」。

72 「街衢」，寸本作「市上」。

自以為得計，謂今後將無復以達賴繩我，可為所欲為也，與當壚女郎
過從益密。拉藏汗會三大寺大喇嘛雜治之，諸喇嘛唯言其迷失菩提本
真而已，無議罪意。拉藏汗無可如何，乃檻而送之北京，道經哲蚌
寺，眾僧出其不意，奪而藏諸寺中，拉藏汗以兵攻破寺，復獲之。命
心腹將率兵監其行，至青海以病死聞。或曰其將鴆殺之。壽止二十六
歲，時則康熙四十六年也。

　　倉央嘉措既走死，藏之人皆憐其無辜，不直拉藏汗所為。拉藏汗
別立伊喜嘉措為新達賴，而眾不之服也，聞七世達賴誕生里塘則大
喜。先是倉央嘉措有詩云：「他年化鶴歸何處？不在天涯在里塘。」
故眾謂七世達賴是其復出身，[73]咸嚮往之，事聞於朝。於是清帝又詔
廢新達賴，而立七世達賴，以嗣倉央嘉措。迎立之日，侍從甚盛，幡
幢傘蓋，不絕於途，拉薩歡聲雷動，望塵遙拜者，不知其數也。

　　倉央嘉措積學能文工詩，所著有《無生纈利法》、《黃金穗故
事》、《答南方人問馬頭觀音法》等書及《達賴情歌》，[74]流水落花，美
人香草，哀感頑豔，絕世銷魂，為時人所稱，然亦以此見譏於禮法之
士。故倉央嘉措者，[75]觀其身遭挫辱，仍為眾望所歸，〈甘棠〉之思，
再世篤彌，可謂賢矣。乃權臣竊柄，廢立紛紜，遂令斯人行非昌邑而
禍烈淮南，悲夫！

　　戊寅之歲，余重至西康，[76]網羅康藏文獻，得其行事，並求其所
謂情歌者，譯而誦之，既歎其才，復悲其遇，慨然命筆，摭其事為

73　「復出身」，寸本作「後身」。
74　「等書及《達賴情歌》」，寸本作：「及《箋啟歌曲》等。而歌曲六十餘篇，流傳尤
　　廣，世謂之六世達賴情歌。」
75　寸本此後有：「蓋佛教之罪人，詞壇之功臣，衛道者之所疾首，而言情者之所歸命
　　也。」
76　倉本作「西藏」，從寸本。

〈布達拉宮辭〉，廣法苑之逸聞，存西蕃之故實，[77]雖跡異〈連昌〉而情符〈長恨〉，冀世之好事者，或有取焉。

拉薩高峙西極天，布達拉宮多金仙。[78]
黃教一花開五葉，第六僧王最少年。
僧王生長寞湖裡，父名吉祥母天女。
云是先王轉世來，莊嚴色相真無比。[79]
玉雪肌膚襁褓中，侍臣迎養入深宮。
峨冠五佛金銀爛，[80]窣地袈裟毾氈紅。
高僧額爾傳經戒，[81]十五坐床稱達賴。
諸天為雨曼陀羅，[82]萬人合掌爭膜拜。[83]
花開結果自然成，[84]佛說無情種不生。
只說出家堪悟道，誰知成佛更多情。
浮屠恩愛生三宿，肯向寒崖依枯木。
偶逢天上散花人，有時邀入維摩屋。
禪參歡喜日忘憂，秘戲宮中樂事稠。[85]
僧院木魚常比目，佛國蓮花多並頭。
猶嫌少小居深殿，[86]人間佳麗無由見。

---

77 倉本作「藩」，從寸本。
78 「布達拉宮」，康本、斯本、寸本、自述本作「布拉宮內」。
79 「真」，康本、斯本作「嬌」。
80 倉本引作者原註：藏中活佛戴五佛冠，以金銀為藻飾。寸本同，然未標明此係自註。此句康、斯二本作「當頭五佛金冠麗」。
81 康、斯、鐵三本皆作「經」，唯倉本作「金」，殆從上文訛。
82 「為」，寸本同，康本作「時」。
83 「合掌」，斯本作「伏地」。
84 「花開」，康本、寸本相同，唯自述本作「天生」，當係一時筆誤。
85 「秘」，康本作「祕」。

自闢籬門出後宮，[87]微行夜繞拉薩遍。[88]
行到拉薩賣酒家，當壚有女顏如花。[89]
遠山眉黛銷魂極，[90]不遇相如空自嗟。[91]
此際小姑方獨處，何來公子甚豪華。
留髡一石莫辭醉，長夜欲闌星斗斜。
銀河相望無多路，從今便許雙星度。
浪作尋常俠少看，豈知身受君王顧。
柳梢月上訂佳期，去時破曉來昏暮。
今日黃衣殿上人，昨宵有夢花間住。
花間夢醒眼朦朧，一路歸來逐曉風。
悔不行空似天馬，[92]翻教踏雪比飛鴻。
蹤跡分明留雪上，[93]何人窺破秘密藏。[94]
嘩言昌邑果無行，[95]上書請廢勞丞相。
由來尊位等輕塵，[96]懶坐蓮臺轉法輪。[97]
還我本來真面目，依然天下有情人。

86　「少」，康、斯二本作「生」。

87　「闢」，康、斯二本作「闡」。「籬」，康本作「櫳」；斯本作「摛」，誤。

88　「遍」，康、斯二本作「徧」。

89　「有女」，康、斯二本作「女子」。

90　「銷」，康本作「消」。

91　康、斯二本作「深」。又倉本作「豈」，當為形訛。寸本作「空」，從之。

92　「似」，寸本同，康本作「學」。

93　「蹤跡」，寸本同，康、斯二本作「指爪」。

94　倉本「窺」作「疑」，「密」作「窟」，皆形訛。茲從寸本。「何」，寸本同，康、斯二本作「有」。

95　「嘩」，寸本同，康、斯二本作「共」。

96　康本、斯本、寸本、自述本皆作「輕」，於意為長。唯倉本作「清」。

97　「懶坐蓮臺」，寸本、自述本同，康本作「懶著四衣」，斯本作「懶看四衣」，「看」字訛。

人言活佛須長活，[98]誰遣能仁遇不仁。[99]

十載風流悲教主，一生恩怨誤權臣。

剩有情歌六十章，[100]可憐字字吐光芒。

寫來舊日兜棉手，[101]斷盡拉薩士女腸。

國內傷心思故主，宮中何意立新王。

求君別自熏丹穴，覓佛居然在理塘。[102]

相傳幼主回鑾日，侍從如雲森警蹕。[103]

俱道法王自有真，今時達賴當年佛。

始知聖主多遺愛，能使人心為向背。

羅什吞針豈誨淫，[104]阿難戒體知無礙。[105]

只今有客過拉薩，宮殿曾瞻布達拉。

遺像百年猶掛壁，像前拜倒拉薩娃。[106]

買絲不繡阿底霞，[107]有酒不酹宗喀巴。[108]

願君折取花千萬，[109]供養情天一喇嘛。

---

98 「人言」，寸本、自述本作「本期」。「須」，寸本、自述本作「能」。

99 「誰」，寸本、自述本作「爭」。此聯康、斯二本作：「生時鳳舉雪山下，死後龍歸青海濱。」

100 「剩」，康、斯二本作「賸」，寸本、自述本作「勝」。

101 「棉」，斯本、自述本、倉本作「綿」，康本作「錦」。從寸本。又「舊日」，南懷瑾所記為「昔日」，聊備錄於此。

102 「理」，倉本作「里」，康、斯二本作「裡」。從寸本、自述本。

103 此句寸本同，康、斯二本作「者舊僧伽同警蹕」。

104 「針」，康、斯二本作「鍼」。「豈誨」，寸本、自述本同，康、斯二本作「不諱」。

105 「知」，寸本同，康本、自述本作「終」。

106 康本自註：「協麻韻，從康語。」

107 「霞」，自述本同。寸本作「峽」，康、斯二本作「遐」。

108 「酹」，康本作「酻」。

109 「願君折取」，康、斯二本作「盡回大地」，寸本、自述本作「願將世界」。又「願」，網上或作「勸」，聊備錄於此。

康本作者後記：歲寅戊〔戊寅〕作傳，祀竈日譯情歌竟，明年己卯元日成〈布達拉宮詞〉，人日付鈔胥。紅酎居士曾緘自記於康定之思無邪齋。

寸本、倉本所錄作者後記：此二十餘年前舊作，屢經刪改，先後為人書三通，其辭皆有出入，雨窗無事，重加點定，此為最後定稿。一千九百六十二年七月二日七十翁曾緘自記於蜀雍錚樓。（按：寸、倉二本後記雖同，然正文猶有差異，而倉本因異文於意為長處較多，當係最後修訂本。）

倉央嘉措雪夜行（套數）有序[110]　　盧前

復興關下，夜共喜饒大師談。[111]康熙間倉央嘉措，繼阿旺羅桑坐床受位，是為第六世達賴。儀容俊美，文采秀發，天生多情，不謹戒律。所作歌曲，多言男女，間及佛法，傳誦遐邇。說者謂其後宮深苑，時具幽歡。又嘗獵豔拉薩城中，於布達拉宮秘啟便門，[112]躬司鎖鑰。[113]微服宵出，變名蕩桑汪波。趨酒家與當壚人會，未曉潛歸，無能知者。一夕大雪，遺履痕雪上，事以敗洩，坐廢。清聖祖詔，檻送京師，走青海，發病死。藏之人憐而懷之，至今大雪山中，未有不能歌六世達賴情辭者。嗚呼！[114]南唐後主，北宋道君，得倉央嘉措而三矣。於是賦〈雪夜行〉。[115]

〔黃鐘侍香金童〕壚邊淺笑，有個人如月。何以投之只一瞥。從茲繞花迷粉蝶。[116]拉薩王城，願無虛夜。

〔幺〕黃衫白皙。[117]成溫文歡愛絕。不是浪子尋春遊狹邪。道汪

---

110 本書以盧偓本為底本，參以《飲虹樂府》刊本、《全清散曲》本、倉本。《飲虹樂府》刊本、盧偓本皆作「倉洋嘉錯」，茲從倉本。

111 倉本於「喜饒」後有「（嘉措）」字樣，當係編者所補。

112 倉本「於」後有「是」字，當衍。

113 「司」，盧偓本作「可」，誤。

114 「嗚呼」，盧偓本作「烏乎」。

115 盧偓校記：此曲又見《冀野散曲鈔》、《全清散曲》。第二首〔幺〕《全清散曲》斷為「黃衫白晰，戒溫文歡愛，絕不是浪子尋春遊狹邪。道汪波蕩桑名字別。」與韻律不合，應屬錯斷。

116 「蝶」，盧偓本作「蜨」。

117 「皙」，倉本作「晰」，誤。

波蕩桑名字別。早誓海盟山，並頭香蓺。[118]

〔降黃龍袞〕把百年恩愛，兩心相結。暗中來，更盡去，不肯將春光偷泄。在布宮深處，便門初設。著意安排，十分寧貼。[119]

〔幺〕誰料的彼蒼搬弄，漫天狂雪。屐齒兒呵印泥塗，[120]留鴻爪，好事一時決徹。[121]受刀唇劍指，萬千言說。竟道是錯失菩提，遇下了這般冤孽。

〔出隊子〕比個李重光銷魂時節。畫堂東畔些。手提金縷下階疊。夜半搖紅燭影斜。香馥郁的豔詞還自寫。

〔幺〕更比個道君皇帝金鐶謁。對爐煙錦幄遮。調笙私語聲相協。纖手新橙裝甫卸。勸馬滑霜濃還駐車。

〔神仗兒煞〕是三生聖哲。歷諸天浩劫。能幾個為著情殉，傳留下蓮花妙舌？算帝王計劣，論文章不拙。唱倉央這回行雪，莫笑是癡呆，普天下不癡呆的哪裡有情種也！

---

118 「蓺」，倉本作「熱」，誤。
119 「貼」，盧偓本從刊本作「貼」，且於註文中謂其為「貼」之誤刻。
120 「塗」，倉本作「涂」，誤。
121 「徹」，倉本作「撒」，誤。

附錄二

人文對話：不負如來不負卿？

——倉央嘉措詩歌與民國文學場域

摘要

　　二〇二〇年秋，香港中文大學文學院透過網路平臺舉行了「人文對話」系列，邀請多位中外學者就特定議題進行對談，藉此與學生、教師、研究人員和香港以及世界各地對人文藝術感興趣的人士，共同探索多元化的語言、藝術、文化、傳統和文化遺產等不同範疇的課題。其中第二回題為〈不負如來不負卿？——倉央嘉措詩歌的閱讀和翻譯〉，由本校文學院酈可怡教授策畫、翻譯系葉嘉教授主持，中文系陳煒舜教授、性別研究課程專任講師黃鈺螢博士對談，內容聚焦倉央詩歌於民國文學場域之譯介、誤讀與再造，以見其人其詩在傳播與接受初期階段中漢藏族群對話的情狀。是次活動於二〇二〇年十一月十四日下午三時至四時以粵語舉行。

　　六世達賴喇嘛倉央嘉措（1683-1706？），為西藏地區著名活佛、詩人，尤以情歌創作著稱。1931年，倉央情歌六十二號六十六首（據北平雍和宮所藏「拉薩本」）首度由藏學家于道泉（1901-1992）翻譯為漢文與英文，是為其走向世界文學視閾之始，也在漢地大受歡迎。此後不到二十年間，便有劉家駒（1900-1977）、婁子匡（1907-2005）、曾緘（1892-1968）、劉希武（1901-1956）、盧前（1905-

1951）等人，或就其詩加以另譯、改譯，或就其人加以吟詠。1970年代，推崇倉央詩歌的臺灣學者南懷瑾（1918-2012）重印于道泉譯本，並同時在書中納入曾緘七絕譯本。1982年，西藏人民出版社出版由黃顥、吳碧雲編纂的《倉央嘉措及其情歌研究（資料彙編）》，除了藏文諸本，還收錄了多種漢譯本及若干相關史料、研究文章，可謂當時集大成之文獻。與此同時，倉央情歌在西方不僅出現了幾種由藏文直譯的英譯本，更被翻譯成法、德、俄等語種。一些修行藏傳佛教的西方人士，還會將這組作品視為證道之歌。而在網路時代的華人地區，倉央其人其詩不但引起學者的研究興趣，還激發了詩人、樂手的創作靈感。倉央被網路寫手塑造成一代情僧的形象，甚至有不少詩歌假託其名而廣為流傳。由此可知，倉央嘉措及其詩歌既是國際學術界的焦點，也成為了族群對話的符號與象徵。

　　蒙《東華漢學》之邀，兩位對談學者就紀錄稿（由劉沁樂據錄影整理初稿）加以大幅修訂、增補，並將標題調整為〈不負如來不負卿？──倉央嘉措詩歌與民國文學場域〉，以饗讀者諸君。

二〇二〇年香港中文大學文學院「人文對話」系列第二回宣傳海報

一　引言

葉嘉教授：各位線上的朋友午安，歡迎蒞臨香港中文大學文學院主辦的「人文對話」系列第二回，我是中文大學翻譯系助理教授葉嘉，今天非常榮幸擔任主持。我們對談的題目是〈不負如來不負卿？──倉央嘉措詩歌的閱讀和翻譯〉，對談者分別是本校中文系陳煒舜教授，以及性別研究課程講師黃鈺螢博士。十分高興看到很多師友參與是次對談，歡迎大家隨時利用線上介面功能留言及提問，希望在對談後的問答環節與各位暢談交流。今天大家來聽這個課題一定有著不同的期待：有些觀眾熱愛詩歌、有些鍾情

翻譯、有些對傳奇人物倉央嘉措早有耳聞，也有些觀眾是看見海
報上那句「不負如來不負卿」想進一步了解倉央。我不妨先拋磚
引玉問一問煒舜老師和鈺螢博士，兩位是來自不同學系的學者，
最初是甚麼原因讓你們覺得倉央的詩歌是有趣的講題呢？

陳煒舜教授：對談主標題「不負如來不負卿」，一般認為是倉央嘉措
最著名的詩句。而這一句詩出自倉央手筆與否，是有疑問的，也
成為我們對談的邏輯起點。我個人一向認為這句詩雖然來自倉央
的詩意，卻未必能算作他的詩句。藏文原文與漢文譯文之間，有
一種拉扯及擺盪的關係。

黃鈺螢博士：我很早就知道「不負如來不負卿」這句詩，後來更發現
這句詩還被運用於流行曲中，在網上平臺也廣為傳播。我因為參
加文學節目的關係，有契機進一步了解倉央嘉措其人其詩，發現
此人有著非常傳奇的人生。他的作品與翻譯，乃至與西藏文化環
境和歷史背景的關係，也都非常有趣。民國時期不同譯者對於倉
央詩歌都有各自的解讀取向，引致後來進一步出現了很多不同風
格的譯本。我自己也寫詩，對傳播與誤譯的情況尤其感興趣。

二　倉央嘉措的生平與背景

陳：今天對談的內容非常豐富，我們先介紹一下倉央嘉措的生平。倉
央是六世達賴喇嘛，「倉央」在藏語中是妙音的意思，「嘉措」指
海洋，意譯就是「妙音海」。倉央在一六八三年出世，亦即清聖
祖康熙廿二年。他是門巴族人，一個分布在今天藏南與不丹一帶
的民族，家族世代世信奉紅教（寧瑪派）。西藏與元、明、清中

央朝廷的關係比較複雜。首先是元代，元世祖忽必烈通過帝師八思巴在西藏建立了一個以元朝為宗主的藩屬政權。入明後，明廷在藏區分封了若干地方政權，以明朝皇帝為宗主。明末，五世達賴阿旺羅桑嘉措（1617-1682）依靠蒙古勢力，結束了西藏的分裂局面，首次建立了政教合一的政權，因此五世達賴是第一個同時掌握政權和神權力的藏區領袖。

黃：五世達賴圓寂後，其親信第巴・桑結嘉措（1653-1705）攝政，尋訪並認定了倉央是轉世靈童。五世達賴是第一位建立了政教合一政權的領袖，在他圓寂之後，大家可以想像，局勢是相當不明朗的。桑結為了鞏固政權，一直不為五世達賴發喪，長期掌政。直到十五年後，清聖祖發覺五世達賴已圓寂許久，於是致書怒責桑結，倉央這時才正式被確認為六世達賴，舉行了坐床典禮。漫長的十五年間，倉央被秘密收在宮中，雖然有機會受到良好教育，卻一直沒有正式獲得達賴喇嘛的身分。他對桑結的掌控十分反感，兼以本身相對自由的家庭和信仰背景使然，對於男女大防也不甚措意；他又由於一直未有正式的政治地位，雖然被認定是活佛轉世，但多年來投閒置散，不受活佛職責所束縛。而在桑結看來，他只需要倉央對自己馬首是瞻，倉央的私生活如何，他並不關心，所以倉央生活上的規範因此也較少。這些原因加起來造成了他自由浪蕩的生活模式，他尤其喜歡流連於拉薩的酒肆。──五四以後，倉央這種行為往往被解讀為浪漫的反壓迫叛逆抗爭之舉，這也成為了後世解讀他詩歌內容的背景。

陳：五世達賴早前引進的蒙古勢力，此時的領袖是拉藏汗（Lha-bzang Khan,？-1717），他與桑結的關係日趨惡劣，權力鬥爭的結

果是罷免桑結並將之處死。拉藏汗認為倉央是桑結擁立的，打算斬草除根，於是向聖祖皇帝奏稱倉央不守清規，理應罷黜。聖祖為了查明事實，下令把倉央押解至北京。最普遍的說法是在押解途中，倉央於青海染病圓寂，那一年是康熙四十五年（1706）。也有說法認為他失蹤了，甚至逃到蒙古。但無論如何，倉央的故事畢竟終結於這一年，當時他年僅二十三歲。

黃：倉央的人生可以說充滿各種矛盾與拉扯。他在成長時期並非以活佛身分生活，一直被隱藏，一般臣民都不知道他的存在。因此，他得以一直處於相對我行我素的狀態，對於男女交往也看得比較自由。另一方面，他作為五世達賴的轉世靈童又一直被「保護」，受到的牽制與掣肘其實也很多，完全沒有實權。一個十四五歲的少年，給人隱藏在秘密地點，不可以輕易與外界接觸，出現掙扎或反叛的心態是很正常的。此外，倉央的原生家庭信奉紅教，與歷代達賴信奉的黃教不同，紅教是容許僧侶娶妻生子的。可以想像倉央在成長過程中，原生家庭的信仰和宮中的信仰會令他在思想和價值觀上產生矛盾，特別是對於男女之事和愛情的看法會有衝突。可能有人覺得這主要是不同教派對於佛法演繹的扞格，但對倉央這個繼任達賴而言，這不只是宗教信仰或者個人價值觀的問題。剛才已提及，自五世達賴以來，達賴喇嘛不但是宗教或者精神領袖，而且已變成掌有實權、政教合一的僧王，所以倉央知道宗教對自己來說不僅是精神寄託，還是政治職責與手段，具有特殊的用途。也有傳說倉央出生於偏遠地區的農奴家庭，習慣野放的生活，如果這是真的，宮中充滿規範的生活對於他的壓力無疑會更大。

陳：藏傳佛教可分為黃教（格魯）、紅教（寧瑪）、白教（噶舉）、花
教（薩迦）幾派，但各派在藏區流行的時代都晚於漢地。佛教在
東漢三國扎根中土，並與儒家、道家互相融合，而在藏區流行卻
要等到初唐。初唐以前，西藏一直信奉苯教（黑教），這是當地
一種類似薩滿教萬物有靈的信仰。唐太宗時代，吐蕃贊普棄宗弄
贊（西元617-650）迎娶了唐朝文成公主和尼泊爾尺尊公主，兩
位公主大力推崇佛教，西藏才首次將佛教扶植為統治宗教。佛教
傳入西藏的年代不同於中土，因為本身文化環境與社會條件的特
殊性，發展出的宗教形式、對於教義的理解與演繹，也與漢傳佛
教有差異。最容易理解的例子是：我們習慣性地認為佛教徒必然
吃素，但吃素這個飲食規則之所以成為可能，是由於中土以農業
為本，所以佛教徒可以完全素食；但藏區的自然環境不同，又以
畜牧業為主，因此連僧侶也無法斷絕葷食。至於娶妻生子，也並
非所有藏區教派都能禁止的。

黃：不僅藏區，連泰國的僧人也一樣是葷素不拘。可以說，佛教的教
義會因著實際的社會環境下以不同形式展現，形塑教條的不只是
信仰，往往還有經濟及背景條件。漢地人們可能會覺得宗教與情
慾多半處於對立關係，但綜觀不同地方的佛教卻不能一概而論。
生育意味著為社會提供更多勞動力，而停止生育在生存條件艱
苦、資源匱乏的地方是非常奢侈、甚至不可想像。相對於西藏地
區，中土社會的經濟發展已十分進步，唯有比較富裕的社會才能
包容不生育這個選項。大家可以想像，如果有一群人要潛心佛
學、專事修行、長期茹素，專注發展精神方面而非參與生產，其
實需要整個社會在背後供養。只有物質豐盛、農業高度發展的地
方才能提供這樣特殊和嚴格的修道條件。勞動力的犧牲與否也令

中土和藏傳佛教出現很大差異。藏區的條件無法割捨僧侶的生產勞動力，因此男女歡愛與生育在藏區的宗教信仰及社會背景下仍然是很重要的元素。

陳：除了經濟環境外，藏區的文化環境也可略作補充。打個比方，儒家所講的「君子」、「小人」，最早分別指有官爵的貴族和無官爵的平民。在春秋時代以前，一切職業皆為世襲，有官爵的「君子」往往自幼接受《詩》《書》教育，通情達理、文質彬彬，他們在教養上與「小人」的顯著不同，除了對硬知識的掌握，還在於明理與不明理、懂禮與不懂禮之別。古人有所謂「恩威並施」，這句話在今天也許還可用在小朋友乃至寵物身上：他們有時理性、有時不理性，理性時可跟他們講道理，不理性時就要適當運用威嚴。到孔子以後，「君子」、「小人」的指涉從社會階層移轉至道德品質，簡單來說也可對應為讀書人與非讀書人。中土崇尚文教，讀書人比較多，教育相對普及，就算社會階層較低的人都免不了受到禮的薰陶與教化。藏區在苯教流行時代，神權和知識只掌握在少數祭司手上；一旦佛教傳入，大量僧侶出現，擴充了整個知識階層，這對於藏區非常重要。不過就整個社會而言，僧侶階層畢竟屬於少數，普遍老百姓沒機會受很多教育，勸導方式中施恩與施威的比例自然也與中土不同。影響所及，藏傳佛教會強調每一尊低眉的佛菩薩都會有與之對應的怒目金剛——而中土佛像普遍都是慈悲相，憤怒相的一般只有四天王。雖然基本原則都是：如不能溫言好語勸人皈依，就只有採取雷厲風行的震懾方式，但藏區與中土佛教在這方面的比例則大不同，從這裡也可窺見藏區和漢地文化環境的區別。

黃：的確，因為在背後支配著當地宗教形式的文化與思想背景與中土
　　迥異，現在一般人接觸藏傳佛教時，都會因為藏區佛像、神像展
　　現著與漢地不一樣的面貌，而往往會有一種較為「野蠻奇特」的
　　觀感。這也呼應著我們稍後提到譯本中野蠻與浪漫、乃至情歌與
　　道歌之間的拉扯關係。

三　倉央嘉措詩歌的生成

陳：很多閱讀五七絕譯本的讀者未必留意到，倉央的詩歌本身採用了
　　藏區民歌體式。當我們閱讀以學術研究為依歸、沒有多加文學修
　　飾的讀于道泉譯本時，就可以窺見其比較接近民歌的原貌。稱為
　　民歌，可見是在民間流行的體裁，更容易上口，也更為普羅大眾
　　所接受，因此他的作品在長期流傳過程中往往混雜於一般民歌，
　　淄澠莫辨。而于道泉首譯時據「拉薩本」、「達斯本」等校讎整理
　　後的版本是六十二號、六十六首（某些編號下有兩至三首），[1]我
　　們一般相信這些才是「真正」的倉央詩作。而這些作品中，的確
　　有不少可以與他的生平互證。換言之，倉央大概從情竇初開直到
　　去世前夕，都沒有停止過創作。他是作品在漢地流傳最廣的藏區
　　詩人，有很多讀者都是透過倉央的作品去認識西藏。這有兩個可
　　能的影響。第一，如果讀者讀的是漢地譯者經過潤飾的翻譯，基
　　本上已經失去了原有的體裁特色，被漢詩化了，讀者可能就會誤
　　以為藏詩在形式上與漢詩相近、甚至是無差別的。第二，如果讀
　　的是于道泉這種民俗學式的譯介與研究成果，有可能形成一個印

1　于道泉（1901-1992），字伯源，山東臨淄人，著名藏學家。主要著作有《藏漢對照
　拉薩口語詞典》、《第六世達賴喇嘛倉央嘉措情歌》、《達賴喇嘛於根敦珠巴以前之轉
　生》、《乾隆御譯衍教經》等。

象：藏區的詩歌都是這類比較粗獷的民歌形式，而沒有漢地文化意義下的文人詩。當我們把倉央的詩歌與他的前身——五世達賴的作品作比較，就可以釐清這些誤會。五世達賴其實也有詩作傳世，但其書寫、流傳的情況與倉央截然不同。

黃：五世達賴自幼在宮中接受正統黃教教育，詩作在措辭、意境各方面也相對典雅，體現了藏族文學中其實也有雅正風格的傳統，或許與漢地所謂文人風格更相呼應。我們往往以「國風」的閱讀態度去面對少數民族文學作品，這其實也墮入了一個認知誤區，產生刻板印象：很多以主導文化成員自居的人在面對其他文化時，可能基於陌生感及先入為主的印象而滋長出文化傲慢，對於其他文化裡面不符合自身想像的部分視而不見、甚至有系統地排拒。

陳：即使在藏族文學自身的語境中，五世達賴的作品理論上造詣更高，但為何在藏區民間卻流傳未廣？倉央的詩歌大受歡迎，我覺得還是與體裁和題材的選擇大有關係。在傳播方面，一旦詩作與民歌風格距離較遠，便未必能引起廣大民眾的注意和喜愛。淺白的語言使藏區老百姓都讀得懂倉央的作品——至少能明白這些詩歌的表層意涵。另外，倉央的詩作多半具有強烈的情歌色彩，題材生活化，自然更為大眾所喜愛。時至今日，倉央詩歌的譯本為數很多，但五世達賴的詩歌卻仍未有人譯介。如此落差，說明了倉央詩歌在傳播與接受上的優勢，就在於雅俗共賞。甚至可以說，當初俗的面向使倉央的詩歌能夠突破宮廷的圍牆，在大街小巷流傳，讓漢地的學者詩人都有接觸到它的機會，才成就之後雅化的可能。相對而言，五世達賴詩作的雅就可能讓它一直只停留在宮牆之內了。

葉：我嘗試梳理一下剛才的內容。兩位參考了多種史料，為大家勾勒出倉央的背景，或云展現一種故事敘述。倉央處於政教權鬥的漩渦中，好像又是各種思想匯聚的磨心。他的背景可謂非常複雜，一來生平故事動人，二來詩歌清新，相比起他任何一位前任的詩歌都流傳更廣，令人們對他有了豐富的想像，也對他的詩歌產生不同理解。故此，後世出現許多譯本是不難預計的。

黃：倉央及其詩歌出現的背景誠然是複雜的。我們要想想，究竟是怎樣的思想影響了他詩歌的內容、形態及流傳。剛才我們談到五世達賴的詩作更典雅，而且早已結集，這是由於他從一開始就兼具了政治人物和法王的身分，其教育背景、文學訓練、書寫能力、創作目的、靈感來源，以至於與發表及流傳的渠道都受法王的身分形塑。相對而言，如果大家看過于道泉的譯本，便知道倉央一直在以民歌形式來創作。民歌形式或許令倉央的詩歌讀起來像街頭巷尾的歌謠、甚至打油詩，未必那麼「正統」。其詩隨寫隨唱、繼而傳播民間，就像其他民歌一般，成於眾口，作者身分往往無法考究，以致某些作品究竟是民歌抑或倉央手筆，至今仍有爭議。或許由於其作品形式通俗，並非正統意義下的文學創作，因此在倉央身後很長一段時間裡，他的詩歌一直未有正式結集。雖然清代後期終於出現藏文原文結集的「拉薩本」，但這是在他身故、而作為六世達賴的身分亦被確立以後。這與五世達賴的情況很不相同。

陳：其實許多宗教為了傳教，更傾向於使用通俗語言。而在漢傳佛教中，不少詩僧和居士、隱者的作品，也常常出現口語化的情況，例如寒山、拾得等人之作。因此，倉央的詩歌雖然不算典雅，但

就語言的選擇來說卻也並不違背佛經的語言取向。而倉央名下的
作品中，的確也有少數談及佛理的篇章。因此，有人將他其餘看
似情歌的篇章視為「以情喻道」，也很自然。就倉央而言，由於
他的生活方式受到政敵指責，作為法王的身分也受到質疑，乃至
拉藏汗另立伊喜嘉措為六世達賴，造成所謂「雙胞案」。直至倉
央在青海圓寂，引發藏民的廣泛同情，因而認定七世達賴為倉央
轉世，倉央的正統身分才終於得到確立。身分確立後，他生前的
詩作也開始被蒐羅、結集。而那些關乎醇酒美人的作品，也在
「以情喻道」的保護罩下得到保存與流傳。這或許能解釋到為何
要等到清代後期才終於出現我們現在稱為「拉薩本」的結集。

黃：多謝煒舜的提醒，所以也可能藏區——特別是因為其佛教傳統與
漢地不同，存在「以情喻道」的傳統，說法體裁也不避通俗化，
所以我們所認為的俗，以及想像其與僧王身分的衝突，在西藏社
會裡面或許是不成立的。遲遲不結集除了文學審美的原因，也有
可能是受政治因素左右。這也令我想到，為何其詩作會在民國這
個時間點出現？倉央是康熙時人，但他的詩歌卻要到民國才首次
出現譯本。為何時間隔了這麼久呢？清廷對於漢人居住的十八行
省，與東三省、蒙古、西藏、新疆是分而治之的，幾個區域處於
隔離狀態，人民很少來往溝通。雖然西藏屬於清朝版圖，設有駐
藏大臣，但漢地普通老百姓想去藏區是非常困難的事。這個隔絕
的情況持續了很久，直至民國才有所改變。民國建立後，漢、
滿、蒙、回、藏被視為中華民族的主體，「五族共和」的新概念
隨之出現。此時漢藏各族才能開始較為自由而有規模地交流溝
通，漢地知識分子對藏族文化產生興趣，是很自然的事。

陳：清朝皇室信奉藏傳佛教，故藏文典籍曾被譯為滿文，卻鮮有譯為漢文。這是因為藏傳佛教雖同屬大乘，卻是與漢傳佛教很不同的流派，漢地居民一般不會信奉。宗教流派的不同，窒礙了倉央詩歌在清代漢地的翻譯與流傳。另外，我相信除了語言與文化隔閡，還有一個重要原因：清代漢地畢竟崇尚典雅文風，倉央的作品民歌色彩太濃郁，姑勿論在藏地的接受程度及評價如何，但想必未能入漢地文士的法眼。然而，五四運動打破了傳統文人的審美窠臼，而以浪漫與抗爭精神為尚。這也為讀者開創了全新的視野，因此欣賞倉央詩作的爛漫天成之美也變得可能。倉央生前一直堅持以民歌體式來創作近乎情歌的作品，置於其充滿傳奇色彩的人生之中，彷彿是在以寫作──無論在形式或內容上──對固有的政教傳統作抵抗。因著其作品的浪漫氣質、抗爭性和民間性，很自然地在五四以後的漢地文壇得到了共鳴。這大概是倉央生前無法料到的。

葉：可否這樣理解：五世達賴是政教人物，他是有身分的，想透過詩歌創作去弘道，並展示身分和地位。所以，他在創作過程中會考慮到受眾問題。據兩位所言，六世的倉央嘉措則是一種真誠的書寫，可能只是純粹抒發一種坦誠的情感，所以他的詩歌與別不同，可以說不會帶有太多機心。從考慮讀者和建構自己兩方面，是否會看到其獨特處？

黃：我贊同你的看法，可以說倉央的作品是在沒有機心、沒有太多算計與讀者考量的情況下創作出來的。試想像一個政治人物，詩作多數是公開的，是建構其形象的組件，體裁比較正式、內容也比較嚴肅。其次，例如中土帝王身邊的百官、侍從不僅有輔佐的角

色，還具備監控與針砭的職能，難怪順治皇帝有「十八年來不自由」之語。五世達賴的創作背景想必也類似，這與倉央的「浪蕩」行為是大異其趣的。但正因如此，普羅大眾卻對這般「正統」背景下產生的詩歌提不起興趣。至於倉央，他詩作的體裁與內容卻與五世達賴有很大分別。倉央有一首詩是這樣寫的：「喇嘛倉央嘉措，別怪他風流浪蕩。他所追尋的，和我們沒有兩樣。」在大多數詩歌中，倉央的自我認同都是作為一個普通人，而非政教領袖，這個文學形象便與大眾讀者心態更貼近。比起閱讀帝王將相的作品，讀者的認同感與代入感更強。姑勿論倉央是否一個真誠的人——這方面我們無法得知，但可以肯定的是，倉央在詩作中幾乎沒有以政教領袖的身分自居，不管追逐愛情或者闡釋佛理的時候，都是從一個普通人的生活經驗和視野出發。比起五世達賴或其他帝王，他對於受眾也似乎少了一份算計。他心目中的讀者可能只是他自己，也可能還包括平民百姓、他童年的鄉村鄰舍，而這些目標讀者都具有渾樸純真的民間色彩。因此，我們或許可以把他的詩歌看成他在深宮裡的自我抒發。

陳：我很認同兩位對倉央大多數作品「不帶機心」、「渾樸純真」的斷語，這正是他的詩歌能混雜在民歌中難以分辨的主因。其實，有些文人作品即使混雜在民歌中，也不難看出來。記得我中學時代聽過一首俄國民歌〈邂逅〉（Я встретил вас），當時驚豔於其歌詞。後來才知道，這是著名詩人邱特切夫（Ф. И. Тютчев, 1803-1873）的作品，流傳開來後被無名音樂家配曲，在民間廣為傳唱。類似的情況還有萊蒙托夫（М. Ю. Лермонтов, 1814-1841）的絕命詩〈一個人在途上〉（Выхожу один я на дорогу）、涅克拉索夫（Н. А. Некрасов, 1821-1878）的〈貨郎〉（Коробейники）——也就是

電動遊戲「俄羅斯方塊」的主題曲──等等。但是，這些作品的歌詞往往一看就文謅謅的，與民歌的文風大為不同。倉央的作品卻不然，文字多半十分淺白，為普羅大眾所接受，因此乍讀之下並不容易區分。

四　情歌與道歌的拉扯

黃：承前所言，既然藏傳佛教有「以情喻道」的傳統，而倉央嘉措的達賴活佛身分被確立之後，他名下一切作品的閱讀與詮釋都可能憑依於他的僧王身分。倉央的作品，既可解讀為情歌，也可解讀為道歌，這兩層涵義往往兼容於同一文本之中。婁子匡在〈談喇嘛之謠──序倉央底情歌〉一文中認為，[2] 這些詩歌雖是秀美的情歌，卻也脫不了作喇嘛宣教的輔力。相對於教義，情歌自然更容易得大眾的感應。而《舊約・雅歌》的情況大抵相近。其實投身基督宗教者同樣如此，他們往往會說「將自己嫁給耶穌」，這些類比在宗教語境中屢見不鮮。而藏傳佛教又有所謂「雙修法」、「歡喜佛」，這與漢傳佛教為求精進而極力節制食、色等物慾看上去頗為不同。但一般來說，歡喜佛只是一種表法的模式，象徵著悲智雙運，並非要根器淺薄的信眾依樣畫葫蘆。這般環境便產生了倉央的詩歌，以愛情借代政治抱負、宗教思想。雖然漢傳佛教鮮有「以情喻道」的形式，但在漢地文學中，從屈原開始便也以「香草美人」來象徵君臣關係，可謂異曲同工。

2　婁子匡（1907- 2005），浙江紹興人，著名民俗學家、民間文藝學家、俗文學家，著作計有：《紹興歌謠》、《紹興故事》、《越歌白曲》、《神話與傳說》等。

陳：不過與妻子匡不同，稍後的劉希武、[3]曾緘、[4]乃至盧前幾位，[5]在改譯和創作時，仍然傾向於相信倉央作品是情詩，這兩種認知之間便出現了張力和擺盪。

黃：最有趣的是，為何情歌和道歌之間會出現張力？這是十分需要注意的問題。我們剛才鋪墊了許久，就藏漢兩種文化語境之下的佛法內容加以比對，並思考不同地區的學者和讀者要如何理解一個僧人的形象，以及在當地宗教背景下會有怎樣的書寫。我們可以推想在倉央進行創作的那個環境，情歌與道歌之間是否並沒有任何張力、甚至可以有著互為表裡的關係？

陳：舉個例子吧，如于譯本第18首，提及以雪水、鈴蕩子上的露水加上甘露藥酵，釀成美酒，飲下便可不遭災難。G. W. Houston指出整首詩具有密宗雙修的象徵意義，涉及所謂「儀式性交媾」。倒是于道泉以下的漢地譯者並沒有注意到這層內涵，僅詮解為酒家宴飲，這可能是文化隔閡乃至時代精神使然罷。

黃：這首詩正好具有情歌與道歌的雙重內涵，但道歌內涵中的「儀式性交媾」對漢地讀者而言，卻又往往因為對佛教有固定的理解而

---

3 劉希武（1901-1956），四川江安縣柴家渡人，學者、詩人，曾翻譯《倉央嘉措情歌》，有《瞿塘詩集》行世。

4 曾緘（1892-1968），四川敍永人，字慎言，一作聖言，早年就讀於北京大學文學系，古典文學造詣尤深，後到蒙藏委員會任職，工作期間蒐集、整理、翻譯了倉央嘉措的藏語情歌，有《寸鐵堪詩稿》行世。

5 盧前（1905-1951），即盧冀野，原名正紳，字冀野，自號飲虹。江蘇南京人，詩人、文學和戲劇史論家、散曲作家、劇作家、學者。曾師從吳梅、王伯沆、柳詒徵、李審言、陳鍾凡等人，著作計有：《明清戲曲史》、《中國戲曲概論》、《讀曲小識》、《論曲絕句》、《飲虹曲話》、《冶城話舊》等。

感到陌生、乃至羞於啟齒、甚至大加鞭撻。也就是說，倉央詩歌一旦傳入漢地、譯成漢文，張力便出現了。五四時期的文人學者可能無法處理或調和情歌與道歌、亦即所謂靈和慾之間的拉扯，那正是基於漢文化的儒家背景和漢傳佛教背景對情慾的既定觀念。

陳：另外，歷來很多詩歌文本在詮釋的過程中都有著本義與引申義並存的現象。倉央詩歌如此，《舊約・雅歌》如此，《詩經・國風》也如此。一首詩具有多層結構，當然很常見。這些層次可能是作者自身經營的，也可能是解讀者所賦予的。就民歌而言，一般的生成動因是「飢者歌其食，勞者歌其事」，在民間長期流傳、修整，形成我們見到的面貌。因為最終成於眾手，一首民歌的原作者往往不太可能在作品中留下太強烈的個人烙印，更遑論經營多重結構。因此，《詩經・國風》中許多作品采自民間，即使可能獲得周朝太師的潤色，但就其本義的內涵而言，基本上仍屬於單一層次。換言之，這些作品的引申義或所謂深層涵義，乃是解經者所賦予的。例如〈鄭風・子衿〉篇，我相信情詩的本義也是作者的本意，而「刺學校廢」則是後來經師的引申義。

黃：李商隱〈無題〉詩、溫庭筠〈菩薩蠻〉等篇章的解讀，也存在著這種情況。

陳：沒錯。不過溫、李畢竟是文人，故而難以完全排除一種可能——那就是他們在創作之際便有意識地採取複式結構的書寫策略。相比之下，民歌的內容結構就比較單一了。而倉央其人其詩的情況又很不同，甚至說頗為複雜。他是受過相對高深教育的活佛，但其自我認同與文學聲音（literary voice）卻又具有強烈的平民

性；他的六十幾首作品有少數一看便知涉及佛法，但多數會與民歌混雜而難以分辨。這與溫、李的書寫策略還是有差異的。

黃：當然，倉央這些無法與民歌區隔的作品中在內涵上也未必都是單一結構，如前面提及的于本第18首便是一例。

陳：我瀏覽過一些嘗試以道歌角度詮解倉央作品的書籍，作者處理這些民歌性強的作品時，固然極盡比附之能事，但也有某些作品，我們一看便知是情歌，而作者或譯者卻標示為「不可解」。這說明一個問題：如果詩歌的複式結構是由原作者自身所營造，幾層涵義之間一般都能對應得巧妙無間，如于本第18首宴飲的表層義與密宗的深層義便是。如果其引申義是詮釋者所賦予的，無論詮釋得如何周全，總會出現扞格之處。參照《左傳》等先秦典籍引《詩》的傳統，往往會「斷章取義」。之所以如此，就是因為詩中某些文句能誘發徵引者的引譬連類。

黃：依照你的看法，情歌與道歌便是本義與引申義的關係；而先秦時代引詩未必會全首逐句比附，對嗎？

陳：這還要視乎所引之詩的實際內容。一般來說，要把整首詩的內容都鉅細靡遺地與斷章所取之義相比附，未免十分困難。因此我認為，倉央作品中那些直接以佛法為主題的少數作品，無疑屬於道歌。至於那些「不帶機心」、「渾樸純真」、接近民歌風格的多數作品，我相信作者創作時所營構的內涵大抵還是以單一結構為主。如果從情歌的角度來看，倉央很多詩歌的語意更為完足；如果從道歌的角度去看，有些語意雖也完足，但還有些卻無法一一

熨貼比附，每每捉襟見肘，這就導致嘗試單純以道歌角度去解釋倉央所有作品的學者可能遇到瓶頸。當然，如此並不妨礙詮釋者像先秦引《詩》者那般以「斷章取義」的方式去徵引倉央作品中的若干文句來印證佛法，但這畢竟也是引申義了。

黃：綜觀東西方，對於倉央詩歌的詮釋仍然較為單一化，或僅將其視為道歌，而對無法自圓其說的文句置之不理；或僅將其視為情歌乃至erotic verses，而忽略了字裡行間流露的宗教意趣。兩者可謂過猶不及。實際上，這種單一化的解讀正好說明了他們閱讀策略過於簡單，在他們看來，作為僧人與情人的倉央不能並存於同一軀殼，而神性與人性的面向在同一body of work中是無法並存、而且不可調和的。由此可以更加看到我們自身文化底蘊的囿限。或許對倉央及其不少讀者來說，情歌與道歌兩者之間其實可以並行不悖，甚至互為表裡的。

五　倉央嘉措其人其詩在民國漢地之接受

陳：如前所言，藏文版倉央詩歌結集，已經在清代後期。全世界第一種漢譯和英譯都是于道泉的譯本，於一九三〇年面世。于氏依據的底本是「達斯本」和「拉薩本」，「拉薩本」一直收藏於雍和宮──北京最大的藏傳佛教廟宇，「達斯本」則是印度學者達斯（Sarat Chandras Das, 1849-1917）編著的一本藏語入門書籍，書後附錄了倉央詩作。兩個本子應該同出一源。倉央詩歌附錄於語言學習的書籍後面，是因為文字看似非常淺白。于道泉早期學梵文，後來興趣轉向藏文，翻譯倉央詩歌時還不到三十歲。于譯本以中央研究院歷史語言研究所單刊的形式出版，書中有藏文的原

文、藏文的標音，標音部分是請趙元任以國際音標來記錄讀音。
接著又有漢文逐字翻譯、漢文串譯、英文逐字翻譯、英文串譯，
這些為倉央詩歌的國際傳播奠定了基礎。于譯本面世至今九十
年，很多人翻譯倉央詩歌大多是根據于本，與其說是翻譯、重
譯，毋寧說是改寫。

我們從于道泉的譯介方式，可以看到他不僅繼承了《詩經》采風
的傳統，同時也受到西方民俗學方法的影響，因此他的翻譯純以
學術研究為目的，保留了倉央詩歌原本的民歌型態。否則，中研
院也不會為他出版單刊了——如果只是流行文學，在普通報刊上
發表便可。稍後民俗學家婁子匡在于本的基礎上以七言吳歌作改
譯，雖然體式上較為美觀，卻也繼承了于道泉的譯介精神。此後
劉希武、曾緘分別改譯為五、七言絕句，雖仍有強烈的采風動
機，卻更傾向於以文學為目的。尤其是曾緘的七絕，文字雖然精
麗，但相對于道泉的譯介嘗試已經大異其趣了。

黃：我們除了認識于道泉譯介倉央詩歌的自身因素，還要將他譯介這
個決定和動作置於其時代背景之中理解，即是民國建立後開始出
現「五族共和」的概念，以及後來五四運動的文化背景。一九一
九年五四運動展開，引入各種外來思想。特別是浪漫主義、叛逆
精神的引入，帶給年輕知識分子很多夢想。這些外來思想還包括
了西方學術的研究方法與視野，自然也引起了于道泉這類年輕知
識分子對西藏文學與民俗的研究興趣。

幾百年來，漢藏兩地居民罕能接觸。民國建立，為兩族人民創造
了交流與理解的機遇。與此同時，一戰前後，德意志、義大利統
一，而奧匈、鄂圖曼等多民族帝國解體，以單一民族認同為主體
的新國族國家紛紛出現。故而在西方學術界，出現了各種新興民

族學研究，以探討、確立和鞏固新的國族身分。辛亥以後，滿族不再是統治民族，而原本在其統治下相互隔絕的漢、蒙、回、藏等族在五族共和的願景表述和中華民國的觀念建構過程中獲得了相對平起平坐、自決自治的地位。就民間而言，各族百姓的貿易、混居乃至婚配的情況漸增。就漢地知識界而言，對於「邊陲」地區文化、文學的研究也漸趨熱門──而這種研究興趣，也和西方學界一樣，往往與自身國族身分的探討、確立與鞏固關係密切。另一方面，清末以來「師夷之技」的態度也進一步促成民初知識分子的西化傾向，他們將西方學術視為一種相對優越的知識體系，不僅奉為思想信念、研究方法，並持以開導民智。因此五四運動的精神，便綰合了西方民主科學的宗旨，與新興的國族身分建構。如前所言，主導文化在觀照其他文化時畢竟有區別之心，乃至文化高低之判斷。而五族共和的觀念出現後，這種區別心於焉有所調適。但是，要在文化的觀照與對話中達致既不卑又不亢的最佳狀態，並非易事。在西方世界的東方主義思想大行其道之際，採用西方學術研究方法，一樣可能使自身戴上有色眼鏡，不是只看見美好而大力推崇，就是只看見醜陋而大力貶抑。這兩種態度其失一也，對於「文化他者」同樣會產生誤讀。進而言之，這些學者無論推崇或貶抑，卻往往仍站在外人或他者角度，以一個自視文明層次較高的立場去審視另一個較為落後、封閉、原始、野蠻的文化，如此卻也與民初的國族建構觀念有所悖離。

陳： 于譯本面世後，有一位青年學者丁迪豪（1910-1935）寫過一篇論文。[6]他認為從于譯本中可以看到西藏社會的幾種面貌，例如

6　丁迪豪：〈從倉央嘉錯情歌中見到的藏人生活〉，《進展月刊》第7期（1932年9月），頁100-105。

西藏人意識生活中的印度思想、西藏男女的公開交際、西藏酒家的公開賣淫、西藏人宗教觀念與情感之間的矛盾、西藏社會情人的爭奪，西藏人對自然現象的觀察等。這幾方面的歸納對於于道泉的譯介動因也有所呼應。于譯本涉及的時代與政治背景，除包括民國建立後的國族論述外，還有北伐成功後，國民政府成立蒙藏委員會，引起很多青年人對西藏文化的興趣。于道泉在蒙藏委員會成立未幾便出版了倉央詩歌的翻譯。此後，以舊體詩形式重譯倉央詩歌的曾緘、劉希武兩位，也曾供職於西康省蒙藏委員會等機關，[7]職業與地利之便令他們的翻譯得以完成。

五四運動與十八世紀後期德國的「狂飆突進運動」（Sturm und Drang）頗有共通之處。從五四的浪漫主義精神中，我們也可思考東西方傳統文化的相似處。不管是西方或中國的啟蒙運動，自由戀愛都被視為挑戰傳統的重要武器。在這種語境下，倉央其人其詩就漸漸被漢地學者——無論是古典派的曾緘，還是現代派的劉希武——塑造成一個傳統的叛逆者了。然而，不論基督宗教、儒家思想還是漢傳佛教，往往認為愛情與情慾對於理智有著很大的破壞性，是一種「業障」；總而言之，情慾需要被壓制、規範化。因此，這些觀念錯綜複雜、根深柢固，是以五四以後對倉央其人其詩的解讀，在歌頌其精神自由的同時，就往往會出現重情輕慾的取向。

黃：在五四思潮帶動下，青年人的確會充滿革命情懷與浪漫精神。正是在五四思潮背景下，人們因著自由戀愛而重新重視人的情慾，

---

7 西康省是中國原省級行政區，設置於一九三九年，前後共存在十六年，省會曾設於康定、雅安等，管轄範圍包括如今的四川甘孜州、涼山州、攀枝花市、雅安市及西藏昌都市、林芝市。一九五五年撤省。

情愛成為了反叛傳統的重要象徵。當時不少譯者把倉央的詩歌理解為情詩，將目光全面投放在「情」身上，將詩中情的元素放大，將倉央自身的歷史理解成情史。另外當時一些高舉情愛旗幟的五四文人學者，他們作品中觸及的愛情雖然都存在著肉慾的元素，但基本上依然注重情的精神性，慾仍以情為前題。劉希武在重譯倉央詩歌時，向一位友人的藏族夫人詢及詩中某些文字時，那位女士卻避而不談，可見詩中這些內容涵義比較大膽露骨，甚至慾甚於情，所以她才會有如此表現。從民國時期的各種譯本中都可以發現，譯者們在面對倉央詩中肉慾的元素時，可能不知所措，因此其譯筆盡量將慾的元素向情的一端來挪移，而讀者也不可能看到某些過分露骨的文字了。由此足見當漢地譯者進入倉央詩歌文本時，往往會帶著自身道德意識的包袱，這些包袱可能來自漢地儒家傳統，也可能來自西方的清教徒傳統以及維多利亞時代道德觀念，以至於受這兩種思想形塑的現代醫療科學、性學及公共衛生觀念，都影響到他們如何理解倉央詩歌中的情慾。

陳：重情輕慾的解讀是倉央的偶像化脈絡之開端。很多人喜歡把倉央與賈寶玉相提並論，因為兩人都呼應著五四的叛逆精神。就愛情而言，寶玉與林黛玉的關係在民國以後備受推崇，除因其彰顯了叛逆與自由精神，更因其「柏拉圖式」的性質。與之相對，寶玉與金釧、與秦鍾之間滲雜了情慾成分的關係，人們卻往往避而不談。倉央也有類似情況。如于本第4首：「邂逅相遇的情人，是肌膚皆香的女子。猶如拾了一塊白光的松石，卻又隨手拋棄了。」這種關於「春風一度」的描寫，相比「不負如來不負卿」那純潔繾綣的情愫，在讀者的徵引頻次與喜愛程度上有顯著差異，可見五四時期在標舉精神自由的同時，對於肉慾的展現依然抱持

著負面態度。這在五四時期創作的文學作品中也可找到不少同類例證。

六　民國漢地涉及倉央嘉措的主要文本

黃： 剛才我們已經不時觸及一九三〇至一九四九年之間幾位譯者的情形，大家很容易便能梳理出一條時間線。首先于道泉在一九三〇年首度發表的倉央詩歌漢英譯作，我們談了不少。然後還有一位名叫劉家駒的學者，[8]是我們沒有提及的。劉家駒是漢藏混血兒、班禪喇嘛的祕書。他在一九三二年出版的譯本不叫《倉央嘉措情歌》，而是《西藏情歌》，收錄譯作一百首，直接從藏文翻譯。

陳： 為何是一百首呢？我們剛才講過，倉央作品近於民歌風格，二者淄澠莫辨，所以劉家駒就以一百首為度，而非沿襲「達斯本」、「拉薩本」和于譯本的取捨標準。後來曾緘改譯時，也參考過劉家駒的本子。一九三七年，婁子匡根據于譯本，把倉央詩歌翻譯成七言體的江浙民歌，稱為〈喇嘛之謠〉，這個本子很少人知道。婁譯本雖是整齊的七言體，卻忠實依從藏文原文的句數。也就是說，如果原文不是四句體，而是三句、五句、六句等，婁譯本也會遵照。不久抗戰爆發，曾緘與劉希武先後來到剛成立的西康省，在省會康定的蒙藏委員會工作。曾緘是黃季剛先生的高足，比較傳統，劉希武則是左派、共產黨員，但兩人不約而同都有采風的想法。他們皆不諳藏文，卻又都對倉央其人其詩產生興趣，因此根據于譯本而作改譯。

8　劉家駒（1900-1977），藏名格桑群覺，四川省巫山縣人，著作計有：《西藏政教史略》、《康滇藏歌謠集》、《西藏情歌》等。

黃：「不負如來不負卿」一句，正是出自曾緘的譯筆。

陳：沒錯。劉希武的五絕譯本於一九三九年一月十九日完成，曾緘的七絕譯本則於同年二月十一日竣事，前後相差僅二十來天。不過曾緘比劉希武更早抵達西康，在正式改譯前還至少做了兩項前期工作，首先是以文言文寫了一篇〈六世達賴倉央嘉措略傳〉，其次是仿傚白居易〈長恨歌〉及吳梅村〈圓圓曲〉，創作了一篇名為〈布達拉宮辭〉的七古歌行，就倉央其人其詩加以詠嘆。南懷瑾先生說他在晚年仍能背誦〈布達拉宮辭〉，可見其影響。曾緘、劉希武的工作，令倉央其人其詩在漢地獲得廣泛接受，其詩也使漢地文學傳統得到進一步開拓。兩年後，另一位學者——曲學大家盧前，便以套數形式撰寫了一篇〈倉央嘉措雪夜行〉，更加豐富了漢地對倉央文學接受的傳統。以上就是倉央其人其詩在民國時期漢地傳播與接受的概況。

黃：曾緘、劉希武還在改譯本中留下一些註解文字，讓我們了解他們如何翻譯及再創造倉央詩歌。尤其是曾緘本，可說已是離翻譯甚遠的二次創作。究竟他們心裡對倉央有著怎樣的理解，而翻譯和書寫有怎樣的策略呢？我覺得有一個形象非常突出：那就是所謂「三生聖哲」的說法。劉希武在他的譯序中提到：「概其生平，酖醉於文藝而視尊位如敝屣，其與南唐李煜何以異？」就是把倉央類比為李煜。曾緘也同樣將他與李後主作比較。他們在翻譯及書寫中的倉央，其實已逐漸脫離了西藏文化意義下的那個僧王形象，而把他想像成漢地文化意義下的浪漫主義詩人、英雄，乃至如蘇曼殊般的情僧形象。這種類比和歸類是一種刻意的改造。

陳：「三生聖哲」一語出自盧前，但這個表述肇端於劉希武和曾
　　緘──雖然劉、曾二人只是強調李後主與倉央作為「詩人王」的
　　相似性，而未有提及宋徽宗這個政治性較強的人物。所謂「三
　　生」，乃是指倉央的前兩世分別為李後主、宋徽宗。這當然是文
　　學性而非宗教性的表述，未必意味著三人真是在佛教系統裡面的
　　前身與後身。在漢地文獻中，的確有李後主是宋徽宗前身的傳
　　說。而在藏地信仰中，歷世達賴不僅互為前後身，而且皆是由觀
　　音菩薩轉世而來。盧前的表述將兩個「轉世」系統嫁接一處，結
　　合起來，無疑將漢藏兩地的政治傳統融為一體。

黃：盧前此舉也就是把西藏文化納入中華民族乃至漢人文化傳統，使
　　其成為一分子。

陳：抗戰軍興，國民政府遷往大後方。一九四一年，身為國民參政會
　　參議員的盧前在重慶復興關下結識了一位前輩同仁──西藏高僧
　　喜饒嘉措（1884-1968）。盧前拜喜饒為師，從喜饒口中得知倉央
　　的故事，非常感動。因為抗戰時期講求民族團結，身兼《中央日
　　報》副刊主編的盧前在〈倉央嘉措雪夜行〉中提到「三生聖
　　哲」，用這種表述拉近漢藏心理距離，促使各族人民一致團結對
　　外。作為想像共同體的民族認同往往憑藉戰爭而誕生，如特洛伊
　　戰爭便奠定了參戰各城邦的「希臘」認同觀。而盧前將李、趙、
　　倉央三人相提並論，顯然也有加固「中華民國」這個概念的理
　　由──縱然「中華民國」與「中華民族」兩個概念絕非等同。

黃：相對詩人身分顯著的李後主和倉央而言，宋徽宗的文藝成就縱然
　　也很高，但作為統一王朝的君主，其政治正統性無疑更受人矚

目。因此，一旦將宋徽宗與李後主、倉央並置，他們三人的政治領袖身分便全部驟然凸顯，令原本相對單純的詩人身分成為陪襯。三人的並置，一方面賦予倉央一道漢地正統的光環，而另一方面，也令「中華民國」對於藏地主權的正當性獲得肯定。

七　民國譯家對倉央詩歌內涵的解讀與掩蓋

葉：我們已經盡量展現倉央嘉措豐富的背景，也看到很多文人學者借翻譯倉央詩歌來展示他們自身的文化抱負，其複雜性又增加了。譯者以翻譯作為實驗工具，或對抱負的展示，此種情形相當有趣。

陳：他們每個人都有不同的思想、不同的背景，身分方面則包括了國民黨員、共產黨員、舊派文人、民俗學家等，他們都以自己的思維與立場去翻譯、引介倉央詩歌。

黃：我們透過譯文，往往只看到宗教和政治對於一個自由靈魂的壓迫。實際上作為僧王的倉央所面對的，不止是政治上的壓迫，還有身分的拉扯。剛才提到「不負如來不負卿」一句，所呈現的不僅有道歌與情歌間的拉扯，還有神性與人性間的拉扯、僧與王之複雜身分的拉扯、以及宗教與政治間的拉扯……是個人自由、政治承擔與信仰內涵之間的張力。

葉：是否我們有時會看到譯者很刻意地朝一個方向去解讀，並掩蓋另一些可能性？如果我們閱讀時發現這些痕跡，譯者越掩蓋反而越容易察覺。

黃：僅就于道泉譯本來說，的確便已有不少資訊的流失。其原因可能
是他當時還比較年輕、對藏語文需要精進，也可能是他並非長居
西藏，對藏區文化理解有限。

陳：此外，文字的雅俗大概也會導致這種「掩蓋」。幾種漢語改譯本
中，除婁子匡本是吳歌體式外，其餘兩種都是舊體絕句，文字以
文雅為主。因此當劉希武、曾緘遇到他們認為「俗」的內容時，
可能便會避而不談。舉例而言，于譯本第26首：「情人邂逅相與，
被當墟的女子撮合。若出了是非或債務，你須擔負他們的生活費
啊。」劉、曾二本的絕句文字都很漂亮，但對於「債務」一詞，
卻皆未譯出。當代藏學家 Per K. Sørensen 提到，藏文「債務」為
bu lon，除了指「債務」還有「產子」之意，實際上一語雙關，
既指情債，也指因幽會而生的嬰兒。由於是私生子，親生父母難
以照顧，故詩中末句請求酒家店主負擔生活費。有趣的是，婁子
匡反而把這個詞語譯出來了：「要是出了債和孽，你該養著過時
日。」考《說文》釋「孽」：「庶子也」，婁子匡似應理解到藏文
的原意。婁氏是江浙人，吳語把孩子戲稱為「討債鬼」，的確與
藏文原意相通。我們不清楚劉希武、曾緘是否知道這層意思，但
即使知道，他們也有可能為了「雅」的原因而將之迴避了。

黃：不僅劉希武和曾緘，連于道泉的譯本也沒有觸及「債務」的隱藏
義。他們也許沒有認識到這層涵義，也許出於「自我審查」而將
之迴避、刪去。從于譯本到劉、曾二本，我們可以看到在傳承脈
絡中，很多語義會隨著逐次翻譯而失去，與原文的意思越來越
遠。尤其是曾緘的譯本，他的文字比劉希武譯本更為華美，這種
傳統詩歌的形式可說是一種全盤漢化的演進。

陳：剛才談到那些關涉男女交往、糾紛、情債等層面的、較為露骨的
　　內容，不少漢譯本都選擇略過不談，正因如此，有很多概念根本
　　沒有翻譯出來。即如膾炙人口的于譯本第1首：「從東邊的山尖
　　上，白亮的月兒出來了，未生娘的臉兒，在心中漸漸地顯現。」
　　翻譯過程中也同樣出現語意流失的情況。

黃：是的。最明顯的就是「未生娘」的例子。于氏自註云：未生娘是
　　直譯藏文之ma-skyes-a-ma一詞。據西藏人所言是「少女」之意。
　　但現代學者莊晶則認為有些人把ma-skyes-a-ma（瑪吉阿瑪）譯作
　　少女、佳人，是對「未生」（瑪吉）一語的誤解，他們把「未生」
　　這個詞理解成未曾生育，未曾生育便是少女。其實這個詞正確的
　　解釋，是指情人對自己的恩情像母親一樣；雖然她沒有生育自己，
　　對自己的恩情、彼此之間的愛與連結卻與母親一樣。這一概念在
　　漢語中未必找得到相應表述，故翻譯時很難把原意展現出來。

陳：我倒想到一個民初掌故。著名詩人易實甫（1858-1920）晚年特
　　別迷戀京劇坤伶劉喜奎（1894-1964），為她寫過很多詩詞。不但
　　如此，他還每天必到劉喜奎寓所一趟，風雨無阻。每回進門，他
　　都要高呼：「我的親娘啊，我又來啦！」狂態可掬，使人捧腹。
　　因此劉成禺《洪憲紀事詩》有這樣的記載：「騾馬街南劉二家，
　　白頭詩客戲生涯。入門脫帽狂呼母，天女嫣然一散花。」這樣看
　　來，易實甫所呼之「母」，倒與「未生娘」的概念有相近之處。

黃：哈哈，很有意思！不過這又牽涉到文字的雅俗了。在漢文化傳統
　　中，這種「呼母」畢竟有一種市井感，與藏文化語境的「未生
　　娘」相比，意思雖然接近，卻有文化語境之別。而且《洪憲紀事

詩》雖是七絕，卻有竹枝詞的體裁和韻致，所以把「呼母」二字放進去，還不至於太違和。如此看來，即使劉希武、曾緘等人果真理解「未生娘」的含意，在翻譯時還是會將之掩蓋起來。

八　民國譯家的體裁選擇

陳： 我們接著談一下體裁吧。于譯本以白話翻譯，文字比較質樸，但句式和內容完全本於藏文，故能盡量存真。婁譯本的文字同樣質樸，但因是民歌形式，所以仍可保留不少原意。至於劉希武和曾緘選擇絕句形式來改譯，我認為有兩方面的原因。首先是當時不少漢地讀者仍有時常閱讀舊詩的習慣，並受到舊詩審美觀的影響。其次是倉央詩歌原文大部分是每首四句，每句六音節，類似漢地的六言絕句。六絕在漢詩傳統中當然並非大宗，但原文每首篇幅既然以四行為主，所以選擇五絕、七絕的體裁來改譯是不難想像的。不過，我們不能純粹以量化角度、從字數多寡去看絕句翻譯。絕句一般以文言為基調，文字簡煉，就五絕而言，二十字承載一首倉央詩歌的內容可能剛剛好；而且五絕風格比較古樸，多少可以保留藏文原文的質樸感覺。這大概是劉希武選擇五絕的原因。而曾緘選擇的七絕，一來格調大抵以高華風逸為主，二來有較為固定的起承轉合一類之單行章法，三來篇幅較廣，在安頓原文內容後還餘下一定空間，必須加以填補。故此曾譯本的文字華美，但相對藏文原作在內容與風格上的差距就更大了。可是，如果沒有曾緘譯本華美的文字，漢地讀者或許未必會如此喜愛倉央的詩歌。這正是弔詭之處。

黃： 曾緘選擇採用華美的七絕體，而這種體式本身有著久遠的漢文化

傳統。在那個傳統中，七絕本身已有一個既定的文本創作與閱讀的框架，無論是對於情愛還是其他題材的書寫都好。所以當我們見到倉央詩歌以七絕形式出現的時候，讀者每每會帶著一種以閱讀七絕情詩的習慣性眼光去了解倉央詩歌，這就更加把倉央其人其詩推向了漢文化中心的語境。

陳：說得很對。我們還是以于譯本第22首——也就是包含了「不負如來不負卿」一句的曾緘譯作為例，進一步討論。剛才談到七絕的四句之間，往往存在著起承轉合一類的單行章法脈絡。但倉央的藏文原詩卻不然，往往兩句一個層次，一、二句與三、四句之間有排偶關係。由於前兩句與後兩句是排偶，句式十分接近，故單行的章法並不明顯。劉希武採用五言古絕，由於風格較為質樸，尚能勉力保存原文的這種特徵；但曾緘的七絕呢，無論在平仄還是章法上都很難保留這種排偶特徵了。藏文原詩這種排偶的修辭法，倒與漢地古詩中的扇面對或隔句對頗為相似。

黃：補充一句，使用「排偶」一詞，而非「排比」、「對偶」，是有原因的。一般來說，「排比」會超過三句，而「對偶」又往往指涉舊體詩之對仗，兩句之間沒有重複用字。故採用「排偶」一詞，指涉以兩句為度的排比，可以與其它修辭方法作區隔。我們看看于譯本：「若要隨彼女的心意，今生與佛法的緣分斷絕了。」這是排偶的第一比。「若要往空寂的山嶺間去雲遊，就把彼女的心願違背了。」這是第二比。劉希武譯本呢，則是：「我欲順伊心，佛法難兼顧。我欲斷情緣，對伊空辜負。」依然能保存排偶的味道。如果再看曾譯本，大家會發現曾緘在前兩句中便已涵納了于譯本全首的內容。

陳：一點不錯。曾本因受到七絕體式制約而沒有排偶，在句法及內容安排上跟于譯本乃至藏文原詩完全不像。第一句「曾慮多情損梵行」，已經包含了于本前兩句的意思；第二句「入山又恐別傾城」，又包含了于本後二句的意思。那麼曾本後兩句──「世間安得雙全法，不負如來不負卿」，是從哪裡來的呢？原來是曾緘在歸納原詩的內容後自己創作的。藏文原詩也好，于、劉二本也好，採用兩個排偶雖有對稱之美，但在結束處卻不無戛然而止的感覺，沒有總結，也沒有高潮和強音。所以曾緘補入這兩句，可謂畫龍點睛。但這兩句其實是曾緘的創作，雖然承襲了倉央的詩意，卻並非倉央原來的詩句。

葉：我以前讀此詩時也會想，有可能這樣漂亮嗎？藏人有可能寫出這般近乎漢詩體裁的作品嗎？我會有些懷疑。另一方面，曾緘好像有一個上帝視角，把道理點出來，有說道的傾向，與于譯本有明顯的距離。

黃：在這個語境下，借用「不負如來不負卿」來作比喻，拉扯就在於怎樣既把藏文原詩作翻譯，保留原意之餘又能兼顧兩地文體差異與讀者之接受。

陳：兩位說得非常好。倉央原詩有很多這種排偶，我們再舉兩例吧。如于本第13首：「寫成的黑色字跡，已被水和雨滴消滅。未曾寫出的心跡，雖要拭去也無從。」劉本仍保留著排偶：「黑字已書成，水滴即可滅。心字不成書，欲拭安可得。」但曾本就完全沒有排偶了：「手寫瑤箋被雨淋，模糊點畫費探尋。縱然滅卻書中字，難滅情人一片心。」卻真的華麗動人。再如最後一首也很有

名，于本是這樣的：「第一最好不相見，如此便可不相戀。第二最好不相知，如此便可不相思。」劉本作：「最好不相見，免我常相戀。最好不相知，免我常相思。」曾本則是：「但曾相見便相知，相見何如不見時。安得與君相決絕，免教辛苦做相思。」曾本文字雖然華美，但我們如果只看曾本，實在不可能知道原文採用了排偶修辭，那是因為曾緘把原文的整個結構都解散了。

黃：非常有趣，但由於時間關係，沒有辦法舉更多例子了。我們可以在問答環節作進一步討論，現在把時間交給葉嘉老師。

九　尾聲：問答環節

葉：我們的聽眾已經有很多問題想請教兩位講者，我代為讀出吧。第一條問題是問讀詩的感覺。聽眾問如果倉央不是六世達賴，他的詩歌會如此有名嗎？如果一部電影或流行產品讓他的詩歌出名，那都可以理解。如果他是素人詩歌創作者，兩位仍會被他的詩歌吸引嗎？這是問閱讀感受的問題，兩位可以嘗試解答。

黃：一首好的詩歌，其文字力量能跨越不同語言界限，讓我們接觸到。然而身分也很重要，因為身分和經歷可能影響到詩歌是否能流傳後世，亦即我們究竟有沒有機會讀到這些詩歌，是佳作流傳的莫大助力。例如我們到博物館接觸文物，有些文物只屬於達官貴人，並不屬於平民。達官貴人使用金屬製的碗，材料較好，平民可能使用泥碗，五十年後就不復存在。這樣就可以理解為何書寫者的身分如此重要，因為他們的身分令他們的作品及言論有機會被看見。但另一方面，像剛才所說，五世達賴的詩作比較嚴肅

正式，對普羅讀者來說趣味性較低；但倉央的詩歌本身就是民歌
形式、充滿活力，所以能在民間不斷流傳，過了好多世代仍被採
集、傳誦。可見好文字自有獨特魅力，總有機會被看見。

葉：好的，接下來是第二條問題。剛才我們看了好多版本，多是改寫
甚於理想中「信、達、雅」的翻譯。請問兩位，覺得那一版本的
翻譯是你們最喜歡的。

陳：論「信」與「達」，自然是于道泉的譯本最可信，因為他有四個
版本，有中英文的逐字翻譯和串譯，為日後諸人的改譯奠定了基
礎。但就個人喜好來說，我當然喜歡曾緘的譯本。如果沒有曾譯
本這樣華美的形式與內容，倉央的詩歌未必能引起漢地讀者乃至
文人學者的重視，在漢地進一步廣泛流傳就無從說起。在民國那
個新舊交替的時代，太質樸的文字未必能吸引挑剔的漢地讀者。

黃：倉央詩歌為何在清代沒有譯本？原因之一是他質樸的詩風與當時
漢地的審美標準相距太遠。哪怕到了民國，也仍要透過雅化才能
打入漢文化中心的閱讀市場。

葉：翻譯一方面是逼不得已，一方面可以看到譯詩者的創意和功力。

黃：體裁之間的取捨很重要，可能劉希武譯本的五絕較忠於原詩形式
和結構，但對於讀者的吸引力會降低。當譯者掌握漢地讀者市場
的品味，自然就會把原文的質樸文風與結構全然拋諸腦後。

葉：承接剛才兩位的看法，又有一位聽眾提問。他的問題很有趣：經

過五四運動理想化進程後，倉央的情詩會否回過頭來對西藏的平民帶來影響？

陳：進入二十世紀，無論漢地還是藏區，老百姓的教育水平都提升了，讀書人越來越多。所以，二十世紀的藏人也不會單純以民歌角度去看倉央詩歌。我讀過好些篇藏人寫的論文，有人仍強調他的詩是道歌，也有人覺得他的詩歌具有遊走於時代尖端的精神，令人欣賞。無論是以情歌或道歌來解讀，都可以看到倉央詩作依然具有鮮活的生命力。

黃：大家不妨留意一下，從五四時期開始，浪漫主義和詩人英雄的形象一直影響著整個翻譯和閱讀的進路。另一方面，我們也可思考民國以來究竟是以怎樣的目光來看西藏。我會說他們是承襲了早期西方學者觀看「文化他者」的東方主義眼光，以異域風情或exotic other的想像來理解西藏。Exotic作為概念混集了野蠻和浪漫的元素，而我們在閱讀漢地學者的作品裡面，往往看得出這種野蠻與浪漫的拉扯：在風俗的研究裡面可能會強調野蠻的一面，以文學來說他者浪漫的一面就比較受青睞。倉央詩歌不同的譯者在翻譯過程中有意或無意採用了浪漫化或馴化的手段，將浪漫精華萃取出來，依照漢文化語境中既有的人物類型將倉央改造成一個浪漫情僧形象，卻淡化了原來那野蠻的、金剛怒目的一面。

葉：有聽眾問了一條差不多的問題，但非關漢化。他問倉央的詩歌有英譯本嗎？在外國的接受情況與在中國的漢化現象相比，有何不同？

陳：第一種英譯本就是于道泉本，于道泉既有漢譯本又有英譯本。我
最近寫過一篇文字，初步梳理了倉央嘉措詩歌在西方流傳的過
程。西方一直有藏學家，早在上世紀五六十年代便對倉央詩歌有
了零星的譯介。一九七〇年代以後，譯本開始增多，除了好幾種
英文版外，還出現了法、德、俄等語種的譯本。這些學者一般都
通藏文，專門從事藏學研究。因此是直接從原文翻譯倉央詩歌。
例如P. Sørensen的解讀，我就覺得非常好。剛才討論的「情債」
問題便是Sørensen提出的，他察覺了不少于道泉遺漏的資訊。可
惜的是Sørensen的譯本至今還未看到。

黃：他們通常是採取情歌的框架，甚至有些學者稱倉央詩歌為erotic
poems，亦即情色詩歌。我們也可以把這看成是一種想像的投
射：他們怎麼切入和理解倉央的詩歌？又為他們的讀者建構了一
個怎樣的理解框架？

葉：有聽眾問，一代又一代的譯者都在給倉央添加了浪漫色彩，這是
否因為他的生平及歷史厚度本身就令他的詩多了一分浪漫色彩呢？

陳：不錯，這剛好應和了鈺螢所說身分的重要性，何況倉央的叛逆者
與情僧特質又跟他的那些前後任大異其趣。從傳播與接受過程來
看，終清一代，倉央其人其詩都只在藏區流傳而已。所以，于道
泉在一九三〇年推出漢英對譯本是非常重要的開端，正好呼應著
五四浪漫主義精神。一九四九年以後，又出現了好幾種白話漢譯
本。一九八〇年代起，這種傳播與接受的熱情在漢地日益高漲。
資料匯編、傳記、新譯本可謂絡繹不絕。一九九〇年代中後期，
有位名為朱哲琴的歌手，發行了兩張藏族風格的唱片——《阿姐

鼓》和《央金瑪》。《央金瑪》共有七曲，其中一曲是把倉央的幾首詩歌串聯在一起，另外六曲雖也以西藏為背景，詞曲則是現代人創作。到二十一世紀，資訊固然發達，網上反倒以訛傳訛，以為兩張唱片的全部曲目都是倉央的作品。這當然是一種誤解，但無可否認對於倉央其人其詩的傳播也起了一定的作用。又如一九九九年，臺灣歌手潘越雲的新專輯中有〈夜會情人〉一曲，歌詞就是由倉央情歌改編而來。凡此種種，都可以印證倉央其人其詩的浪漫色彩如何吸引著一代代的受眾。

黃：從一路以來的傳播過程中，我們可以看到翻譯、學術研究與民間流傳三者之間的距離。三者雖然存在距離，但在漢文化語境中，倉央作為情僧和浪漫英雄的形象其實已經深入民心。不過就當下流行網絡文化而言，多數只關注倉央的情僧身分，更為看重詩作的愛情色彩。我的朋友陳可樂提醒我，有香港本地音樂創作人把倉央的詩作融入流行曲：那就是My Little Airport樂隊專輯《火炭麗琪》中的〈驗孕的下晝〉一曲，歌詞以曾緘的「不負如來不負卿」一句來壓軸。我覺得這種嘗試非常有趣，好像轉了一大圈，重新回到最初「孽債」、「未生娘」等主題，乃至民歌形式，而且重新回到入世、接地氣的狀態，以及拉扯的本義。因此，我們會發現文字果然自有其生命力，很微妙地周而復始後，倒是更貼更原意了。大家有興趣可以聽一聽這首歌。

葉：今天聽眾的問題非常踴躍，或許我們再用一點時間解答最後兩條問題。第一條問題：我們一直在從詩人的身分談倉央，談他的作品如何被多次解讀。而他同樣也是一位宗教領袖。這種詩人與領袖身分的結合，是否來自以往的西藏慣例，乃至影響到以後領袖

的行為和風格呢？他算不算一位好的宗教領袖？如果放在當代，他算是優秀作家嗎？

陳：姑且舉個例子，李白自稱「天生我材必有用」，但不妨想想他當了宰相會怎樣？我看唐玄宗晚年雖然昏聵，但多少還有那麼一點知人之明。話說回來，達賴五世也是活佛兼詩人，這就是前代留下的慣例。但在六世倉央以後，達賴轉世至十幾代，卻再也沒有出現像他這般的人物。這些後繼者可能還會像五世一樣寫詩，卻不會再像六世一樣寫詩。再說，如果倉央是合格的領袖，就不會給拉藏汗貽下向清廷告發的口實，而清廷也不會要求把倉央押送到北京來審問了。真所謂「世間安得雙全法」，這兩重身分很難並存。至於倉央是否優秀作家，這牽涉到其身分、背景與遭遇對他的「加持」，以及漢藏文學語境中不同的判斷標準，很難一言蔽之。但我相信，曾緘的譯本不僅令當時漢地讀者對倉央嘉措刮目相看，其名句至今還膾炙人口，如果在華人的文化語境中，說曾緘是優秀作家、倉央功臣，大概是沒有疑義的。

葉：各個譯本優劣互見，很難取捨。最後一條問題是：我們在選擇譯本時有甚麼準則，哪一版本的譯本是兩位最推薦的？這一條問題適用於所有翻譯著作：如何選擇好譯本，讀法應該如何？

黃：經過這次預備講座的經驗，我深深體會到，多看些譯本，把不同譯本並置合讀非常重要。十分幸運，倉央詩作的大多數中譯本已由黃顥、吳碧雲結集為一本書──《倉央嘉措及其情歌研究（資料彙編）》，令讀者可以對照、梳理，並從而發現每一種譯本包含了哪些獨有的詩意。我們可以比較不同翻譯的優劣，也可以感受

哪一種文字更能觸動自己。當然，這還要視乎每人自身的閱讀需
要，是以欣賞為主還是以研究為主？把不同譯本並置合讀，我認
為是最好的閱讀策略。

葉：煒舜老師覺得如何？

陳：詩歌、戲劇、小說、散文，不同體裁有著不同的翻譯策略，很難
一概而論。我們還是聚焦於倉央的詩作吧。我贊成鈺瑩所說，並
置合讀。如果時間寬裕，可先選擇一種來讀，讀熟了再與其他譯
本比較。如果只是尋求文學欣賞的愉悅，曾緘、劉希武的譯本就
已經很不錯了。曾譯本十分吸引，剛才已經談過。如果對那華美
風格產生審美疲勞，劉譯本的質樸則予人以新鮮之感。至於劉家
駒的《西藏情歌》清新可喜，頗有泰戈爾《漂鳥集》的風韻，也
值得推薦。但是，如果想進一步從研究的角度去了解原意，于道
泉與Sørensen的本子就非常重要了。于本作為最早的譯本，一定
要細讀其譯文和註解。Sørensen則後出轉精，比勘了于本面世以
來東西方好些種重要的譯本，進行平議，再作最後判斷，論述有
理有據。我們可以根據他的文章，再按圖索驥。

葉：追求通俗欣賞的讀者可以蒐羅各種版本，任君選擇，穿梭在譯本
之間自有樂趣。追求學術研究的讀者可以聽一聽鈺瑩做過的訪
談，[9]以及拜讀煒舜老師的著作，這樣就可以累積更多資料去了
解倉央詩歌的內容及譯本情況。相信大家聽完講座後，都可以做
一個善於思考的讀者，在每一次閱讀中獲得源源不絕的創造力和

9　可參看香港電臺節目「五夜講場：文學放得開」之《不負如來不負卿》，2019年9月
　　26日。

生命力。剎那間我們的對談已到尾聲，還有一些聽眾的問題，很抱歉不能夠一一解答。我們對談的錄影片段很快便會上傳至中大文學院的網頁及YouTube網站上，大家可以密切留意，重溫內容。多謝大家支持，再一次感謝煒舜老師及鈺螢博士帶來一場豐富的盛宴。二〇二一年的春季，中大文學院仍會有人文對話系列第三回，敬請密切留意。今天就此拜別，後會有期，祝大家身體健康，生活愉快，再見。

◀右起：鄺可怡教授（活動策畫人）、黃鈺螢博士（對談人）、陳煒舜教授（對談人）、葉嘉教授（主持人）

附錄三

普陀珞珈謠：

六世達賴倉央情歌楚譯

　　人日以來，迄未窺牖，作息如故。而民國時期達賴六世倉央嘉措（Tsangs-dbyangs Rgya-mtso, 1683-1706）情歌漢譯研究之拙著，意外脫稿。二月十日午後，偶思達賴之詩，曾緘譯以七絕，劉希武譯以五絕，蓋藏詩體式大率首四句、句六音節也。內地傳統，六絕冷僻，曾、劉弗采。然七絕高華，五絕質樸，過猶不及，遂以楚歌重譯（或云改寫）。蓋屈作範式，一〈離騷〉體，一〈九歌〉體。不計語助則主六言，異乎五六七絕之膠固。乃先草廿篇。翌日早起，風雨漫天，續草廿篇。午後再續廿二篇浚事，纔竟日爾。佛力加持，信乎！屈騷之四句一章也，韻押偶句，首句或韻或否，同符唐絕。拙譯異乎舊撰者，大抵奇句甲韻、偶句乙韻，近乎沈侯「鶴膝」之病者，然亦泰西所常觀也。抑首尾聯各一韻，或用〈招魂〉體，而逐句用韻則一。改寫之際，參酌泰西M. H. Duncan、M. Tatz、P. K. Sørensen諸家成說。擬曰「普陀珞珈」，即布達拉也。草率之筆，聊備大雅一哂云爾！庚子年春。

01）何明月之皎皎兮，蹇將上乎東崖。
　　惟佳人之窈窕兮，印心影之永懷。

02）播昔年之苗禾兮，歷茲秋已成束。
　　惟年光之蹉跎兮，比彎弓其局曲。

03）思美人適我心兮，願執手以偕老。
　　何瀚海之淵深兮，焉驟得夫環寶。

04）如邂逅乎路側兮，芬掩藹夫冰肌。
　　皎琅玗之既得兮，[1]詎奄忽而相遺。

05）曷姬姜之肅雍兮，揚蛾眉以敖敖。
　　想高枝其蔥蘢兮，搏乍熟之宮桃。

06）忽心許之難舍兮，何反側以輾轉。
　　俾白日以作夜兮，羌魂靈之未返。

07）嗟眾芳之蕪穢兮，又何悲於翠蜂。
　　嗟兩情之萎褪兮，又何動於深衷。

08）微霜淪而下隕兮，固凋傷乎芳華。
　　欻緒風之堪忍兮，固離散乎蜂花。

09）彼鳧鷖之何為兮，隨蒹葭以相守。
　　隔淵冰茲水湄兮，眇天涯以疾首。

10）泛扁舟之無涯兮，回馬首猶望眼。
　　既成言而有他兮，豈縈懷以顧反。

11）俟城隅之曾記兮，綰心結之可貽。
　　忽自開而委地兮，又何用夫刀錐。

12）懸祥幡於柳杪兮，憶兩小之無嫌。
　　勸曇騰之年少兮，勿飛石乎樹尖。

1　綠松石，古名琅玗。

13）箋彤雲之溼如兮，雨霏霏以霑墨。
　　何心字之能書兮，欲拂拭又安得。

14）何頑石以畫刻兮，渥丹墨而作印。
　　唯印心以默默兮，苟兩情其能信。

15A）何蜀葵之美異兮，晴光轉乎芳祠。
　　莫翠蜂之我棄兮，聊翾飛以相依。

15B）緇衣素冠兮絕芳塵。心不同兮奈何春。
　　蘭日蕙月兮詎蹉跎。獨相守兮山之阿。

16）聊端策而拂龜兮，豈余心之可轉。
　　卜何去以何為兮，悟伊室之未遠。

17A）思靈保其賢美兮，闇余心之冥冥。
　　隔伊人於千里兮，魂識路之營營。

17B）惟花濃以柳豔兮，何須臾之能忘。
　　勉精一而轉念兮，固至道之可杭。

18）水晶雪山兮冰將釋。鈴蕩子兮清露滴。
　　調露引酵兮煉瓊液。空行天女兮侍我側。
　　神之聽之兮盟相益。揚爾爵兮服無斁。

19）今日何日兮禱祥幡。今夕何夕兮坐瓊筵。
　　佳人召予兮出意表。後會應知兮長相禱。

20）何滿堂之靈娥兮，孰獨余以目成。
　　遺視睞以層波兮，照朱顏之光騰。

21）亂我心曲兮熾我懷。將子無死兮尚復來。
　　生別離兮悲莫悲。願與君兮長相知。

22）將雌從以雄飛兮，固茫昧乎真如。
　　將遠逝以常違兮，不寖近而愈疏。

23）計辛壬以癸甲兮，情若蜂之在網。
　　忽黽勉思正法兮，網恢恢其焉攘。

24）恩不甚以輕絕兮，孰白頭以靜好。
　　祇琅玕之佩玦兮，識瑤琴之別抱。

25）齒莞爾其若貝兮，蕩余心之不怡。
　　苟情懷而孔熾兮，惟信誓所憑依。

26）每鴻泥之相違兮，幸與子其偕臧。
　　唯芳醇以為媒兮，孰酒壚之可當。

27）畏父母之難謀兮，憑往愬乎所歡。
　　迭所歡以成仇兮，孰中冓之可傳。

28）何神妃之如玉兮，何獵士其善誘。
　　迨公子之所欲兮，竟載歸於馬後。

29）唯瑾瑜之在握兮，曾幾何之可珍。
　　忽相失而驟覺兮，羌愈思以愁人。

30）別歧路而迢遙兮，焉載歸乎褧衣。
　　勞余心之忉忉兮，寬余帶之猖披。

31）何香竊而玉盜兮，索藚茅以筵籌。
　　思宜嗔復宜笑兮，豈沒齒之可諼。

32）惟壚女之難老兮，惟美酒之無量。
　　樂此鄉吾年少兮，寄一卣之秬鬯。

33）何母腹之可生兮，桃夭夭以為魄。
　　驟翩翾以飄零兮，等此情於蚹蕚。

34）幼比鄰之卝卝兮，其天狼之焉識。
　　相留宴以衎衎兮，終肥遯之無跡。

35）固野馬之奔踶兮，猶可獲乎阱檻。
　　固美人之悔誓兮，焉神力之可羈。

36）何鷹羽以紛披兮，逞一怒之難收。
　　何朱顏以萎靡兮，羅吾生之百憂。

37）紛玄雲以金邊兮，知霜雹之周流。
　　惟苯波之異端兮，固吾道之所讎。

38）縱淵冰之孔固兮，敢馳鶩以追逐？
　　徒春風之一度兮，焉得敘夫款曲？

39）觀生魄與既望兮，固流光之所同。
　　漸縈損之何悵兮，憐顧菟於腹中。

40）周陰晴以盈虧兮，月與月其相連。
　　期後會於何時兮，俟初吉之未弦。

41）惟昆侖之懸圃兮，[2]處宇宙之中央。
　　惟往還而無阻兮，實日月之周行。

42）唯初月之既明兮，厥光影吾止此。
　　指圓靈以為盟兮，懷歡情之若彼。

43）瞻璜臺以十成兮，實眾帝之所居。
　　彼夸娥以縱橫兮，維罔兩之是驅。

44）聞鳴鵙之南返兮，復惠氣之融熙。
　　乃君子之既見兮，心云胡而不怡。

45）因死因生兮何萬方。枉爾矜伐兮亦混芒。
　　閉心自慎兮豈有常。

46）彼野虎之虓虓兮，投饌食而後馴。
　　何室虎之婉孌兮，反既狎而常瞋。

47）固婉伸於吾膝兮，豈厥情之可求。
　　非測影之能匹兮，推列宿於弦勾。

48）維穀旦之于差兮，在南方之林嵐。
　　更誰何之窸懷兮，非鸚鵡之莫諳。
　　彼鸚語之喈喈兮，勿歧舌以戲談。

2　近人丁山謂中國神話之昆侖，即起源於印度之須彌山傳說。姑聽之。

49）袂陰汗雨，遍邏垣些。[3]瓊結淑女，獨秀先些。
　　云誰之思，思美人些。彼美人斯，瓊結人些。

50A）慎勿猖猖兮老黃彪。秘事載心兮心純厖。
　　莫道吾出兮指曛黃。莫道我回兮昧爽光。

50B）薄暮出兮與子期。到曉返兮雪霏霏。
　　乍洩春光兮安可名。素雪峨峨兮蹬跡橫。

50C）普陀珞珈兮吾所棲。[4]音律海兮名所持。[5]
　　乘願再來兮邏些城。瀚勃空留兮蕩子聲。

52）垂髮辮之葳蕤兮，高余冠之切雲。
　　曰勉遠逝無狐疑兮，曰曾不可乎離群。
　　曰豈自悼以傷悲兮，曰期後會之殷勤。

52）被起紅浪兮憐玉人。搖人情思兮最天真。
　　虛鸞假鳳兮費疑猜。休道季子兮自多財。

53）皎鶴羽之為儀兮，願連翮以高飛。
　　孰遠遊之可為兮，入理塘乃顧回。

54）幽都是宅，生死離些。土伯九約，角觺觺些。
　　何待彝則，業為鏡些。其報不忒，長相應些。
　　尚得勝些。

55）占卦鏃之咎休兮，射主皮而沒地。
　　故此心而相投兮，隨彼心之所至。

56）孔雀來兮東天竺。鸚鵡鳴兮工布谷。
　　產異區兮若胡越。邏些城兮共頡頡。

3　拉薩，六朝舊名邏些。
4　藏人以達賴為觀音轉世，故其居處曰布達拉，即普陀之另譯。
5　倉央，藏語謂音律。嘉措，藏語謂海洋。

57）故眾口之鑠金兮，羌寂默以自守。
　　何年少之鐙音兮，逐壚邊之美酒。

58）垂楊柳之依依兮，宿鶺鵊之熠耀。
　　固鳥樹之相知兮，又何間夫鷹鵁。

59）何浮生之若寄兮，望美人之未來。
　　何歡寵之可忞兮，轉再世而無猜。

60）爾鸚哥之解音兮，識出語以處默。
　　羌聆鵑於柳林兮，孰仙曲之可得。

61）何雄虺之蓁蓁兮。疾駓駓以逐人。
　　擷高樹之林檎兮。休過時而沉吟。

62）悔從初之相會兮。迨及今之相累。
　　悔從初之相知兮。迨及今之相思。

主要參考書目

傳統文獻（依編撰者時代先後排列）

〔漢〕劉安編著、劉文典撰、殷光熹點校：《淮南鴻烈集解》，合肥：
　　　安徽大學出版社；昆明：雲南大學出版社，1998年。

〔漢〕劉向著，向宗魯校證：《說苑校證》，北京：中華書局，1987年。

〔漢〕班固：《漢書》，北京：中華書局，1997年。

〔晉〕郭璞註：《穆天子傳》，上海：中華書局四部備要本，民國時期
　　　出版。

〔晉〕釋法顯譯：《大般涅槃經》，收入大藏經刊行會編輯：《大正新脩
　　　大藏經》第1冊，臺北：新文豐圖書公司，1983-1985年。

〔後秦〕鳩摩羅什譯：《維摩詰所說經》，收入大藏經刊行會編輯：
　　　《大正新脩大藏經》第14冊，臺北：新文豐圖書公司，1983-
　　　1985年。

〔後秦〕鳩摩羅什譯、〔唐〕真空普覺解義：《金剛經解義》，收入大
　　　藏經刊行會編輯：《大正新脩大藏經・卍續藏》第24冊，臺
　　　北：新文豐圖書公司，1983-1985年。

〔南朝梁〕蕭統編、〔唐〕李善註、〔明〕孫鑛評：《昭明文選》，臺
　　　北：文友書店，1971年。

〔南朝梁〕蕭綱著，蕭占鵬、董志廣校註：《梁簡文帝集校註》，天
　　　津：南開大學出版社，2012年。

〔南朝梁〕蕭綱著，蕭占鵬、董志廣校註：《梁簡文帝集校註》，天津：南開大學出版社，2012年。

〔唐〕孔穎達疏：《毛詩正義》，臺北：藝文印書館據阮元嘉慶二十年（1815）江西南昌學堂《十三經註疏》重刊本影印，1989年。

〔唐〕般刺蜜帝譯：《大佛頂如來密因修證了義諸菩薩萬行首楞嚴經》，收入大藏經刊行會編輯：《大正新脩大藏經》第19冊，臺北：新文豐圖書公司，1983-1985年。

〔後蜀〕趙崇祚編著，李保民等注評：《花間集》，上海：上海古籍出版社，2002年。

〔南唐〕李璟、李煜撰，蒲仁、梅龍輯注：《南唐二主詞全集》，北京：中國文聯出版公司，1997年。

〔宋〕宋祁、歐陽修主編：《新唐書》，北京：中華書局，1997年。

〔宋〕司馬光：《資治通鑑》，北京：中華書局，1956年。

〔宋〕蘇軾著、〔清〕王文誥輯注：《蘇軾詩集》，北京：中華書局，1982年。

〔宋〕周邦彥、姜夔著，葉紹均選註：《周姜詞》，上海：商務印書館，1930年。

〔宋〕洪邁：《容齋隨筆》，長春：吉林文史出版社，1994年。

〔宋〕胡仔：《苕溪漁隱叢話》，上海：商務印書館，1937年。

〔宋〕張端義：《貴耳錄》，上海：中華書局，1937年。

〔元〕關漢卿著、馬欣來輯校：《關漢卿集》，太原：山西人民出版社，1996年。

〔元〕范梈著、魯華峰評註：《木天禁語・詩學禁臠》，北京：中華書局，2014年。

〔明〕朱誠泳：《小鳴稿》，臺北：臺灣商務印書館景印文淵閣四庫全書，1983年。

〔明〕胡應麟：《詩藪》，香港：中華書局，1958年。

〔明〕張溥編：《漢魏六朝百三家集》，臺北：臺灣商務印書館景印文
　　　淵閣四庫全書，1983年。

五世達賴喇嘛阿旺洛桑嘉措著，陳慶英、馬連龍、馬林譯：《五世達
　　　賴喇嘛傳》，北京：中國藏學出版社，2006年。

〔清〕聖祖皇帝敕撰，曹寅、彭定求等主編：《全唐詩》，北京：中華
　　　書局，1960年。

〔清〕聖祖皇帝選、徐乾學等編：《古文淵鑒》，長春：吉林人民出版
　　　社，1998年。

〔清〕沈德潛：《古詩源》，北京：中華書局，1963年。

〔清〕曹雪芹著、里仁出版社校注：《紅樓夢校注》，臺北：里仁書
　　　局，1984年。

〔清〕張玉穀：《古詩賞析》，北京：中華書局，2017年。

〔清〕魏源：《聖武記》，上海：世界書局，1936年。

〔清〕姚燮著、沈錫麟標點：《疏影樓詞》，杭州：浙江古籍出版社，
　　　1986年。

〔清〕郭慶藩：《莊子集釋》，北京：中華書局，1961年。

近人著述

專書（依姓氏筆劃及字母排列）

上海世界書局編著、顧大朋整理：《詩學初範・詩學進階》，北京：文
　　　化藝術出版社，2018年。

于道泉：《第六代達賴喇嘛倉央嘉措情歌》，南京：中央研究院歷史
　　　語言研究語所單刊甲種，1930年。

于道泉：《達賴六世情歌集》，臺北：老古出版社據中央研究院歷史語言研究所集刊影印，1978年。

王　力：《詩詞格律概要》，北京：北京出版社，2002年。

王宏志：《二十世紀中國翻譯研究》，上海：東方出版中心，1999年。

王家鴻：《外交詩話》，臺北：臺灣商務印書館，1986年。

王國平：《南懷瑾的最後100天》，臺北：橡樹林文化，2015年。

中國藏學出版社編纂：《六世達賴喇嘛倉央嘉措詩意三百年》，北京：中國藏學出版社，2011年。

白瑪僧格：《倉央嘉措塵封三百年的秘密》，臺北：掃葉山房，2013年。

朱　禧：《盧冀野評傳》，南京：江蘇古籍出版社，1994年。

何文匯：《詩詞四論》，北京：漢語大詞典出版社，1999年。

何敬群：《詩學纂要》，香港：遠東書局，1974年。

吳　宓：《吳宓詩集》，北京：商務印書館，2004年。

余光中：《余光中談翻譯》，北京：中國對外翻譯出版公司，2002年。

沈沛霖口述、沈建中撰寫：《沈沛霖回憶錄》，臺北：獨立作家（秀威資訊），2015年。

沈祖棻：《唐人七絕詩淺釋》，石家莊：河北教育出版社，2004年。

沈衛榮、安海燕：《從演揲兒法中拯救歷史：元代宮廷藏傳密教史研究》，北京：中華書局，2022年。

沈衛榮：《西藏歷史和佛教的語文學研究》，上海：上海古籍出版社，2010年。

沈衛榮：《想像西藏：跨文化視野中的和尚，活佛，喇嘛和密教》，桃園：昌明文化有限公司，2018年。

邵祖平：《七絕詩論‧七絕詩話合編》，北京：華齡出版社，2009年。

胡漢民：《不匱室詩鈔》，臺北：華岡出版部，1975年。

南懷瑾：《金粟軒詩詞楹聯詩話》，臺北：老古出版社，1993年。

范　況：《中國詩學通論》，北京：商務印書館，2017年。

范煙橋著、周興祿整理：《作詩門徑》，北京：文化藝術出版社，2018年。

飛　白：《詩海——世界詩歌史綱・傳統卷》，桂林：漓江出版社，1989年。

凌景埏、謝伯陽主編：《全清散曲》，濟南：齊魯書社，1985年。

唐富水主編、謝家義副主編：《楊萬里》，吉水：吉水縣政協古代名人叢書編輯部，2007年。

袁行霈主編、趙仁珪執行主編：《詩壯國魂：中國抗日戰爭詩鈔》，北京：中國青年出版社，2015年。

高明主編；林尹編：《兩漢三國文彙》，臺北：中華叢書編審委員會，1960年。

張曼儀：《翻譯十談》，香港：石磬文化事業有限公司，2015年。

張夢機：《思齋說詩》，臺北：華正書局，1977年。

張夢機：《近體詩發凡》，臺北：中華書局，2018年。

陳平原：《二十世紀中國小說史》第一卷（1897年-1916年），北京：北京大學出版社，1989年。

陳煒舜：《古典詩的現代面孔：「清末一代」舊體詩人的記憶、想像與認同》，臺北：新文豐出版公司，2021年。

陶世傑著、楊啟宇編校：《復丁燼餘錄》，合肥：黃山書社，2010年。

曾緘著、寸鐵孫（曾倩）編：《寸鐵堪詩稿》，北京：北京聯合出版公司，2015年。

黃杲炘譯：《柔巴依一百首》，北京：中國對外翻譯出版公司，1998年。

黃顥、吳碧雲編纂：《倉央嘉措及其情歌研究資料》，拉薩：西藏人民出版社，1982年。

趙樸初：《無盡意齋詩詞選》，北京：北京圖書館出版社，2006年。

趙樸初：《趙樸初韻文集》，上海：上海古籍出版社，2003年。

劉希武：《瞿塘詩集》，收入夏靜主編：《近代詩文集匯編》第44冊，成都：巴蜀書社，2020年。

蔣星煜等：《元曲鑒賞辭典》，上海：上海辭書出版社，1990年。

蔣　勳：《說文學之美：品味唐詩》，臺北：有鹿文化事業公司，2017年。

盧　前：《散曲史》，載《盧前曲學三種》，北京：商務印書館，2014年。

盧　前：《新疆見聞》，南京：中央日報社，1947年。

盧　前：《盧前文史論稿》，北京：中華書局，2006年。

盧　前：《盧前筆記雜鈔》，北京：中華書局，2006年。

盧　前：《盧前詩詞曲選》，北京：中華書局，2006年。

盧前原著、盧偓箋註：《飲虹樂府箋註（小令）》，揚州：廣陵書社，2009年。

盧前原著、盧偓箋註：《飲虹樂府箋註（套曲）》，揚州：廣陵書社，2011年。

錢志熙、劉青海：《詩詞寫作常識》，北京：中華書局，2013年。

薛新力、蒲健夫主編：《巴蜀近代詩詞選》，重慶：重慶出版社，2003年。

謝天振：《譯介學導論》，北京：北京大學出版社，2007年。

簡錦松：《唐詩現地研究》，高雄：中山大學出版社，2006年。

〔日〕稻津紀三：《佛教人間學としての世親唯識說の根本的研究》，東京：三寶出版株式会社，1988年。

〔伊朗〕南漢儀原著，吳南如、胡慶育合譯：《南漢儀四行詩》，臺北：臺灣商務印書館，1966年。

Barks, Coleman, (tr.) *Stallion on a Frozen Lake: Love Songs of the Sixth Dalai Lama*, Athens: Maypop Books, 1992.

Dhondrup, K., (tr.) *Songs of the Sixth Dalai Lama*, Dharamsala, 1981.

Duncan, Marion H.,*Love Song and Proverbs of Tibet*, London: Mitre Press, 1961.

Fields, Rick; Cutillo, Brian, *The Turquoise Bee: The Lovesongs of the Sixth Dalai Lama*, N. Y.: Harpercollins, 1994.

Houston, G. W., *Wings of the White Crane,* Delhi: Motilal Banarsidass, 1982.

Ngawang Lhundrup Dargyé; translated by Simon Wickham-Smith: *The hidden life of the Sixth Dalai Lama*, Lanham, Md.: Lexington Books, 2011.

Strang, Caiyros Arlen & de Salm Salm, Moulee, (tr.) *Exactly Luminous: The erotic spiritual poems of the 6th Dalai Lama, Tsanyang Gyatso*, Scotts Valley, SC.: Createspace Independent Pub, 2016.

Tsangyang Gyatso, *l'Abeille Turquoise: Chants D'Amour Du Vie Dala Lama,* Paris: Seuil, 1996.

Tshans-dbyans-rgya-mtsho, translated by Paul Williams, *The Erotic Verse of the Sixth Dalai Lama*, London; New York: IB Tauris, 2004.

Vilgrain, B., *La raison de l'oiseau, Poèmes de Tsanyang Gyatsho, sixième Dalai Lama*, Paris: Les Immémoriaux, Fata Morgana, 1986.

Venuti Lawrence, *The Translator's Invisibility: A History of Translation*, London: Routledge, 1995.

Waters, Geoffrey R. (tr.), *White crane: love songs of the sixth Dalai Lama*, Buffalo, N.Y. : White Pine Press, c2007.

Williams, Paul (tr.), *Songs of Love, Poems of Sadness, The Erotic Verse of the Sixth Dalai Lama*, London: I. B. Tauris, 2004.

Савицкий, Л. С., *Далай лама VI Цаньян Джамцо. Песни*, приятные
　　для слуха. Перевод с. тибетского, исслед. и комм., Москва:
　　ГРВЛ, 1983.

單篇論文（依發表先後排列）

方：〈新書介紹：國立中央研究院歷史語言研究所單刊甲種之五：第
　　六代達賴喇嘛倉洋嘉錯情歌（于道泉編注趙元任記音）〉，
　　《國立北平圖書館館刊》第5卷第4期（1931年），頁114。

丁迪豪：〈從倉洋嘉錯情歌中見到的藏人生活〉《進展月刊》第1卷第7
　　期（1932年），頁100-105。

大刀王五：〈纏夾齋談薈・達賴的情歌〉，《社會新聞》第9卷第6期
　　（1934年），頁225-227。

婁子匡：〈喇嘛之謠：凡六二曲〉，《孟姜女》第1卷第5期（1937年），
　　頁107-111。

婁子匡：〈談喇嘛之謠：序倉央底情歌〉，《歌謠周刊》第3卷第3期
　　（1937年），頁5-6。

于道泉：〈倉洋嘉錯情歌〉（一），《藝術與生活》第1卷第2期（1939
　　年），頁5。

劉希武：〈第六世達賴倉央嘉措情歌六十首〉，《康導月刊》第1卷第6
　　期（1939年），頁100。

曾　緘：〈六世達賴倉央嘉措略傳〉，《康導月刊》第1卷第8期（1939
　　年），頁63-64。

曾　緘：〈六世達賴情歌六十六首〉，《康導月刊》第1卷第8期（1939
　　年），頁64-69。

曾　緘：〈布達拉宮詞〉，《康導月刊》第1卷第8期（1939年），頁69-
　　70。

曾　緘：〈文成公主頌〉，《斯文》第1卷第12期（1941年），頁18-19。

曾　緘：〈布達拉宮詞〉，《斯文半月刊》第1卷第9/10期（1941年2月），頁36-37。

曾　緘：〈白土坎聽經記〉，《斯文半月刊》第3卷第12期（1943年6月），頁16-17。

何　仁：〈達賴六世豔史〉，《常識》第1期（1944年），頁28-30。

Savitsky, L. S.: 'Tibetan Literature of the Eighteenth Century', *The Tibet Journal* I (1976), pp.43-46.

Savitsky, L. S.: 'Secular Lyrical Poetry in Tibet. Works of Tshang-jang jamtso (1683-1706)'; *Proceedings of the Csoma de Koros Memorial Symposium*, Budapest: Akadémiai Kiado, 1978, pp. 403-409.

Klafkowski, Piotr, 'Dharmatāla's "History of Buddhism in Mongolia" as an Unknown Account of the Life of the Sixth Dalai Lama', *Acta Orientalia Academiae Scientiarum Hungaricae*, 1 January 1980, Vol.34(1/3), pp.69-74.

胡忌：〈沈瀛《竹齋詞》中的套曲〉，《南京師大學報（社會科學版）》1981年第1期，頁45-53。

Tatz, Mark, 'Songs of the Sixth Dalai Lama', *The Tibet Journal*, Vol. 6, No. 4 (Winter 1981), pp.13-31.

Richards, Michael, *Review*, *The Tibet Journal*, Vol. 7, No. 4 (Winter 1982), pp. 103-109. Reviewed Works: *Songs of the Sixth Dalai Lama* by K. Dhondup; 'Songs of the Sixth Dalai Lama' included in *The Tibet Journal*, Vol.6, No. 4 by Mark Tatz; *Wings of the White Crane: Poems of Tshangs dbyangs rgya mtsho (1638-1706)* by G.W. Houston and Helmut Hoffmann.

Houston, G.W., 'A Response to Mr. Michael Richards' (The Tibet Journals Vol. 7, n. 4, Winter, 1982), *The Tibet Journal*, Vol. 9, No. 1 (Spring 1984), pp. 45-48.

De Jong, J. W., 'Review', *Indo-Iranian Journal*, Vol. 27, No. 3 (July 1984), pp.231-232. Reviewed Work: *Wings of the White Crane. Poems of Tshangs dbyangs rgya mtsho (1683–1706)* by G. W. Houston.

Back, Dieter M., 'Zu einem Gedicht des VI. Dalai Lama', *Zeitschrift der Deutschen Morgenländischen Gesellschaft*, 1985, Vol. 135, No. 2(1985), pp.319-329.

趙　康：〈論五世達賴的詩學著作《詩鏡釋難妙音歡歌》〉，《西藏研究》1986年第3期，頁78-87。

Martin, Dan, 'For Love or Religion? Another Look at a 'Love Song' by the Sixth Dalai Lama', *Zeitschrift der Deutschen Morgenländischen Gesellschaft*, 1 January 1988, Vol.138, no.2, pp.349-363.

Sørensen, Per K., 'Tibetan love lyrics The love songs of the Sixth Dalai Lama', *Indo-Iranian Journal*, 1988, Vol.31(4), pp.253-298.

鄭張尚芳著，孫琳、石鋒譯：〈〈越人歌〉解讀〉，南開大學中文系《語言研究論叢》編委會編：《語言研究論叢》第七輯（北京：語文出版社 1997年），頁57-65。

蔣寅：〈起承轉合：機械結構論的消長——兼論八股文法與詩學的關係〉，《文學遺產》1998年第3期，頁65-75。

黃國清：〈《觀世音菩薩普門品》偈頌的解讀——漢梵本對讀所見的問題〉，《圓光佛學學報》第5期（2000年7月），頁141-153。

Jalsan, 'The Reincarnations of Desi Sangye Gyatso in Alasha and the Secret History of the Sixth Dalai Lama', *Inner Asia*, 2002, Vol.4(2), pp.347-359.

〔法〕德里達：〈巴別塔〉，收入陳永國主編：《翻譯與後現代性》，北京：中國人民大學出版社，2005年，頁13-41。

Karma Lekshe Tsomo, 'Songs of Love, Poems of Sadness: The Erotic Verse of the Sixth Dalai Lama (review)', *Journal of the History of Sexuality*, 2007, Vol.16(1), pp.129-133.

熊飛宇：〈青山遮不住，畢竟東流去：曾緘先生的佚文逸事〉，《重慶電子工程職業學院學報》，第20卷第4期（2011年7月），頁73-77。

劉　波：〈劉家駒的康藏民歌研究〉，《中國藏學》2013年第4期（總第111期），頁166-170。

熊飛宇：〈曾緘詩文拾餘〉，《呂梁教育學院學報》第32卷第1期（總第91期，2015年3月），頁107-109。

陳煒舜：〈別開粉墨登場局，令套當然是正宗：盧前《論曲絕句》散曲觀試論〉，《文學論衡》2016年8月（總第28期），頁35-49。

左鵬軍：〈盧前戲曲的本事主旨與情感寄托〉，《社會科學》2016年第3期，頁186-208。

榮立宇：〈倉央嘉措詩歌在漢語文化圈中的傳播及經典化〉，《民族翻譯》2016年第1期（總第98期），頁9-16。

王　濤：〈《中興鼓吹》的成書及盧前的詞學主張〉，載黃霖主編：《民國舊體文論與文學研究》（南京：鳳凰出版社，2017年），頁230-241。

吳笛：〈菲茨傑拉德《魯拜集》翻譯策略探究〉，《安徽師範大學學報（哲學社科學版）》第45卷第6期（2017年11月），頁758-763。

汪東萍：〈回歸翻譯本質：解讀鳩摩羅什的翻譯思想〉，《學術研究》2018年第12期，頁168-173。

陳煒舜：〈大塊文章誰寫得，天然巨幅彩雲箋：梁寒操、盧前韻文中的新疆行旅〉，載張雙慶、余濟美主編：《絲路之旅：第六屆世界華文旅遊文學國際學術研討會論文集》（香港：大山文化出版社，2018年），頁359-410。

朱鈺成：〈民國曲學家盧前研究綜述〉，《戲劇之家》2019年第15期，頁217-218。

Nakhaei, Bentolhoda, 'How Khayyam Got Lost in Translation: Cultural Errors and the Translators of Rubaiyat', Edited by Ni Riordain, Cliona, & Schwerter, Stephanie: *Speaking like a Spanish Cow: Cultural Errors in Translation,* New York, NY: Columbia University Press, 2019, pp.113-135.

江曉輝：〈論「偶體絕句」的演變、特色與章法——以王安石詩為討論重點〉，《清華中文學報》第23期（2020年6月），頁155-208。

網路資料

周嘯天：〈以易傳之事為絕妙之詞——論曾緘歌行〉，「欣託居：周嘯天藝術網」，http://www.xintuoju.com/html/2017/shiwen_0309/250.html?fbclid=IwAR0YnrhSENW6GAtFEmS-ejh5NVF158HfAOcAI2uWTKQJL8tXZftBCFYuDAY。

林小涵：〈陳煒舜教授演講「生於王土，走向共和：《「清末一代」舊體詩人的記憶、想像與認同》緒論」紀要〉，「中央研究院明清研究推動委員會」，http://mingching.sinica.edu.tw/cn/Academic_Detail/783。

李秉鐸：〈詩人曾緘之死〉，http://blog.sina.com.cn/s/blog_614a68e90102yaif.html。

學位論文

多傑才旦：《第七世達賴喇嘛格桑嘉措道歌研究》，青海民族大學中國
　　　少數民族語言文學專業碩士論文，2016年。

交巴草：《五世達賴喇嘛們寫作風格研究》，西北民族大學中國少數民
　　　族語言文學專業碩士論文，2019年。

梁　冬：《《五世達賴喇嘛傳》文學研究》，西藏大學文學院中國古代
　　　文學專業博士論文，2021年。

後記

　　二〇一三年九月十四日，臺灣南洋文化學會在吉隆坡舉辦「第二屆世界華文文化文學國際學術研討會」，以民間信仰為主題。我當時在會上宣讀的拙文題為〈忠實與叛逆：曾緘譯〈六世達賴情歌六十六首〉探驪〉。這是我首度撰寫相關論文。如此選題有幾個動因：

　　第一，我自中學時代便得知倉央其人其詩，未幾欣賞了舞劇《六世達賴情歌》和朱哲琴唱片專輯《央金瑪》，印象深刻。從事教研工作後希望有機會在學術領域中與倉央嘉措結緣，一向念茲在茲。

　　第二，二〇〇〇年代，我開始關注現代舊體詩人，尤其是出生於清末二十年（1890-1911）的社會世代（所謂「清末一代」）。而民國時期翻譯、吟詠倉央其人其詩的漢地作者于道泉（1901-1992）、劉家駒（1900-1977）、婁子匡（1907-2005）、曾緘（1892-1968）、劉希武（1901-1956）、盧前（1905-1951）諸君，皆屬於「清末一代」（縱然其中只有曾緘、劉希武、盧前三位是舊體詩人）。這些作品中又以曾緘的七絕改譯最為著名，例如「世間安得雙全法，不負如來不負卿」一聯乃是曾氏據倉央詩意而創製，並非原句，至今卻甚至成為華語世界豔稱的「倉央情歌」。

　　第三，二〇一〇年離開臺灣後，與楊松年、詹海雲、謝正一、陳隆昊等諸位師長久未謀面，這次遵循「信仰」主題撰寫拙文，也是想藉機與各位相會。尤其是楊老師於二〇〇八年自臺榮休時，戲謂此後不再從事學術研究；但他於茲久休復出，並在大家支持下成為「世界華人民間信仰文化研究中心」主席，委實可喜可賀。

　　第四，執教臺島時，有一位劉同學對藏傳佛教頗感興趣，聽我談及倉央情歌，以為有論文在手，亟思一睹，我當時卻尚未動筆。回到香港後，劉同學造訪中大，又詢及論文，依然片紙皆無。延宕數載，終於在二〇一三年暑假草成，並打算於九月中旬的研討會上宣讀後再與劉同學分享。不料九月一日竟得悉劉同學在北京辭世的噩耗。冥冥之安排，何其巧合？但我相信，作為此篇「催生者」之一的劉同學會在彩虹彼端，於莞爾中讀畢拙文。

　　二〇一四年，在黃維樑老師引薦下，此文略作修訂，刊登於上海《東方翻譯》雜誌。如此誠然圓了一個多年的心願，但由於庶務猥雜，相關研究一直裹足不前。差可一提的，乃是這段日子讀到丹麥藏學家 Per K. Sørensen 對倉央情歌的校註。此文旁徵博引，不僅裨補了于道泉初譯的許多不足，也引發我對藏文乃至西方藏學的興趣——縱然繁忙工作中實難抽空，有系統地從根本學起。不過此時我已經意識到，儘管倉央嘉措頗得華人文壇、流行文化乃至西方藏學界垂青，但其人其詩在民國時期、尤其是舊體詩壇傳播與接受的情況，學界一向關注不足。

　　二〇二〇年初新冠疫情首度爆發，居家三閱月而不曾外出，於是藉此時機整理「詩選」授課講義，並草成了近十篇論文。這些論文主要包含了兩個主題，其一為北洋元首詩，特別是袁世凱、徐世昌的作品（段祺瑞、曹錕的討論已於前此完成）；其二則以倉央為中心，包括其人其詩在民國舊體詩壇的傳播與接受，以及劉希武五絕改譯、曾緘七言歌行〈布達拉宮詞〉、盧前套數〈倉央嘉措雪夜行〉的相關探析。在撰寫這幾篇文稿的同時，也加深了我對曾緘七絕改譯的理解，因此回過頭來對六、七年前發表的那篇拙文作出了較大幅度的增訂。尤其是重讀曾譯本的自註，逐漸釐清了曾緘改譯過程中的一些細節，例如最初計劃採用七言古絕（而非律絕）的體式，以及他除以于道泉

譯本為基礎外還參考過劉家駒譯《西藏情歌》等情況。這些看法先以劄記形式發表於《國文天地》月刊第四四三期（2022年4月），隨即併入關於曾緘譯本的拙文中。

二○二○年二月十日，撰文小休之際，忽思曾緘、劉希武等前賢將倉央情歌翻譯成五七絕，主要由於藏文原文多為每首四句、每句六音節的形態。但實際上，藏文四句體乃是民歌體式，文字質樸；而漢地五七絕則文人性質較為濃郁，且在章法上往往自有套路，與藏文四句體的風格相去甚遠。然而，如楚歌中「大風起兮雲飛揚」、「力拔山兮氣蓋世」等「三兮三」的句型，不計「兮」字也未嘗不可視為一種六言句的變體（接近「斷腸人在天涯」之類）；若以楚歌體重譯，興許別有滋味。於是當日下午開始轉譯，至翌日上午藏事，題為〈普陀珞珈謠：六世達賴倉央情歌楚譯〉。臺灣政治大學車行健教授讀後未以拙文為鄙謬，推薦刊登於《國文天地》第四二○期（2020年5月），無任感念。

與此同時，臺灣政大楊明璋兄、清大李欣錫兄分別籌辦「佛教文獻與文學國際學術研討會」與「中國敘事學國際研討會」，不我遐棄，發出與會邀請；於是不揣冒昧，將關於曾緘〈布達拉宮詞〉及劉希武譯本的二文呈上。稍後，四川師範大學曲學專家趙義山教授邀我參加「中國散曲研究會成立三十周年紀念會議」，我覺得關於盧前套數的拙文恰好適合，遂也靦顏允諾。可惜酷疫之下，工作掣肘甚大，兼以區域阻隔，三場會議若非一再延期，就是將實體會議改為網上舉行。我索居港上，非僅早慣於足不出戶，更花費不起來去隔離的時間，因此三場會議都只好以視訊方式宣讀拙文。所幸與會同仁蕭麗華、趙義山、蔡欣欣、范宜如、林仁昱諸位教授皆給予我寶貴的意見，依然收穫良多。此後，這三篇拙文得到涂豔秋教授、李燕博士和鄭殿輝教授青睞，分別刊登於《政大中文學報》（2022年6月）、韓國

《國際語言文學》（2021年8月）和《中韓研究學刊》（2022年12月）。
而作為緒說之〈化作佳人絕代容：倉央嘉措情歌與「清末一代」舊體
文學綜論〉，則蒙拉曼大學余曆雄教授獎掖，登載於《馬來西亞漢學
刊》（2020年8月）。幾篇拙文得到的匿名評審意見，同樣十分寶貴，
令書稿內容更加完善。

　　二〇二〇年秋，中文大學文學院副院長、本系鄺可怡教授告知，
院上將安排一個面向社會大眾的「人文對話系列」活動，該學期共有
四講，希望我負責一講，並確認主題與對談人。我當時正在修訂那幾
篇前此脫稿的相關拙文，覺得一九九〇年代以來，這位「情僧」已成
為流行文化的符號，不妨仍以其人其詩為主題。可怡師姐甚為贊同，
院方遂將講題定為〈不負如來不負卿 —— 倉央嘉措詩歌的閱讀和翻
譯〉，並安排翻譯系葉嘉教授擔任主持。而對談人方面，我首先想到
的是本校性別研究中心的黃鈺螢博士。鈺螢學識廣泛而樂於知新，與
我曾在香港電臺節目《文學放得開》中數度合作。鈺螢參與的一集節
目恰好名曰「不負如來不負卿」，以倉央、蘇曼殊等僧人為主題。我
想她既然對倉央其人其詩頗為了解，因而發出邀請，她也爽快應承此
事。對談直播時，與葉嘉教授、鈺螢博士及線上觀眾互動甚佳，並進
一步刺激了我對倉央研究的思考。後來，我請劉沁樂同學撥冗將錄影
內容轉成文字檔，打算投稿予花蓮東華大學的《東華漢學》學刊；幸
得前後任主編許又方、張蜀蕙兩位教授鼎力玉成，並數度轉達編委會
同仁的建議。在如此指引下，我和鈺螢博士就文稿從頭加以修訂，庶
不負各位賢達的厚愛。未幾，文稿改題為〈不負如來不負卿？ —— 倉
央嘉措詩歌與民國文學場域〉，刊載於《東華漢學》第三十五期
（2022年6月）。

　　二〇二二年初，諸篇已累積整理為書稿，於是將民國時期倉央情
歌譯本及相關作品彙集成編、加以校訂，作為附錄。江弱水師兄見而

甚喜，提議額曰《漢藏之間：倉央嘉措舊體譯述研究》。又承蒙香港大學譯界前輩張曼儀教授、臺北故宮藏學專家劉國威教授賜以鴻序。茲將全書各章的發表情況條列如下：

綜　論　化作佳人絕代容：倉央嘉措情歌與「清末一代」舊體文學

● 全文刊登於《馬來西亞漢學刊》第4期（2020年8月），頁3-24。

第一章　世間安得雙全法：曾緘譯〈六世達賴情歌六十六首〉探驪

● 初稿題為〈忠實與叛逆：曾緘譯〈六世達賴情歌六十六首〉探驪〉，宣讀於臺灣南洋文化學會、馬來西亞孝恩基金會主辦「第二屆世界華文文化文學國際學術研討會」（吉隆坡，2013年9月）。初步修訂後改為今題，刊登於《東方翻譯》2014年第3期（總第29期），頁17-27。

● 增補文字題為〈倚遍瓊軒，轉遍經輪——讀倉央嘉措情歌劄記〉，刊登於《國文天地》第443期（2022年4月），頁6-9。後併入本章。

第二章　欲拭安可得：劉希武譯〈第六世達賴倉央嘉措情歌六十首〉探賾

● 初稿宣讀於國立清華大學中國文學系主辦，中華民國科技部、國立清華大學研發處協辦「2021中國敘事學國際研討會」（新竹，2021年5月），修訂後刊登於韓國首爾中韓研究學會之《中韓研究學刊》第12輯（總

29輯，2022年12月）。

第三章　寫來舊日兜棉手：曾緘〈布達拉宮辭〉對倉央嘉措之人物形塑試論

　　●初稿宣讀於國立政治大學中國文學系、中央研究院文哲研究所、佛光大學人文學院、日本廣島大學聯合主辦：「2020佛教文獻與文學國際學術研討會」（臺北，2020年11月）。修訂後改題為〈曾緘〈布達拉宮辭〉創作始末及其對倉央嘉措之人物形塑〉，刊登於《政大中文學報》第37期（2022年6月），頁1-30。

第四章　豔詞還自寫：盧前〈倉央嘉措雪夜行〉套數探究

　　●初稿宣讀於中國韻文學會、中國散曲研究會、內蒙古民族大學聯合主辦，正藍旗草原藝術公社協辦：「中國散曲研究會成立三十周年紀念暨第十六屆散曲與相關文體國際學術研討會並草原筆會」（內蒙古錫林郭勒盟正藍旗，2021年8月）。修訂後刊登於韓國首爾《國際語言文學》第48期（2021年8月），頁171-192。

結　　語　星斗彌天認得清：徘徊於信達雅之間的倉央嘉措舊體譯述

　　●宣讀於香港中文大學中文系主辦：「觀乎人文：中國文化傳統的省察與重建」國際學術研討會（2023年4月17-19日）。

附錄二　人文對話：不負如來不負卿？——倉央嘉措詩歌與民國文學場域

　　●活動為香港中文大學文學院「人文對話系列」第二講

（2020年11月14日），錄影內容經劉沁樂筆錄。修訂
後改題為〈不負如來不負卿？——倉央嘉措詩歌與民
國文學場域〉，刊登於《東華漢學》第35期（2022年6
月），頁279-314。

附錄三　普陀珞珈謠：六世達賴倉央情歌楚譯
●全文刊登於《國文天地》第420期（2020年5月），頁
4-6。

　　由於筆者藏文、藏學根基淺薄，且全書撰寫倉促，儘管諸章皆有
改訂，但相關論述必有不周之處，還望學界賢達多多賜教，以利來日
修正。在此再次向前文所提及（容或還有未提及的）玉成拙著的諸位
師友表達由衷的謝意！回想一九九〇年代聆聽《央金瑪》唱片，除
〈六世達賴情歌〉歌詞大抵依據于道泉譯本外，其餘各首皆由何訓田
作詞。三十年後，何氏諸詞在網上竟多半訛傳為倉央詩作。時移世
易，文猶如此，人何以堪！即使於過往三年大疫之際漸次完成並發表
了本書主體，然則藏地山川、寶島草木、內蒙美景、南韓勝狀、大馬
風光……至今仍只有心馳神往而已。重檢詩篋，發現比年以來的相關
吟詠也頗有一二，茲選錄於後，以誌心路歷程，並博讀者諸君一粲。

七律・曾緘譯本論文完成（2013年9月2日）

京華北斗知何處，乍去芳魂晻靄間。
一病寒衾忘白髮，兩秋訪屐憶紅顏。
勘書曾弄銀針密，析筆聊窺玉鏡閒。
裁就仙霞五銖服，釋天宮陛點朝班。

七絕四首 · 偶擬倉央情歌（2015年7月8日）

一別音容兩渺然。青燈梵宇更逃禪。
閉心咒誦綠度母，知是觀音珠淚圓。（一）

自性菩提豈有他。紅顏白骨本曇花。
眼前人事頻珍重，六趣渾淪何處家。（二）

萬般叵耐此身孤。眾法紛紜入畫圖。
才向星湖掬晴翠，又遭風雪轉迷途。（三）

無上深心憑度人。妙容宜笑且宜嗔。
閻浮自有空行女，摧敗祁寒作曉春。（四）

楚歌 · 撰倉央論文小休時作（2020年1月15日）

未生娘面兮東山月。籬前跫跡兮徹夜雪。
聖僧一去兮音塵滅。剩得道歌兮六十闋。
字字心心兮腸斷絕。

玉樓春 · 讀偽託倉央之情歌（2020年2月3日）

從一九三〇年代刊物上找到一條所謂〈達賴老年時的情歌〉。
據我淺薄的認知，歷代教主中以情歌知名的只有六世倉央嘉
措，但他二十六歲就圓寂了，何來「老年」？這首情歌卻提到
「白髮」，甚為可疑。可見漢地偽託、誤認倉央情歌的情況，
九十年前便開始了，不待今日。但無論如何，從文學傳播的角
度而言，倉央是個如胡適所說的「箭垛式的人物」，應該無庸
置辯。以小令作偈曰：

倉央嘉措何曾老。無量光明延壽考。
亂伊心曲枉銷魂，誦此艷歌方悟道。
嬋娟詠罷知香草。成片功夫須綺藻。
眾芳所在更何妨，六度細參諸處好。

七律 · 倉央情歌楚譯刊登（2020年6月3日）

妙音香海唱倉央。重譯無須效越裳。
南國彎弓和我瘦，東山明月倩誰光。
蜂儔散聚思瓊結，鶴影信疑回理塘。
拈得優曇知幾度，美人芳草自尋常。

高陽臺 · 見舊藏朱哲琴演出明信片（2020年11月18日）

書中見到一張明信片，那是二〇〇二年一月朱哲琴來港演出的
宣傳品。記得當時是去葵青劇院觀看的。一九九〇年代後期，
朱哲琴與何訓田合作，先後推出西藏風的《阿姐鼓》、《央金
瑪》專輯。週在文學院關於倉央的對談講座中，曾提及朱哲琴
這兩張專輯；不數日間便發現這張明信片，陡生時空交錯之
感，不知身在何處矣！

號角聲沉，酥油光澹，橫斜風影籬門。
氍毹殷紅，悲心不換仁尊。
青稞芳冽巵旋滿，啟朱唇、歌韻尖新。
醉醒頻。倚遍瓊軒，轉遍經輪。

◎朝雲夢後人安在，正清宵細細，白雪紛紛。
補怛深宮，從教認取證痕。
趙公李主皆寥落，又何須、洄溯三身。
憶前塵。割捨難為，一段青春。

天淨沙四首（2021年7月29日）

2020年初，疫情「閒居」在家，一口氣完成四篇關於倉央其人其詩的論文。此時，臺灣政大楊明璋兄、清大李欣錫兄、川師大趙義山教授先後命我與會，大馬余曆雄教授又邀我投稿，於是這四篇驟然都有了「著落」。誰知疫情加劇，三會皆延期，唯緒論一篇得以最早發表爾。時至今日，三會皆改於網上舉行，有感而謅小令五首。

久違塞外黃沙。久懷福爾摩莎。
久隔羅湖落馬。皇臺赤鱲。
果真處處天涯。

楊隋長記龍船。李唐長憶開元。
趙宋長思杭汴。且看刑典。
疫情寧過三年。

轉來一世南唐。轉來二世端王。
三世轉來西藏。天生天養。
妙音偏號倉央。

莫言五絕清嘉。休云七絕高華。
爭與歌行方駕。當鑪拉薩。
還須套曲相誇。

頭番 Zoom 上來宣。次回 Webex 來言。
三度騰訊來看。有為夢幻。
理應如是來觀。

一半兒二首・盧前套數論文刊登（2021年9月16日）

不堪詞句誦重光。不敢衣冠說靖康。
不願輪迴憶理塘。怎擔當。
一半兒該應一半兒枉。

忍思故國問春花。忍向燕山見杏花。
忍說舊情桃李花。雨天花。
一半兒眼明一半兒花。

天淨沙・讀倉央情歌劄記刊登（2022年4月13日）

一詞眾口倉央。普陀宮裡輪王。
動靜焉修觀想。暫窺秘藏。
其如五蘊琳琅。

六言偈・「人文對話」講稿刊登（2022年7月24日）

傾城傾國相同。莫非成住壞空。
生心若有所住，菩提欲證無從。
低眉聲聞辟支。怒目明王明妃。
妙音真箇如海，雪山也自晴暉。

六言偈・〈布達拉宮詞〉論文刊登（2022年7月29日）

天上散花何人，金碧兀自深宮。
因空見色生情，傳情入色悟空。
黃教一花五葉，奈何第六僧王。
韻託六字明咒，可憐字字光芒。

六言偈・劉希武譯本論文刊登（2022年12月5日）

藏篇異乎漢篇。六言譯作五言。
情歌解出道歌，紅顏換成蒼顏。
行樂都化行苦，疫後權當疫前。
不來何如不去，逆緣皆是順緣。

二〇二二年十二月十一日
謹誌於尖東逆旅
二〇二三年六月二十日
改訂於烏溪沙壹言齋

文學研究叢書・民國詩文叢刊　0816003

漢藏之間：倉央嘉措舊體譯述研究

作　　　者	陳煒舜
責任編輯	呂玉姍
特約校稿	林秋芬

發 行 人	林慶彰
總 經 理	梁錦興
總 編 輯	張晏瑞
編 輯 所	萬卷樓圖書股份有限公司
	臺北市羅斯福路二段 41 號 6 樓之 3
	電話 (02)23216565
	傳真 (02)23218698

發　　　行	萬卷樓圖書股份有限公司
	臺北市羅斯福路二段 41 號 6 樓之 3
	電話 (02)23216565
	傳真 (02)23218698
	電郵 SERVICE@WANJUAN.COM.TW
香港經銷	香港聯合書刊物流有限公司
	電話 (852)21502100
	傳真 (852)23560735

ISBN 978-986-478-766-1

2023 年 7 月初版

定價：新臺幣 560 元

如何購買本書：

1. 劃撥購書，請透過以下郵政劃撥帳號：
   帳號：15624015
   戶名：萬卷樓圖書股份有限公司
2. 轉帳購書，請透過以下帳戶
   合作金庫銀行　古亭分行
   戶名：萬卷樓圖書股份有限公司
   帳號：0877717092596
3. 網路購書，請透過萬卷樓網站
   網址 WWW.WANJUAN.COM.TW

大量購書，請直接聯繫我們，將有專人為
您服務。客服：(02)23216565 分機 610

如有缺頁、破損或裝訂錯誤，請寄回更換

國家圖書館出版品預行編目資料

漢藏之間：倉央嘉措舊體譯述研究 / 陳煒舜
著. -- 初版. -- 臺北市 ： 萬卷樓圖書股份有限
公司, 2023.07
　面 ；　公分. -- (文學研究叢書. 民國詩文叢
刊 ; 816003)
ISBN 978-986-478-766-1(平裝)
1.CST: 達賴喇嘛六世 2.CST: 藏傳佛教 3.CST:
佛教傳記 4.CST: 詩評

226.969　　　　　　　　　111016839